目击者文化指南

哲学
Philosophy

（英）斯蒂芬·罗 著
吕 律 柯群胜 译

北京·旅游教育出版社

"人是伸展在禽兽和超人之间的一条绳子——横在深渊上面的一条绳子。"

——尼采（Friedrich Nietzsche）《查拉图斯特拉如是说》

"哲学家……被无法抗拒的力量诱惑来用科学的方式提出并解答问题。"

——路德维希·维特根斯坦(Ludwig Wittgenstein)《蓝皮书》(*The Blue Book*)

"最睿智者具有最大的权威。"

——柏拉图（Platon）

Original Title: Eyewitness Companions
Philosophy
Copyright © 2007 Dorling Kindersley Limited
A Penguin Random House Company

中华人民共和国国家版权局著作权合同登记图字：01-2015-1035号

丛书策划：刘　权　丁海秀
责任编辑：安颖侠

图书在版编目（CIP）数据

哲学/（英）斯蒂芬·罗著；吕律，柯群胜译.—北京：旅游教育出版社，2016.6
（目击者文化指南）
ISBN 978-7-5637-3415-3

Ⅰ.①哲… Ⅱ.①斯… ②吕… ③柯 Ⅲ.①哲学
Ⅳ.①B

中国版本图书馆CIP数据核字（2016）第141642号

目击者文化指南

哲　学

（英）斯蒂芬·罗　著
吕　律　柯群胜　译

出版单位：	旅游教育出版社
地　　址：	北京市朝阳区定福庄南里1号
邮　　编：	100024
发行电话：	（010）65778403 65728372
	65767462（传真）
本社网址：	www.tepcb.com
E－mail：	tepfx@163.com
印刷单位：	深圳当纳利印刷有限公司
经销单位：	新华书店
开　　本：	920毫米×1060毫米　1/32
印　　张：	10.875
字　　数：	338千字
版　　次：	2016年6月第1版
印　　次：	2016年6月第1次印刷
定　　价：	78.00元

（图书如有装订差错请与发行部联系）

A WORLD OF IDEAS:
SEE ALL THERE IS TO KNOW
www.dk.com

前言 10

第一章
哲学简介

什么是哲学？ 14

第二章
哲学史

古典时期 24
中世纪 30
现代早期 34
现代 40

目录

第三章
哲学分支

简介 46

知识 49
怀疑论 50
什么是知识？58
理性和经验 66

形而上学 75
柏拉图和形式 76
心灵依赖 82

道德哲学 101
我该做什么？102
那么，什么是道德？112

心灵哲学 123
意识之谜 124
机器能否思考？132

宗教哲学 139
上帝存在吗？140
邪恶问题 153
信仰和理性 157

政治哲学 161
自由理想 162
公共利益 172

科学哲学 179
归纳问题 180
证伪主义 186

第四章
哲学工具箱

论证 194
谬论 198
思考工具 212

第五章
哲学名家
哲学名家 227

致谢 346

哲学思考是一场冒险——一条挑战思考和理解力外延的旅程。许多人被哲学问题和话题深深吸引,却又无从下手。本书旨在为这些哲学爱好者和"新手"提供一个简明清晰而且非技术性的导航。

这本哲学导航书面向那些对哲学感兴趣的外行人,但对开始上哲学课程的大学生也颇有价值。在这本书里,你会发现一些人类所具有的最显著、最令人费解、最鼓舞人心,以及在一些情况下完全特有的想法。在古典主义时期由柏拉图这位历史上最伟大的哲学家之一所提出来的一些问题,直至今日仍被哲学家们争执不休。

这不是一本要从头到尾读下来的哲学书。你会发现自己可以跳跃地钻研这里的章节。这正是我的目的所在。在你探索不同的哲学家及其观点的联系时,你可以自由地从一个章节跳到另一个章节。

阅读一本哲学书籍的最好方式就是要主动接近它,不能太被动。当你沉浸其中时,要用批判的眼光思考一下你刚刚读过的内容。碰到比较麻烦的章节时,要做好读第二遍甚至第三遍的准备。并且一定要定期花时间来仔细思考。

值得强调的是,这本书有它的"特色"。它并没有面面俱到,而是提供给读者一些精心挑选的问题、思想家和观点。西方哲学的主要领域都包括在其中,但是有一到两个选项,比如镜之谜,更是本书的特色选择。本书中所要探索的精心选题,在某种程度上反映了作者的口味和兴趣以及作者碰巧最热衷表述的领域,读者不需要把它当作哲学的最权威的表述和最重要的代表。

——斯蒂芬·罗

> "对欧洲哲学传统最安全的总体描述就是它包含一系列对柏拉图的脚注。"
> ——艾尔弗雷德·诺思·怀特海(Alfred North Whitehead)

当我们开始哲学思考时,我们退后一步开始提问那些我们甚至通常习以为常的事情——比如世间是否存在万物。

前言

第一章
哲学简介

什么是哲学？

哲学问题包括一些提出的最令人兴奋、最迷惑不解以及最重要的问题。它们能够挑战我们最根本的信念。本章所提出的问题就是：什么是哲学问题？哲学家们如何尝试回答这些问题？

我们都拥有哲学信念

有时，哲学被当成一个令人"云山雾罩"的高深学科，完全与日常生活脱节。事实上，哲学可以是举足轻重的，并且通常的确如此。

虽然我们可能认识不到这一点，但事实是，我们都持有哲学信念。比如：我确信，你我都认为过去是指向未来的可靠向导。这就是一个哲学信念。我们可以相信上帝的存在；或者，也可以相信它不存在。要强调的是，这些都是哲学信念。有些人相信我们拥有不死之灵魂，而另一些人则认为我们就是纯粹的凡胎肉身。许多人相信，事情从道德上来看的对错之分，不取决于我们如何设想它，而另一些人声称，正确与否更大程度上与主观倾向相关。我们相信我们所看到的周遭世界是真

宇宙从何而来? 为何世间存在万物？哲学追问关于人生的根本问题及通常尚未获解决的问题。

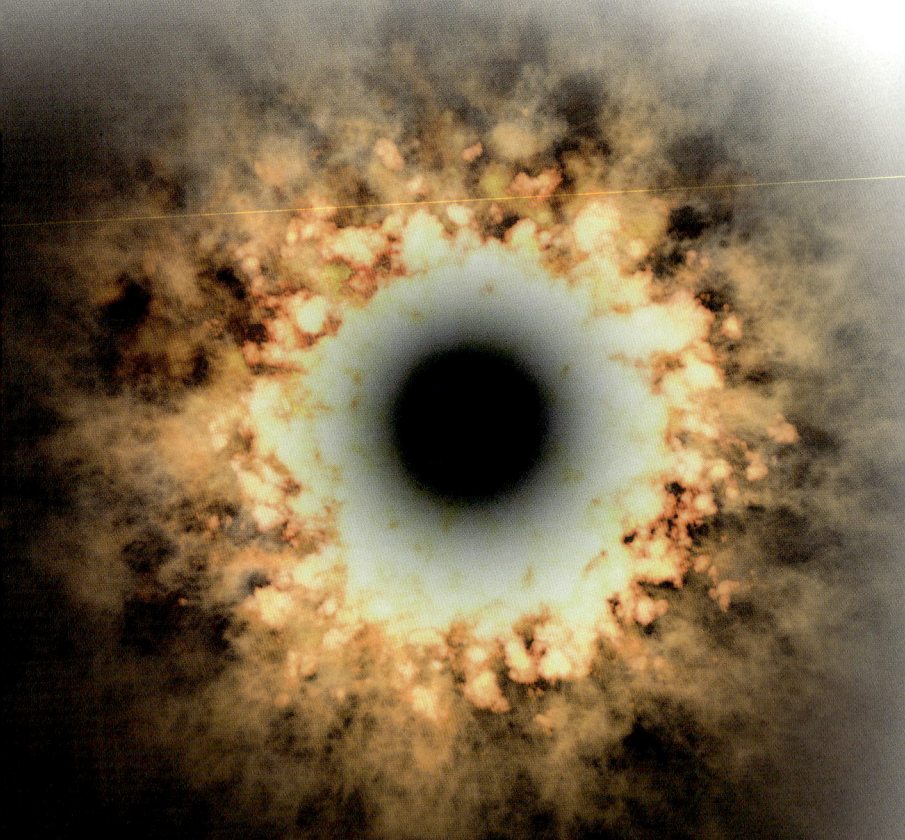

戈雅（Goya）的蚀刻《理性的入睡带来了魔鬼》（*The Sleep of Reason Brings Forth Monster*）这幅画作捕捉住了启蒙运动的精神，以及强调理性在驱除恐慌、不确定和迷信中的重要角色。

实的，即使我们并不观察它，这个世界仍将继续存在。同样，这些都是哲学信念，并且均已被哲学家反复论证审视过。

显而易见，这些信念会对我们每天的生活产生重大影响。那些认为道德仅与主观倾向有关的人，和相信烧杀抢掠等恶事是一桩客观事实的人，他们的行为举止是大相径庭的。所以，当代道德和政治的众多争论也都有一个哲学角度。关于堕胎、动物权、薪酬之争和言论自由——所有这一切都具有一个重要的哲学维度。

从未真正考虑过这些事情的人，或者是无能为力去思考这些问题的人，在要指出什么是或者最可能是正确时，就会处于极度的劣势。

根本性问题

众所周知，孩子们倾向于问"十万个为什么"。他们并不需用多长时间，就会追根问底，触及一些最重要的根本性信念。哲学家也有这种孩童般的心态倾向，下的坚固基础会迅速瓦解，让我们变得无依无靠，处于一片虚空之中。在哲学中，这种心智的眩晕很常见。所以芸芸众生并不喜欢思考这些事情，也不情愿深思这类问题，这一点丝毫不令人惊讶。我们倾向于留在感觉安全的地方。

但冒这种风险还是值得的，追问本

"哲学是我们借助于语言对我们的智力魔力进行的一场战斗。"

——路德维希·维特根斯坦《哲学研究》（*Philosophical Investigations*）

不停追问人生的本源——追问那些根本问题，它们存在于我们的日常生活中，但我们觉得干脆就没有发生过，因为它们属于我们认为理所当然的事。

进行哲学性思考可能会令人心情愉悦，但它也可能让人心烦意乱。当我们准备进行哲学思考时，我们就开始在没有安全网的情况下冥思苦想。我们所拥有的脚

原问题可能会带来累累硕果。一些卓越的科学发展就源于科学家们孜孜以求这类问题。爱因斯坦提到过，他最重要的灵感之一就是在阅读18世纪哲学家大卫·休谟（David Hume）的作品的过程中产生的，这位哲学家的思想让他开始探究一些刚被其他人假设为正确的概念。

并不仅仅是科学家从探究本原问题

过程中获益匪浅，一些至关重要的道德和政治发展也得益于人们愿意去追根问底，并在一些情况下拒绝认同那些几乎所有人都认为正确的事。就在不久之前，在大部分西方世界，有些观点还被认为是"理所当然"的，比如：奴隶制的存在于道德上是可接受的，女人最合适的角色就是在家中深居简出。这些领域的道德和政治进步就是由那些愿意退一步思考，并且能够拷问他人认为理所当然的事的人带来的。西方文明在很大程度上都归功于那些思考和探究别人认为"已知"问题的人。

与众多其他古代居民一样，**玛雅人**建造了关于信仰的复杂建筑，其中交会着宗教、数学以及宇宙的观念。

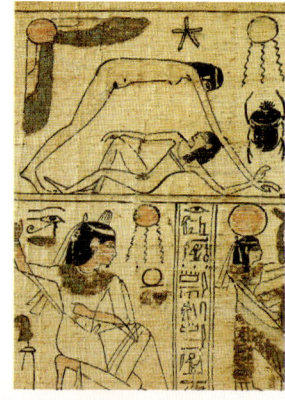

与许多其他文化相似，古埃及人有起源神话。哲学也会解决有关终极起源的问题。

哲学和宗教

哲学中处理的许多问题也会体现在宗教中。通常，宗教尝试回答宇宙为何存在，世间为何有万物。一些宗教认为上帝创造了万物。所以说，许多宗教处理我们是否拥有非物质的本质或"精神"，以及是什么让事情有对错之分这样的问题。事实上，许多大名鼎鼎的宗教思想家都是哲学家，一些声名显赫的杰出哲学家都是神学家。

就它们所涉及的问题而言，哲学和宗教之间有重叠之处。那么哲学和宗教的不同体现在哪里呢？一个区分哲学和宗教

"未经审视的生活不值得度过。"

——苏格拉底（Socratēs）

的方法就是它们对理性角色的强调。显而易见的是，我们应该承认理性有界限。理性不能够解决所有的哲学之谜。哲学只是鼓励我们能且尽我们所能，来运用我们自身的理性力量。

与此相同，宗教也会鼓励运用理性。但通常情况下，宗教也坚持通往真理的其他途径，包括启示和经文。一些宗教甚至会达到阻拦运用理性解决某些问题的地步。出现这种情况的地方，哲学和宗教就会分道扬镳了。在西方的哲学传统中，关键是要控制对严重审查的要求以及试图理性地合法自己的立场：努力提供至少比较良好的基础来假设立场是正确的。

哲学论证

值得注意的是，哲学家们孜孜以求的这种"论证"并不是一种特别而纯粹的论证。就绝大部分而言，它跟我们的日常生活息息相关，随时随地可以用到，比如想知道你的汽车出了什么问题，某人是否对你说了真话，或者从A处到B处的捷径是什么。正如我所言，认为理性就会解决我们大部分的重要问题，这种观点不对。尽

艾耶尔关于哲学的观点

"哲学能通过它的方法，而不是通过它的从属物，与其他艺术科学区分开来。哲学家提出可能会是正确的论点，他们普遍依赖论据来支持自己的理论，并反驳他人的理论；但是他们所使用的论据具有一种很别致的特点。证实一个哲学论点并不像，或者很少会像论证一个数学论点那样……它也不会如同论证其他描述性科学中的论点一样。哲学理论并不是通过观察来检验的。"

——A.J.艾耶尔《知识问题》
(*The Problem of Knowledge*)

管如此,毫无疑问的是,理性的确具有至少去照亮一些问题的力量。即使当它不能提供最终答案时,它通常也会揭示为什么某些答案不合格。这就给了我们一个理由:为什么哲学思考即使没有获得相应结论,依旧会是一种有价值的头脑训练。

哲学和科学

在许多情况下,哲学提出的问题似乎超出科学所能回答我们的范畴。举个例子:为什么世间存在万物?我怎么才能知道自己并不是陷入一个虚拟现实中?我们具有不朽的灵魂吗?是什么让事物区分出道德上的对与错?人类拥有自由意志吗?

科学在很多情况下几乎无法提供帮助来解答这些问题的一个原因是:科学本身就预先假定了回答这些问题的某种答案。举这个问题为例:我怎么才能知道自己并不是陷入一个虚拟现实中?那些看过电影《黑客帝国》的人会比较熟悉我们似乎居住其中的世界可能是不现实的这个观点——一个计算机生成的虚拟现实,我们也许都是一出生就被用插头与之相连:一个中央机器将欺骗的幻想植入我们的神经系统。因为经验科学很简单地就预先假定我们的五种感觉的确提供给我们接触现实的通道,它不能解释我们是否是这样一种缜密的幻想下的牺牲品。

或者可以考虑这个问题:为什么世间存在万物?科学家解释宇宙的存在起源于大约135亿年前的"大爆炸"。在这次非凡事件中不仅产生了物与能量,也产生了时间和空间。这个科学的解释能否消除我们对世界的神秘感呢?不能。因为我们现在能询问——为什么会有一次大爆炸,而不是因为没有大爆炸呢?世间为何存在

宗教和哲学一样,提出了许多相同的问题。但与哲学不同的是,宗教有时会强调信念的重要性超过我们对理性力量的运用。

什么是哲学？ 19

粒子物理学家试图辨认出构成宇宙的基本颗粒，以及了解它们是如何相互作用的。但是他们不能告诉我们那些粒子的存在原因，因为这种问题不可能用实验来回答。

前科学对"智能设计者"的存在有明确的证据。其他人认为全世界受苦受难的劳苦大众的惊人数量恰恰就提供了一个不容置疑的证据，说明一个全能上帝的存在是不可能的。在两种观点中，都认为观察世界能消除信奉或是摒弃上帝等可能性的平衡，即使这种证据不能最终解释上帝是否存在（虽然有可能可以解释）。如果涉及对上帝的信仰，经验性的调查和证据并非不重要，尽管事实显示上帝的存在是一个哲学问题。

万物的神秘感并没有被解决，只是被推迟了。科学有很多兴趣来讲述宇宙的起源，而对于世间为何存在万物这样的基本谜团好像越过了科学能够给我们提供一个答案的范畴。

科学为何不能单独回答这些问题的另一个原因是因为这些问题通常至少在某个部分上是与含义和概念相关。如果我们希望回答"人类拥有自由意志吗？"这样的问题，我们需要清楚"自由意志"的含义，即这个概念包含的意义。即使当所有的科学事实都包括其中，只要我们尚不清楚"自由意志"的具体含义，我们是否具有自由意志这个谜团就仍未解决。而这种对含义和概念的阐释恰恰是哲学家们的核心工作之一。

科学的角色

上述所言并不是说科学以及经验性证据在回答哲学问题中通常并不重要。在某些情况下，科学以及可能是我们感觉的凭证，具有举足轻重的作用。举关于上帝是否存在的各种争论为例。有些人相信当

不同的态度

虽然大部分哲学家强调理性的重要性，他们仍旧能够在很大程度上在他们对

伯特兰·罗素论哲学

"哲学的价值是什么？为什么应当研究哲学？在科学和实际事务的影响之下，许多人都倾向于怀疑：比起不关利害又毫无足取的辨析毫芒，比起在知识所不能达到的问题上进行论战，哲学比起它们来又能强多少？所以，现在就更需要考虑这个问题了⋯⋯如果研究哲学对别人也有价值的话，那也必然只是通过对于学习哲学的人的生活所起的影响而间接地在发生作用。因此，哲学的价值根本就必须求之于这些影响⋯⋯哲学的价值必须被首要寻求。"

——伯特兰·罗素《哲学问题》
(*The Problems of Philosophy*)

于哲学问题的立场上彼此区分开来。针对一个哲学问题运用理性的最明显方法是试图"臆测"一个答案,就像你对任何一个逻辑难题都需要设定一个解决结果。即使你不能确定哪个答案是正确的,你仍旧能够表明某一个答案不正确,或者不大可能正确(在许多情况下这种推断非常重要,即使福尔摩斯也不能准确地指出谁是罪犯,但他会先确定那个肉店老板肯定不是罪犯)。处理哲学问题时的这种反向思维是司空见惯的。但还有其他可能性。

更重要的是试图表明提问在某些方面有问题。举个例子:我们可以提出"为什么世间有某物,而不是绝无一物?"这个问题,并且尝试回答这个问题。或者,我们可能试着表明,虽然这个问题似乎有意义,但事实上它并无思考价值。当我们通常考虑一个其中"空无一物"的场景时,我们意味着那里什么都没有:也就是说,有一个空间是空的,比如当我们说,"这个盒子里空无一物"。但是,当我们在考虑"为什么世间有物,而不是空无一物?"这个问题时所要设想的这个"空无一物"要极端得多——它包含时间和空间的缺失。但是"绝对无"这个概念有意义吗?一部分哲学家讨论过认为这并无意义。并且如果"绝对无"的概念毫无意义的话,那么这个问题也就没有问的必要了。在这个例子里,问题并不需要答案。

在面对一个明显棘手的哲学问题时,通常值得考虑一下这个可能的立场。

思考技巧

为什么哲学思考是个有价值的练习,我这里有个重要的原因。哲学化的活动有助于培养重要的思考技能,而这些技能是我们在保留对真理的敏感触觉时所必不可少的。识别逻辑性的可笑错误、打断不知所云的胡扯、切中问题的要害、简明扼要地阐释一个观点,诸如此类的能力,都是我们无论身处何种行业都需要掌握的。这些能力可能通常被专家应用,这也就是为什么许多商业及生意非常重视哲学学术技能的原因。

学习哲学所训练的技能在其他方面也具有实际价值。它们能够给我们"免疫接种",来对抗那些政客、庸医、二手车商、否定纳粹大屠杀的人、时尚引领人,以及许多比如蛇油承销商的种种诡计和欺骗。当在权衡各种可能性并作出决定时,我们总可能犯某些基本错误,但即使是些许显露出的哲学和批判性的思维习惯都会让我们显得不那么脆弱。

的确,有越来越多的证据显示,在学生课堂上鼓励大家开展集体的哲学辩论对孩子们具有显而易见的教育裨益,这不仅能提高他们的知识能力,也能加强他们的社交和情感能力。极早地涉猎哲学和习惯哲学思维甚至可以明显地提高我们的生活。

进行哲学思考的**一个有用价值**就是能帮助你看穿那些不可靠的销售和政客的各种主张。

本书导航

下一章是简短的哲学史,它提供给我们主要的哲学发展和活动的一张蓝图。在哲学分支章节中介绍了七个最重要的哲学分支,详细分析了所选的章节。但本书并不仅仅旨在提供关于哲学家所问所答的知识,而且也包括提升自己哲学思辨的某些技能。哲学工具箱一章中包含了一些核

心的思考工具,比如,如何运用辩论的技巧和哲学家们部署的论证,如何辨认常见的逻辑错误。最后,在哲学名人录里你会找到众多在哲学历史中声名显赫的哲学大家,当然对一些名气稍逊的思想家也会有简明的介绍。

对苏格拉底的判决

古希腊哲学家苏格拉底在被指控使雅典年轻人堕落腐化,将面对可能的死刑宣判时,据说说出了下面这句话,"未经检验的生活是不值得度过的"。苏格拉底宁可死去,也不愿意放弃自己的哲学信仰。这种猜测可能有点夸张,但我相信一个缺少哲学映射的社会是一个不健康的社会。一个对根本性问题缺乏批判性思考的无哲学社会将面对萎缩消亡的危险。

> **"我们不准找借口来做哲学,而要真正地去做;因为我们需要的不是一种健康的假象,而是真正的健康。"**
>
> ——摘自《希腊哲学》(*Hellenistic Philosophy*)(A.A.朗)中伊壁鸠鲁(Epicurus)所言

一旦我们开始哲学思考,我们会朝着人群相反的方向走去:我们开始质疑,有时甚至反对大多数人习以为常的事。

第二章
哲学史

古典时期

亚里士多德说过哲学开始于奇迹,如果确实如此,它的源头就要回溯到人性本身。但是据我们所知,在公元前600年之前,人类对生存环境各种谜团的反应是神秘和宗教性的,包括对传统和超自然的看法。

古希腊

据有关文字记载,被公认为第一位进行哲学思考的是公元前585年的泰勒斯(Thales),他生活在小亚细亚海岸边的希腊殖民地城市米利都(Miletus)。泰勒斯和其他米利都哲学家的特点是,他们都对可观察到的现象寻找自然解释中来调配理性。他们学说的一个核心观点就是宇宙是由物质构成的。虽然他们对此种物质并没有达成一致,但他们所认为的任何事肯定是由一种材料构成的基本信念为同时代的物理学构建了基础。

他们的哲学精神很快就在希腊世界中广泛传播。在意大利南部,巴门尼德(Parmenides)和芝诺(Zenon)争辩,认为任何东西都不能被生成或销毁——世间万物是一个无差别无变化的现实,而显示在我们感官中的五彩斑斓和各种变化则是一种幻象。早期资料记载,泰勒斯曾建议毕达哥拉斯(Pythagoras,公元前580—约公元前500)去埃及学习数学。毕达哥拉斯后来在意大利南部的克洛顿(Croton)建立了影响深远的学院。毕达哥拉斯学派的重要意义在于他们认为数字包含了解现实本质的金钥匙。这种观点对于科学发展的影响不容忽略。

早期哲学家争论宇宙的构成。泰勒斯认为宇宙由各种形态的水组成。

公元前5世纪,留基伯(Leucippus)可能是第一位"原子论者",他的观点是,宇宙是由无数微小但坚不可摧的实物颗粒组成,它们之间彼此联系和运动,从而产生了世间万象。德谟克利特(Democritus)和后来的伊壁鸠鲁(Epicurus)对此又有所发展。原子论在中世纪时被遗忘,直到近现代才又焕发了生命力。

在原子论之后,哲学主要转向人类本性和伦理,特别是在古希腊的雅典,哲学在那里开始进入了一个黄金时期。在争论和辩论中展现出的能力在雅典的直接民主中

重要日期

公元前565年 佛教的创始人乔达摩·悉达多(Siddhartha Gautama)在尼泊尔出生,在此12年前,儒教就已在中国诞生。

公元前427年 柏拉图出生。后来,他的形而上学理论构成了许多西方哲学思想的基础。

公元前600年　　　　　　　　**公元前400年**　　　　　　　　**公元前200年**

约公元前570年 现代科学和数学思想之父毕达哥拉斯(Pythagoras)在今天土耳其海岸边的小岛萨摩斯(Samos)出生。

公元前221年 秦始皇统一中国标志着中国帝国的开始,历经改朝换代,直到1912年中国成为共和国。

约公元前100年 中国和西方之间的丝绸之路开放,带来了东西方贸易的发展和思想的交流。

被予以嘉奖,在那里只有撼动了大众才能取得政治成就。在这种氛围中,有效论证的使用者迎来了繁荣时代,他们中间最重要的一员就是苏格拉底。他致力于让大家融入讨论,以期获得道德概念方面的知识,他的对话体问答形式影响深远。

因学生柏拉图的关系,苏格拉底遇见了巴门尼德。柏拉图自己可能继承了后者的观点,不相信感觉是通向真正知识的路

伯里克利(Pericles)统治下的公元前5世纪的雅典,举足轻重的希腊城邦正经历着艺术、建筑和哲学的黄金时代。

周不断变迁中的物理世界要真实得多。贵族出身的柏拉图抨击雅典民主不能让民众成为政治的最佳评判者,责难政府在伯罗奔尼撒战役中的惨败,谴责雅典统治者在公元前399年判处苏格拉底死刑。柏拉图的学生亚里士多德(Aristotle)是第一个尝

"人皆生而欲知。"

——亚里士多德

径。柏拉图的写作采用了他老师的对话体形式,在对话中体现了一系列思想的精华,直至今日,所有哲学家仍旧对此争论不休。他因"理念论"而著称——这种观点认为,一个具有永恒理念的世界远比环绕我们四

试用真正系统的方式来阐释哲学思想的哲学家,并且也是第一个处理逻辑问题和对论点的各种有效形式进行分类的哲学家。柏拉图和亚里士多德均建立了学院,有思想差异,他们的思想都延绵了几世纪,传承了苏格拉底的自由批判询问的传统。

公元前49年初 恺撒及其军队越过卢比孔(Rubicon)河,夺取了罗马政权。

公元121年 罗马皇帝马克·奥勒留(Marcus Aurelius)研究古希腊哲学,并在自己著名的《沉思录》(*Meditations*)一书中赞扬了斯多葛哲学学派的思想。

公元205年 新柏拉图主义哲学家普罗提诺(Plotinus)在埃及出生。他对柏拉图作品的阐释影响了基督教、伊斯兰教和犹太教的发展。

| 公元元年 | 公元100年 | 公元200年 | 公元300年 |

公元30年 基督被钉死在十字架上。他死去的确切年份人们至今仍争执不休,公元33年被认为是一个最可能的年份。

公元150年 亚历山大的托勒密(Ptolemy of Alexandria)是希腊天文学家和数学家,他证明世界是圆的。

古代东方思想

苏格拉底和柏拉图奠定了西方哲学的基础,孔子和老子则开创了中国哲学的古典时期,中国哲学这一时期持续了400多年,并被墨子、孟子和韩非子等著名思想家发扬光大。这些思想家都身兼社会和政治事务,奠定了中国思想的四个基本学派。

改良社会

第一个建立起来的学派就是儒教,它对中国政府和汉代的官方哲学有重大影响。儒教强调传统社会角色和结构的价值,认为规则制定者需要在观点中扶植自然道德感。

东方"三圣":老子、佛祖和孔子。中国哲学深受少数几个重要思想家的影响。

第二个学派是道家学说,以老子所著的《道德经》(*Daode Jing*)开始,庄子后来也发展了这一学派。道家学说希望政府最小限度地干预,从而使社会走向与大自然和谐一致的自然状态。老子自己就拒绝所有的人为社会差异,并最终离开文明世界,不知所终。

东方哲学思想的第三条线是墨子开创的,他在公元前4世纪建立了一个基于互相支撑帮助的民间政治社团。墨子学派与儒教思想一样,都认为必要必须要允许挖掘和繁盛人民本身固有的道德优点。

与这种观点相左的是第四种学派,即由韩非子发展的法家,它强调严苛法律的必要性,确保在一些本质上不道德的民众中间,将他们的行为控制在道德范畴中。法家学说是专制严酷的秦国的指导性原则,秦王嬴政在公元前221年统一中国,建立了一个独立的帝国。从古典时期(秦末得出这一结论)以来,中国哲学本质上都是对这四种学派的多种主题进行不断的加工和发展。

吠陀经典

印度哲学基本上缘自一系列古代宗教经典——吠陀经,时间可追溯到公元前14世纪。它们的作者罕为人知。吠陀经典中涉及世界主义、形而上学和宗教等各方面的观点;例如,在一个章节中圣贤们在争论世界起源的问题。受吠陀经的影响诞生了几种思想流派,有的是接受它的权威,有的则是质疑它们的信条。由释迦牟尼创建的佛教代表了遵循这一传统的九大流派之一,并且是对吠陀经典有所质疑的一派。佛教启示大家:个体只有完全自由地控制住自己的尘世欲望,才能获得精神启蒙。

在吠陀经中,并非哲学家,而是神明才是智慧的传播者。在图中,这样一个神灵——象头神甘纳什(Ganesh)的肖像在一次印度节日中经历浸泡仪式。

从希腊到罗马

在黄金时代的大部分时期,希腊诸城邦一直是彼此独立的。直到公元前330年,它们被马其顿的统治者亚历山大(Alexander)统一为一个国家。亚历山大征服了当时的几乎大部分已知世界——从西边的希腊和埃及,直到东方的印度。马其顿帝国确保了希腊文化对世界产生了持续的影响力。亚历山大的最伟大成就之一就是在埃及建造了亚历山大港,它成为东西方文化和思想交融的中心。

与此同时,在地中海的另一边,一个小国家正在迅速成长。跨越台伯河的罗马城已经发展为一个开始统治西方贸易通道的帝国。在打败和削弱了强劲的贸易对手迦太基城(Carthage)后,他们把注意力转向希腊。到了公元前146年,罗马已经将希腊大陆纳入自己的统治之下,最终结束了希腊文化的黄金时代。虽然罗马帝国势不可当,屡攀新高,但希腊人依然赢得了胜利,因为罗马将希腊文化定为自己的标杆和准则。就此,柏拉图的传统及亚里士多德的影响在罗马的知识分子阶层找到了自己的出路。

"学院"时期

亚里士多德去世之后,希腊涌现出了许多哲学流派,并且都在罗马立足。新时期的第一个哲学流派是由犬儒学者们建立的。安提斯泰尼(Antisthenes,约公元前445—公元前360)与柏拉图同时代,他在苏格拉底去世之后,摒弃了贵族的闲适生活,开始在穷人中生活工作。他拒绝文明生活的诱惑,力图拥有一种更为自然的生活方式。第欧根尼(约公元前400—公元前325)作为安提斯泰尼的一个非常出名的弟子,行为思想更为极端,抗拒所有建立在社会习俗上的人为差异——比如裸体和穿衣、公众和私人之间的差异。他不梳洗也不穿衣,住在一个桶里面。这都让他冠上了"愤世嫉俗"(cynic)和"犬"的绰号——犬儒。

斯多葛学派是由西希昂的芝诺(Zeno of Citium)于公元前

> **"吾乃世界公民。"**
> ——第欧根尼(Diogenes)

罗马皇帝马克·奥列留继承了斯多葛学派的思想,他在自己的著作中强调了人类生活短暂飞逝的本质。

300年在塞浦路斯创立的,并且很快成为罗马帝国最重要的哲学流派。他们否定原子论(见24页),传授宇宙是一个被"世界精神"统治的连续体的观点;它顺应可被人类理性发现的理智原则。既然我们自身是这种自然规则的一部分,就没有一种超现实,也就没有现实的精神纬度,即没有"来世"。这种自然规则是事物的正确方式,是我们不该试图抵制的东西,我们应当平静地接受降临到身上的一切——因此,"斯多葛学派"的本意是对痛苦或困难能默默承受或泰然处之。后来的斯多葛学派代表人物如塞内加(Seneca)、罗马皇帝马克·奥列留都写了大量作品来捍卫斯多葛主义。

伊壁鸠鲁学派和怀疑论者

大约在此期间,伊壁鸠鲁(Epicurus)建立了自己的学派,传说中该学派居于他的住房和庭院内,与外界隔绝,因此被称为"花园哲学家"。伊壁鸠鲁主义者信奉原子论并且不信神。他们认为,既然死亡是人类终点,人类必须穷尽大半生来享受尘世的快乐。伊壁鸠鲁赞成经验论的观点,认为我们获得知识是通过原子对感官的巨大影响力。他们远离上帝并且否定死后灵魂的存在,这些观点都背离基督教的基本教义。所以在中世纪时,伊壁鸠鲁被指责为反基督人士。古罗马哲学家及诗人卢克莱修(Lucretius)在写于公元1世纪的著作《物性论》(On The Nature of Things)中对伊壁鸠鲁的哲学思想有完整的阐述。大约在公元前80年,安尼西德穆斯(Aenesidemus)创建了怀疑主义学派,它以古希腊极端怀疑主义哲学家皮浪(Pyrrho,公元前360—公元前272)的怀疑论为灵感来源,认为既然从人的感觉获得的信息往往前后矛盾,那么人不可能获得积极的知识。他们得出结论,唯一理性的方式就是拒绝赞成任何信念,并相信人类通过暂停对信念的信仰可以达到心灵的平和。这种怀疑论的起源可追溯到苏格拉底,他声称自己没有知识,而在此之前,知识往往被认为是可获得的。皮浪本人曾在亚历山大大帝的军队中服役,在此期间遇到过来自各种文化背景的人,他们所持有的各种观点之间的巨大差异似乎对皮浪影响深远。从那时起,怀疑论就在哲学王国的心腹之地一直扮演着生机勃勃但又常常破坏力巨大的角色。

第欧根尼是最著名的犬儒主义哲学家。他在途中遇到亚历山大大帝时,对其不屑一顾,不看重尘世成就。

新柏拉图主义

新柏拉图主义的创立者是普罗提诺(Plotinus,约205—270)。从学派的最早诞生地埃及的亚历山大城开始,新柏拉图主义者对古罗马和后来基督教的知识传统产生了巨大影响。普罗提诺用"三大本体论"(太一、理智和灵魂)学说,在柏拉图的理念论(太一是等值于善的最终形式,世界仅因为在"形式"中分享而具有现实性)和基督教神学的鸿沟间架起了桥梁。基督教学者从普罗提诺的学说中吸收的观点是:身体是无足轻重的,关键是要为灵魂不断输送养料,从而达到接近上帝——即"太一"——的目的。达到"太一"是一种令人狂喜的上帝启示。

中世纪

所谓的中世纪是从古典时期异教徒文化的衰退持续到文艺复兴,在此期间的哲学以在犹太教、基督教和穆斯林思想家之间将古希腊和罗马哲学与正统宗教融合为特点。

东方和西方

古罗马帝国堪称真正的多元化,它能够将大多数宗教吸收进自己的文化。尽管如此,基督教因为禁止对恺撒的信仰被宣布为非法,基督教信徒遭到迫害。但经过了长达300多年的斗争后,基督教逐渐被罗马皇帝康斯坦丁(Constantine)接受,被承认为合法宗教。公元前330年,康斯坦丁决定将迅速增长的庞大帝国的首都从罗马迁往拜占庭,在那里建立起美轮美奂的君士坦丁堡(Constantinpole,今天的伊斯坦布尔)。380年,为团结将要分崩离析的罗马帝国而做出了孤注一掷的努力:让基督教成为罗马帝国的官方宗教。

这一举措带来了深远影响,其中影响最大的是,罗马的权力真空迅速被主教们填满,他们选举出的教皇在接下来的1400年里成为西欧占据统治地位的政治力量。基督教现在需要一个可传授的

在整个西欧,"野蛮人"驱逐罗马殖民者。

正式并合乎逻辑的书面教义;以奥古斯丁(Augustine,354—430)为代表的学者们首先制定了基督教教会的知识传统,并且开始涉及基督教知识分子一直争议不休的神学问题。奥古斯丁就恰好站在古希腊思想和中世纪基督教的交会点上。

罗马的衰落

476年,西罗马帝国灭亡。罗马帝国的边防非常脆弱,无力抵抗大批外族入侵。公元500至1000年间,知识界和文化活动都陷入消沉,人们对哲学的兴趣微乎其微,欧洲北部和西部进入了"黑暗时代"。到了800年,教会已经确立一个严格的控制等级,以教皇为中心,辐射到遍布欧洲的主教网络。与正教会相异的观点迅速被压制,异教徒被监禁、逐出教会或被严刑拷打。那时,欧洲的读写机会仅限制在神职人员手中,所以教会几乎控制了整个知识界,哲

重要日期

410年 西哥特人洗劫了罗马,导致罗马帝国在西欧的衰退。西罗马帝国于476年灭亡。

约480年《哲学的慰藉》(Consolations of Philosophy)的作者波伊提乌(Ancius Manlius Severinus Boethius)生于罗马。

570年 伊斯兰教先知穆罕默德(Mohammed)生于麦加(Mecca)。到750年,伊斯兰王国已经从西班牙扩张到了中亚。

300 — 500 — 700

380年 基督教成为罗马帝国的官方宗教。罗马帝国首都当时已迁往君士坦丁堡。

552年 佛教从百济(Baekje,现在的韩国)传到日本。它的出现被记录在《日本书纪》(Nihon Shoki)一书中。

约700年 印度数学家计算出了π的值和光年的长度。

中世纪

学思想必须要与教会信条保持一致。

伊斯兰哲学

与此同时，在君士坦丁堡和拜占庭，对古希腊哲学思想的研究纵贯了欧洲的整个黑暗时期。直到9世纪，从印度纵贯到西班牙的安达卢西亚的伊斯兰世界，开始意识到古希腊哲学的瑰丽。这一阶段早期，巴格达是哲学活动的中心，著名的"智慧屋（The house of wisdom）"学派由卡里发（Caliphs）资助，致力于不受政治干预的科学和哲学研究。伊斯兰世界著名的学术黄金时期就此开始，并一直持续到13世纪，展现了伊斯兰文化的极大繁荣。哲学研究同时得到宗教和国家大力支持，在很多领域都取得了不菲的成就，如医学、工程学、天文学和数学。这一时期在十字军东征中走向尾声，并被蒙古人彻底摧毁。但改变不了的事实是：伊斯兰世界的各种发明已为现代科学的兴起铺平了道路。

和他们犹太教及基督教的教友一样，阿拉伯学者关注将他们信仰的真理和从古希腊传承并传播到整个世界

在康斯坦丁将日渐衰落的罗马帝国的首都建在**君士坦丁堡**（现在的伊斯坦布尔）后，这里就成为近东的权力中心。

1099年 基督教十字军占领了耶路撒冷圣城。后来穆斯林军队于1187年重新占领了这座城市。

1225年 基督教的重要神学家之一托马斯·阿奎那（Thomas Aquinas）生于那波利。他的理论影响了后来的伦理学和认识论思想。

900 — **1100** — **1300**

约1070年 基督教神学家和哲学家安瑟伦（Anselm）提出了关于上帝存在的本体论。

1126年 西班牙阿拉伯哲学家阿维洛伊（Averroes）生于科尔多瓦（Cordoba）。他在数学、医学和神学思想方面有开拓性成就。

1275年 威尼斯探险家马可·波罗（Marco Polo）游历了当时的中国元朝。

的哲学思考激情和谐地融合在一起。哲学家们关心上帝的本性以及它与所创造世界、人类自由意志和永生不朽之间的关系。重要的是，他们认可并翻译了众多古希腊文本。他们部分程度上运用新柏拉图主义和亚里士多德的观点，致力于调和可兰经（古兰经，Koran）所揭示的真理和理性之间的关系。例如，他们承袭了新柏拉图主义将上帝当成万物之源的观点，并且运用亚里士多德确认上帝本质和存在的概念。他们还更新了亚里士多德的论点来证明可兰经（古兰经）的论点中上帝的存在。

当阿尔·法拉比（Ai Farabi）和阿维森纳（Avicenna）在东方为人敬仰，并不断发展这些问题和对柏拉图理念的自我理解时，在西班牙则出现了阿维洛伊（Averroes）和犹太哲学家摩西·迈蒙尼德（Moses Maimonides，1135—1204），他主张在亚里士多德认为的人类理性的发现和上帝所揭示的教诲之间不存在对立。

这是10世纪波斯哲学家伊本·西拿（Ibn-Sina，在西方被称为阿维森纳）的**药房**。他作为一个真正的博物学家不仅在哲学方面，而且在天文学、数学和医学方面均颇有建树。

矗立在西班牙科尔多瓦城的**迈蒙尼德（Maimonides）塑像**。这位犹太哲学家和物理学家撰写了大量重要医学著作，并尝试将亚里士多德的观点和犹太教神学相融合。

基督教经院哲学

在当时的西欧，柏拉图的著作已经被基督教教义采纳，而亚里士多德的伟大科学及哲学著作在西方明显失传了上千年。此时，知识界的氛围与古希腊时期有鲜明的对比。在柏拉图和亚里士多德的著作中有自由氛围：讨论可以随处发生。而在中世纪学术期，对任何哲学论点作出的结论都要遵循一点：不能偏离教会划出的界线。尽管如此，在12和13世纪，西方已经出现古希腊哲学文本的伊斯兰翻译。君士坦丁堡在第四次十字军东征（1202—1204）时遭到洗劫，在此期间，亚里

"你必须接受从各个来源获得的真理。"

——摩西·迈蒙尼德
（Moses Maimonides）

中世纪

士多德的更多原著希腊文本被不断发现。获得这些作品对中世纪学术哲学具有革命性的重大意义。起先,亚里士多德被视为一种威胁,对他作品的研究会遭到教会的明令禁止,但是有一个人深受这位伟大的古希腊哲学家的影响,以至于将亚里士多德和教会结合起来视为终生使命。来自意大利北部的托马斯·阿奎那致力于调和亚里士多德的著作和柏拉图化的基督教会。这就是著名的"托马斯主义",至今仍是基督教教会的官方主线,所有接受培训的神职人员都必须认真研究。除了卡尔·马克思的著作外,还没有人的哲学思想像阿奎那那样深刻地影响了我们生活的世界。

哲学并未死去,但是它被宗教严格约束,学者们发现他们展现智慧能量的机会仅仅限制在无关紧要的枯燥的辩论中。尽管如此,在200年间,欧洲将出现连续的令人震惊的学术革命,它们将改变我们的整个世界。在科学、艺术、宗教和哲学方面,旧思想被摒弃,取而代之的是新的思维模式。已经支配整个西方1500年的柏拉图和亚里士多德观点遭到质疑和检验,并且在欧洲经历自古希腊以来的智慧成长过程中经常被否定。

善与上帝

通过这种方式,古希腊的哲学思想在前罗马帝国和基督教教会深深扎根。基督教成为一种贬低现世生活并将其与所渴望的理想世界相对比的柏拉图主义。身体的存在仅是精神的临时居所,真正的知识只能在我们的精神回到他世时找到。柏拉图的善变成了基督教中的上帝,是存在和知识的基础和我们追求的终极对象。尽管基督教教义和亚里士多德的哲学相互调和,但这个典范始终保持如一。亚里士多德的著作对即将到来的文艺复兴意义深远。具有讽刺意味的是,亚里士多德在有生之年一直激烈反对柏拉图的理念论,但在他死后500年他们终于达成了和解。

圣托马斯·阿奎那是基督教发展历史中最具影响力的学者之一,他的著作广泛涉及关于哲学重要性的问题,其中包括上帝的存在。

现代早期

随着中世纪的结束，在欧洲，人们开始重新崇尚知识和艺术。在这个创新的、发现的时代，欧洲出现了很多创新型思想家，他们向欧洲中世纪的正统观点提出了挑战，对宇宙、社会的运行提出了全新的观点。

人文主义与科学的崛起

文艺复兴代表着在艺术领域，出现了一种新型人文主义，在科学领域，人们开始再次重视探索精神。文艺复兴最早于14世纪中期出现在意大利，随后迅速传遍欧洲其他地区。这个发展与创新时期出现的背景是城市迅速扩张，随之带来了大规模的社会经济变化。随着城市的发展，人们需求增大，农业经济也得到了相应的发展，新技术帮助农业提高了产量。同时，圈地运动（该运动旨在把公有土地转变为私人土地）让农民和农奴失去了土地，被迫向城市迁移。富有的商人作为一个新兴阶级出现了，封建制度开始向资本主义制度发展。

古拉丁语和古希腊语书籍的供应也增加了，长久以来，亚里士多德学派和柏拉图学派的学说在知识界占据主导地位，

伽利略革命性的新 Systemate Mundi, 或称"世界体系"，承认他得益于哥白尼、托勒密（Ptolemy）和亚里士多德的思想。

但是这一时期的思想家发现了另一个哲学遗产。通过阅读卢克莱修和西塞罗所著的拉丁文著作，斯多葛学派的禁欲主义哲学和享乐主义哲学重新开始流行起来。

新科学

文艺复兴时期的思想家对炼金术和神秘的东西很感兴趣，但是同时他们对科学也很感兴趣。这一时期的科学家中很多人开始质疑人们对世界的看法，而这些看法常常是由教会主导的，这一变化加速了经院时代的结束。英格兰掌玺大臣弗朗西斯·培根（Francis Bacon, 1561—1626）提出了一种全新的科学方法，即著名的归纳法（见180—185页）。培根建议科学家从事研究时，先要对世界进行观察，然后在此基础上得出一般性理论。这种方法和中世纪思想家的主张完全不同，

重要日期

1300	1400	1500
1300年 基督教新柏拉图学派哲学家和神秘主义宗师爱克哈特（Meister Eckhart）在巴黎演讲。	**1400年** 意大利文艺复兴在科学和艺术方面取得了巨大成就，推动欧洲进入了一个进步与发现的新时代。	**1543年** 哥白尼（Nicolaus Copernicus）发表了《天体运行论》（On the Revolution of the Celestial Spheres），提出地球围绕太阳运转。
	1347年 黑死病开始在欧洲流行，据估计，中世纪欧洲大陆有1/3以上的人口死于该流行病。	**1445年** 约翰内斯·古登堡（Johannes Gutenberg）发明印刷机，从此书籍可以大量印刷，促进了思想在欧洲的传播。

以前的思想家主张遵循权威人士的观点，崇尚对世界运行方式的传统认识。

17世纪初，伽利略（Galileo）的发现带来了宇宙学的大发展，宇宙学的发展是这一全新的科学方法的最好诠释。传统的宇宙观认为地球是宇宙的中心，所有星体都按固定轨道绕地球运转，亚里士多德物理学和新柏拉图宇宙学也支持这种观点。

经院哲学家（见32—33页）强化了这种传统的宇宙观，这种宇宙观和经院哲学对人类、造物主、上帝所持的形而上的

新人文主义时代，学术辩论不再局限在教会范围内，人们日常生活中也会进行。鲁本斯（Rubens）所画的《四个哲学家》（The Four Philosophers）表明科学与艺术开始相互交叉。

观点相一致。然而伽利略用自己制造的望远镜（见82—85页）进行了观察，发现太阳上有一些黑点的位置会发生变化，这表明地球是围绕太阳转的。在一系列观察结果的基础上，伽利略提出了一个非常具有说服力的太阳中心模型。早在大约70年前，哥白尼已经提出过这一观点。这一发

1596年 理性主义思想家、"现代哲学之父"勒奈·笛卡儿（René Descartes）在法国都兰省（Touraine）拉阿耶村（La Haye），也就是今日的笛卡儿·拉阿耶村（LaHaye–DesCartes）出生。

1751年 丹尼斯·狄德罗（Denis Diderot）《百科全书》（Encyclopedia）第一卷发表，该书作者包括出生于日内瓦的政治、社会哲学家让·雅克·卢梭（Jean-Jacques Rousseau）。

| 1600 | 1700 | 1800 |

1651年 英国政治哲学家托马斯·霍布斯（Thomas Hobbes）发表《利维坦》（Leviathan），提出了社会与政府的理想结构。

1748年 苏格兰哲学家大卫·休谟发表《人性论》（A Treatise of Human Nature），产生了巨大影响。

1789年 巴黎人民攻占巴黎巴士底监狱，标志着法国大革命的开端。

哲学史

马丁·路德攻击天主教教堂，在威登堡教堂围墙外烧毁教皇训令。教会说人们只有通过教会才能和上帝建立联系，马丁·路德质疑这种说法。

现有力地表明至少在科学方面，教会和古人错了。

教会非常讨厌伽利略的研究，强迫伽利略放弃自己的主张，威胁要对他施行酷刑。但是，变革已经发生，教会最终无力阻止新批判主义思潮的发展。

一个新时代

在古代原子论者观点的影响下，伽利略、卡森迪（Gassendi）、霍布斯（Hobbes）（见275页）恢复了对宇宙本质的机械认识。哲学家们开始把人类和自然世界作为研究的重点，而不再是只关注上帝和人死后的世界。

在欧洲北部地区，文艺复兴也带来了宗教改革运动，众多宗教思想家开始反对教会，要求重新重视《圣经》对人们的教诲。宗教改革运动家如伊拉兹马斯（Erasmus）、加尔文（Calvin）、马丁·路德（Martin Luther）开始质疑天主教的教义。1517年，马丁·路德在德国威登堡教堂张贴《九十五条论纲》（95 Theses），攻击罗马教会，教会改革运动从此进入高潮。天主教认为，信徒只有通过教会组织才能和上帝建立联系，新教反对这种观点，强调信徒个人和上帝的关系。教会因而发生分裂，教会的分裂进一步削弱了经验主义哲学对人们的束缚。

> "我思故我在。"
> ——勒奈·笛卡儿（René Descartes）

文艺复兴虽然当时已经在艺术和科学领域取得重大进展，但是在哲学领域，其影响还有待加强。17世纪早期，欧洲出现了一批摆脱宗教教条束缚的哲学家，他们主张恢复古希腊精神。这批哲学家中最有影响力的是法国哲学家勒奈·笛卡儿（1596—1650）。受伽利略科学研究的鼓励，笛卡儿尝试着把数学研究方法运用到所有研究领域，在完全理性的基础上建立一个知识体系。笛卡儿的这种做法和过去的研究方法完全相反，他为哲学和科学奠定了一个全新的基础。

现代早期

启蒙运动

18世纪，启蒙运动开始，欧洲的知识、社会发展达到顶峰。笛卡儿之后的思想家开始进入一个全新的理性主义时代，摆脱了中世纪思想的束缚，不再需要像过去那样要严格遵循传统观点，完全听命于权威人士，听命于迷信的观点。科学成为人们反对中世纪天主教哲学家所宣扬的教条、教义的最重要的武器。弗兰西斯·培根号召科学家自己决定自然世界的结构，培根使用法律术语来描述自然世界的结构，说那是自然律。科学方面的进步，尤其是艾萨克·牛顿（Isaac Newton，1642—1727）所取得的成就，支持了启蒙主义哲学家对科学和社会进步所持的乐观主义态度，他们说自己是自由的思想家，带领人们走进美好的未来。法国的启蒙主义者，如伏尔泰（Voltaire）、卢梭、狄德罗编出了《百科全书》，向人们介绍了大量知识，他们编这本书的目的是依据新科学精神，把人类的知识进行分类。卢梭直接向旧秩序提出挑战，他宣布所有地区、所有人都是生而自由的。全社会要求建立一个更平等的政府体系的压力最终带来了1789年法国大革命的爆发，随后革命性的拿破仑战争爆发，这场战争震动了欧洲的政治秩序。

理性主义

在笛卡儿之后，哲学的发展可以看作是两个互相对立的哲学思潮之间的斗争：理性主义和经验主义（见66—73页）。哲学家，如斯宾诺莎（Spinoza）

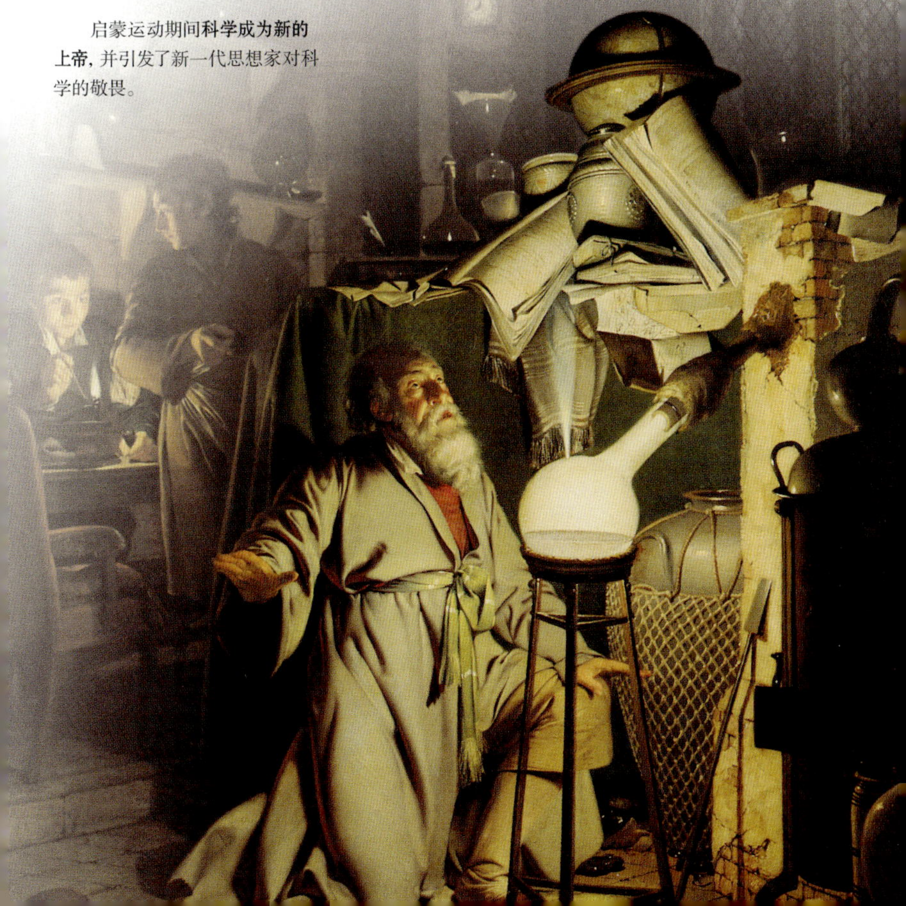

启蒙运动期间**科学成为新的上帝**，并引发了新一代思想家对科学的敬畏。

和莱布尼茨（Leibniz）是经验主义的代表，而英国的洛克（Locke）、贝克莱（Berkeley）、休谟以及巴黎的启蒙主义者则代表了经验主义哲学。理性主义哲学家遵循笛卡儿的观点，认为理性是得到知识的正确途径。当时数学被成功地应用于科学研究，理性主义哲学家受此影响，认为人们可以使用归纳演绎的方法，从基本原理出发，构建一个能够解释一切现象、一切事物的理论体系，从而开创了构建形而上学体系的传统。斯宾诺莎还把他的理论结构用在了欧几里得几何公理方法中。在这一结构中，必须首先表明所有公理、定义都是不证自明的，并能通过推理得以确认。从这些公理、定义中又推导出一系列的结论，告诉人们宇宙的本质。上帝仍然是所有体系和知识的核心原则，但是人们可以用理性去发现这些体系和知识。而且在对关键概念，例如对物质概念的理解上，理性主义哲学家仍然使用亚里士多德哲学的思想。

经验主义

英国人对新科学的反响方面强调的不是数学而是实证观察，并且英国人对体系构建持怀疑态度。约翰·洛克

(John Locke)是英国当时三位著名的经验主义者中最著名的一位,他的语气比较谦逊,他只是宣称可以描述人们是如何从经验中获得知识的。洛克希望通过这种方式,确定人类认知的极限。洛克拒绝承认理性主义思想家的观点,不同意他们所说的人类生而具有对抽象原则的认识(见68—69页)。与此相反,洛克认为,人类所有知识都只能从对世界的认知中获得。所以经验主义者"重建"的对象比理性主义者更为极端。对于经验主义者而言,构建知识体系需要从头做起,所以经验主义者拒绝所有从亚里士多德传统哲学那里继承而来的观点。经验主义者对正统学说的彻底否定,特别是对那些仍然和教会联系在一起的学说的否定最终为现代自由主义的发展肃清了道路,带来了全新的社会、政治理念的出现。

> **"勇于思考。"**
> ——伊曼努尔·康德
> (Immanuel Kant)

英国三位经验主义者中的第二位是乔治·贝克莱。贝克莱最著名的是他把洛克的观点应用于逻辑的极端,否认人类能获得思维认知以外的知识。贝克莱认为那种认为有一个超出人类认知的物质世界存在的观点本身就是矛盾的。

英国的第三位经验主义者是大卫·休谟。休谟试图把牛顿研究世界的方法应用到思维上,换句话说,也就是找到一个根本性的规律,来解释思维运行方式。休谟的结论是存在着理性之外的事物,这种事物决定着人类思维的运行,并且也是我们信仰的基础。休谟的重要性还在于他对宗教进行了破坏性的打击。

德国思想家伊曼努尔·康德是启蒙运动时期哲学的另一位重要人物。康德认为他的观点综合了经验主义和理性主义,类似于哥白尼的天体运转理论,即认为思维是获得知识的核心方法。

威廉·布莱克(William Blake)把牛顿描述为"伟大的设计师"。牛顿的研究致力于发现控制宇宙运行的基本规律。

现代

康德于1804年逝世,他的死去标志着一个时代的结束,在那个时代,人们视科学与理性为获得对世界与社会进步认知的途径。随着政治和技术变革加剧,同时崇尚理性的精神削弱,西方思想将进入另一个发展方向。

19世纪

启蒙运动之后,随之而来的是浪漫主义运动,浪漫主义者们不再局限于用理性解释世界,而是在情感与精神层面寻求对世界以及对人在世界中位置的认识。当时工业革命带来了社会和经济大发展,特别是出现了新兴的极端贫困的工业工人阶级。这些因素促进了浪漫主义运动的出现和发展。当时工人阶级处境极为恶劣,社会分化明显,于是人们希望发展社会主义,发展实用的哲学,以此来治疗工业化的痼疾。

绝对理想主义

19世纪早期,欧洲占主导地位的是德国的绝对理想主义。德国的理想主义者们提倡形而上的思想,并恢复了18世纪伟大的系统构建者,如斯宾诺莎和莱布尼茨的某些思想。绝对理想主义的三位主要代表人物是:费希特(Fichte)、谢林(Schelling)和黑格尔(Hegel),他们三人都是新教牧师,并且都研究过神学,因而宗教对他们思想的影响非常明显。继康德之后,他们认为人类的意识是最形而上的,但是他们不是简单地认为意识是现实的一种形式,而是认为思维或者精神是现实的一个组成部分。如果思维可以确认宇宙的存在,那么人类就可以通过反思,认识到反映现实的绝对精神。

欧洲的**浪漫主义运动**试图在自然世界中确立人类精神的主导地位。

经验是认识的基础这一观点在这个时代有了新的发展,并且这种观点不可避免地提出了对绝对理想主义这一形而上的乐观精神最强烈的反对。在法国,奥古斯特·孔德(Auguste Comte)提倡的实证主义反对任何不是基于科学观察而得出的知识,孔德的实证主义认为宗教和形而上学的思想是陈旧过时的思想。孔德认为应该把社会视为科学研究的对象,他发明了"社会学"一词。英国也有类似的实证主义观点,英国的实证主义者们试图找出用于发现的归纳

重要日期

1804年 拿破仑·波拿巴(Napoleon Bonaparte)宣布自己为法国皇帝,结束了法兰西第一共和国。

1848年 卡尔·马克思发表《共产党宣言》(Communist Manifesto),号召推翻资本主义制度,开创一个没有阶级的社会。

1905年 阿尔伯特·爱因斯坦发表《狭义相对论》(Special Theory of Relativity),世界开始进入科学研究新时代。

1800 | **1825** | **1850** | **1875**

1804年 伊曼努尔·康德逝世,享年80岁,康德也许是启蒙运动时期最伟大的哲学家。

1859年 查尔斯·达尔文(Charles Darwin)发表《物种起源》(Origin of Species),提出地球上的所有生命,包括人类,都是自然选择的结果。

1886年 尼采发表道德评判作品《善恶的彼岸》(Beyond Good and Evil)。

现代 41

逻辑。在政治方面,穆勒(Mill)是一位自由主义者,穆勒发展了他的父亲詹姆斯·穆勒(James Mill)和杰里米·边沁(Jeremy Bentham)的实用主义哲学,并希望他的观点能影响社会改革。马克思的1848年《共产党宣言》表达的思想更为极端,马克思在宣言中号召推翻资本主义制度,结束阶级社会。

19世纪另一个重要哲学思潮的代表是叔本华(Schopenhauer)、尼采和克尔凯郭尔(Kierkegaard),他们以不同的方式,反对理性、反对科学。叔本华接受了康德的观点,认为表象之外,存在一个不可知的现实。但是叔本华同意人类经验存在一个非理性的核心。同样,尼采也反对启蒙运动的观点,反对说理性是生活的最主要动力。克尔凯郭尔强调个人主观意识的现实性。

整个欧洲,社会不平等导致动荡与叛乱。埃米尔·左拉(Emile Zola)的小说《萌芽》(*Germinal*)(本图片选自1995年根据该小说拍摄的电影)表达了这一主题,描写了法国一群对社会充满仇恨的矿工的罢工运动。

1914—1918年 欧洲陷入"一战"的泥潭。1917年,俄罗斯大革命推翻了沙皇统治,苏俄成立,共产党政府上台执政。	1969年 美国宇航员从阿波罗号登月,人类首次登上月球。	2003年 科学家宣布人类基因组图谱"绘制完毕"。
1925	**1950**	**1975**	**2000**
1921年 路德维希·维特根斯坦发表《逻辑哲学论》(*Tractatus Logico–Philosophicus*),讨论语言与现实、哲学探索之间的关系。	1939年 希特勒入侵波兰,"二战"开始,数百万人在这场战争中丧生。《存在与时间》(*Being and Time*)一书作者海德格尔(Heidegger)支持纳粹党。	1991年 苏联解体,欧洲共产主义陷入低潮。

现代 43

20世纪

20世纪到来之际,奥古斯特·孔德实证主义(见40页)的继承者开始强调数学方法的基础地位,质疑亚里士多德的逻辑论证分类法。弗雷格(Frege)试图表明逻辑和数学是人类思维同一领域内相互交叉的两个部分。拉塞尔(Russell)认为可以通过确认语言这一表面现象背后的逻辑结构来解决逻辑上的难题。

人们对语言的兴趣逐渐开始从寻求一种理想的、具有科学的明确性的语言转移到更广泛的日常用语中来。维特根斯坦以及其他哲学家开始相信哲学难题是误用日常语言的结果。但是,在这一观点的发展中,哲学家们关注的一直是意义问题,并且他们对哲学论点的细节异常关注。这一趋势后来发展成为分析哲学,并主导了20世纪的英语世界。直至今日,这一观点对思想家们哲学思维范式的影响仍然非常显著。

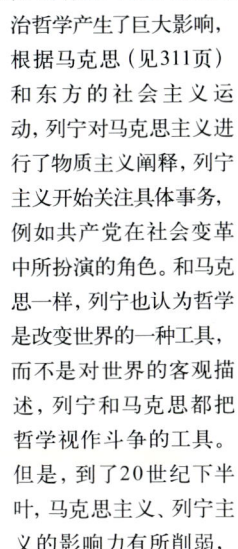

现代科学提出了具有挑战性的崭新伦理问题,如在医学及科学研究中使用动物做实验。

现象学

同时,在德国,另一个哲学流派也开始出现。胡塞尔(Husserl)回归到笛卡儿的思想,主张哲学应该从思维主体开始。胡塞尔创造了"现象学"一词,用这个词来描述一种哲学思考的方法,即只是描述意识能直接感受到的现象。海德格尔通过对胡塞尔进行批评,发展出了一种存在理论:此在,此在是抽象的人类及其存在于世界上的方式的中心点。海德格尔对他之后思想家的影响非常巨大,特别是萨特(Sartre)

推翻20世纪上半叶的旧秩序。大胆的新政治理想主义提出了一种全新的社会机构。

的存在现象学深受海德格尔的影响。

马克思主义

两场世界大战、大屠杀、俄罗斯和中国的共产主义革命,所有这些事件都对政治哲学产生了巨大影响,根据马克思(见311页)和东方的社会主义运动,列宁对马克思主义进行了物质主义阐释,列宁主义开始关注具体事务,例如共产党在社会变革中所扮演的角色。和马克思一样,列宁也认为哲学是改变世界的一种工具,而不是对世界的客观描述,列宁和马克思都把哲学视作斗争的工具。但是,到了20世纪下半叶,马克思主义、列宁主义的影响力有所削弱,例如马克思主义历史观影响有所下降。

后现代主义

自从启蒙运动以来,思想家们不断寻求对现实世界体系化的、完整的认识,同时对人类进步持乐观态度,但是20世纪很多思想家开始对这些观点表示怀疑。第二次世界大战结束后,这些思想家的观点逐渐相互结合,促成了后现代主义运动的出现。后现代主义者宣称他们继承了19世纪批判启蒙运动价值观思想家的哲学思想,例如克尔凯郭尔、尼采怀疑所谓客观知识和唯一"真理"说法的思想。尼采认为使用"真理"这一概念是为了掩盖权力,理性是人类认识非理性的世界时背负的负担。20世纪的哲学家,例如利奥塔(lyotard)和福柯(Foucault)等都深受这些观点的影响。

第三章
哲学分支

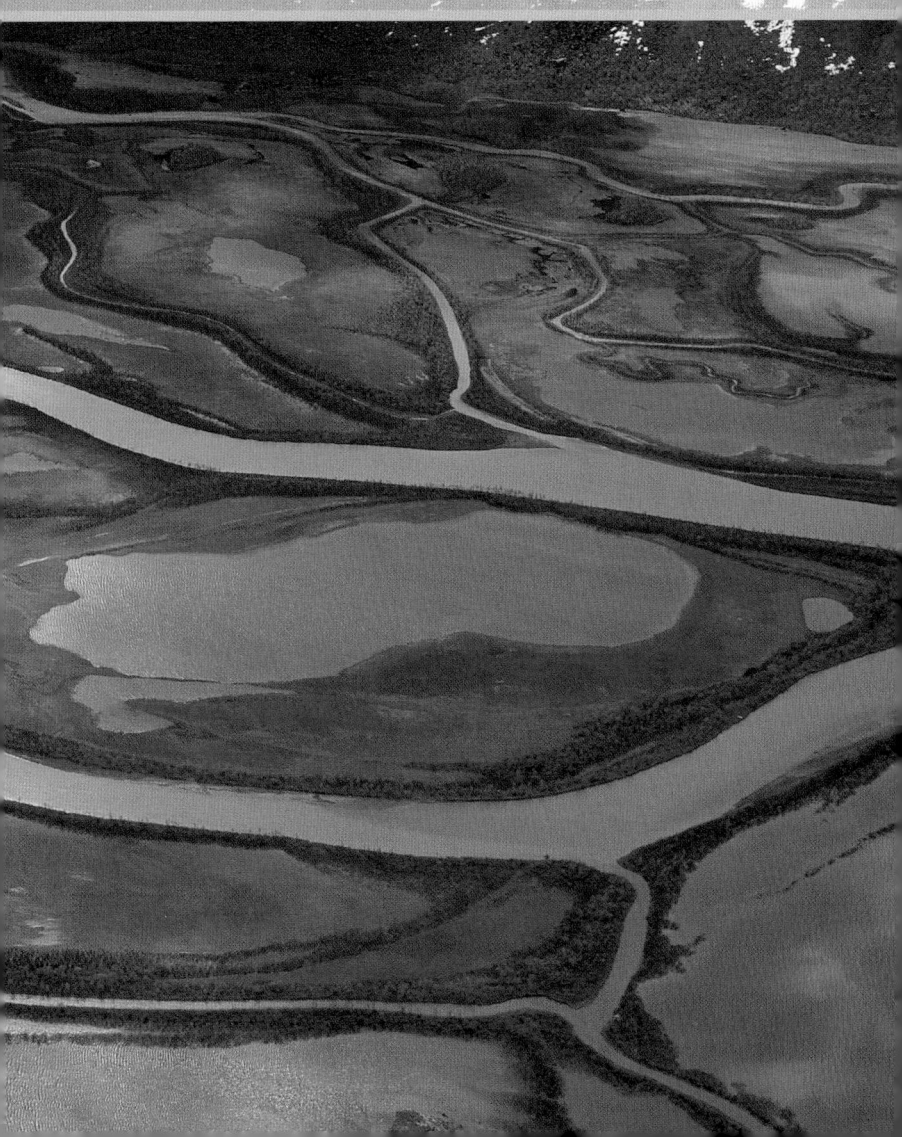

简介

哲学有许多分支和学派。本章所探讨的七个哲学分支中,介绍了从古希腊至今的宏观哲学背景下的一些关键论点和观念。

因为哲学涉及其他领域如数学、语言和美学,所以对哲学进行分类必须精挑细选。事实上,"哲学"这一学科曾涵盖了比它目前多得多的内容。它包括过"自然哲学"(我们现在称其为自然科学——包括物理、化学和生物学)。我们对宇宙的理解不断加深,所以一些曾经被笼罩在哲学羽翼下的领域已经发展为独立学科。这就提出了一个问题,同样的事情也将会发生在哲学的其他部分。

如果将这里所提到的七个哲学领域视为彼此间密不透风的调查,那就大错特错了。它们彼此重叠,尤其形而上学将在宗教哲学、道德哲学和心灵哲学中提到的许多问题归类。即使在那些并不交叉的分支中,它们始终彼此交织在一起。我们在一个哲学分支中回答问题的方式可能对其他分支产生影响。例如,我们心灵之外是否还存在什么?对这种形而上学问题的回答会契合如何在物质世界获得知识的关注重点。在宗教哲学一节中提出"上帝是否存在?"的问题,对它的回答会同样解答我们在道德哲学里关于应该如何生活问题的疑问。

如果一个或两个哲学家仅仅出现在一个分支中,那么这不是规律,而是例外。例如,笛卡儿不仅在心灵哲学和知识理论中是关键人物,而且在其他分支中也会被着重提及。

早期哲学家,如德谟克里特(见上图),也关注自然科学,用自己的方法和实践涉及一些现在已独立出来的学科。

哲学中提出的**一些最重要的问题**促使提问者从一个分支走向另一个分支。

知识

有人说知识论是哲学领域最重要的问题。人如何去获得知识、如何知道自己知道什么以及什么是知识等问题对于哲学来说非常重要。这是因为其他哲学分支都默认了知识的存在,这样它们才有了可以进行讨论的基础。

知识有不同的种类,包括知道型知识(例如,我很了解牛津)、能力型知识(我知道怎么骑自行车)和论述型知识(我知道老鹰属于鸟类)。前两种知识比较有趣,但是哲学主要讨论第三个问题:拥有论述型知识意味着什么。

论述是用来进行表达的陈述性论断,例如"大象是灰色的"。在日常生活中,我们下意识地认为自己知道这些论述,例如凭借来自感官的直接证据,或者依据对以前经验的记忆。但是我们真的像我们自己想的那样知道那么多吗?

在哲学中,人们拥有知识的范围是一个非常重要的问题,这个问题一般是通过怀疑主义来解决的:我们拥有知识的看法是正确的这一点很少甚至从来没有得到过证实。怀疑论假设真相和表象可能是大相径庭的,表象甚至可能将人引入歧途——这并不是说从物理学的角度来看不同,而是说从意识的外部世界的表象来看。从这一点出发,怀疑论便提出了质疑:大体上说,人们如何能够通过自己的感受和经历去认识真相。

另外,定义"知识"也是一个很重要的问题。在《泰阿泰德篇》(*Thaetetus*)中,希腊哲学家柏拉图(见244—247页)论证说,知识就是辨明为真的信念;换言之,就是知识必须是真的,并且有足够的证据证明它。但是这个定义在20世纪遭到了质疑,而在过去的40年中,相关研究不断发展,对其他理论进行了广泛的探索。

更进一步的讨论中,主要的问题是纯粹的逻辑自身能否产生知识(支持的一方是纯粹理性论者),或者像经验主义者的看法那样,我们必须借助感官体验才能产生知识。这些问题和哲学中最古老的问题有着千丝万缕的关系,例如寻找证明上帝存在的证据的问题。

寻找我们知道什么通常始于一个基本问题:现象是通往现实的一个好向导吗?有时候,我们容易被所见的东西蒙蔽。

怀疑论

怀疑论认为虽然我们有许多信念，但我们实际上知道的东西非常少，甚至根本什么都不知道，比起自己通常认为知道的范围就更小了。世界上最伟大的哲学家中有几位对这个问题提出了十分有力的论述和证明，为之做出了卓越的贡献。

信念和知识

我们本能地对信念和知识进行区分，人们可能有一些错误的信念。但是如果你认识到了某个命题p，那么p一定是对的。比如，如果你说大象是粉色的而且你觉得你知道大象的颜色，那么你就错了。如果大象不是粉色而是灰色的，你就不能认为它们是粉色的。你顶多可以相信它们是粉色的。

即便是正确的信念，也不一定可以称为知识。即便没有任何证据或者理由，人们也可能拥有正确的信念。例如，陪审团成员可能仅仅因为受审判者的衣着认定他就是有罪的。这个有罪的信念可能是对的，但是某个人的衣着并不能充分证明他是不是罪犯。所以如果衣着就是陪审团认定被告有罪的原因，他们的信念即便是对的也肯定不是知识。

另外举个例子。我知道有很多证据证明星相学无法作出准确的预测。假设虽然我知道星相学不太准确，但是读了一下自己的星盘相信了一个预言。结果这个预言成真了。我是之前就知道或者认识到它是真的吗？没有，因为我没有充分的理由相信这个预言是会发生的。

所以，知识需要有一些证明，需要一些论证，这样才可以认为我们所相信的某个论述是对的。简言之，知识需要证明。

但是，什么是证明？一个比较标准的答案是"证据"。要证明一个你所相信的信念，你需要有一些除了这个信念本身以外的东西来支持你。比如，你相信玫瑰花是红色的，因为你见过玫瑰花，而它确实是红色的。或者你记得你把钥匙放在了哪里：你把它们放在抽屉里了。这就是你现在相信它们还在那儿的原因。

星相学称自己是一个知识体系。但是即便某些星相学信念碰巧是正确的，在得到证明之前它们依然不是知识。

逻辑的应用

有时，证据和证据要证明的内容之间的关系就是逻辑关系。例如你看到有一只狗在猫的后面，那么从逻辑上说，猫在狗的前面的说法是正确的。

但是有时证据并不足以直接证明待证内容。一般来说，证据只是为确定要证明的信念是正确的提供证明基础，或者是比较充分的证明基础。注意，可能你有非常有力的证据支持你的看法，但是你依然可能是错的。一份证据通常不足以在逻辑上保证我们的信念一定是对的。

哲学问题的奇特性

当我们开始思考自己是如何认识到我们以为自己认识的事物时，就产生了哲学问题。例如，我认为我自己有两只手。为什么我要相信自己有两只手呢？我可以感觉到它们，还可以看到。然而我的这些感觉难道不可能是错误的吗？毕竟，从我的眼睛、耳朵和其他感觉器官输入到我的大脑的各种电刺激，完全有可能是一个运行着现实虚拟程序的超级计算机模拟出来的。如果两者传递给我大脑的电刺激是完全一样的，我的感受也可能是完全一致的。我没法分辨出来哪个是哪个。我以为是真实世界的那个世界，很可能就像电影《黑客帝国》那样，是电脑产生的栩栩如生的幻象。即便是这具我似乎控制着的躯体也可能是虚拟的。那么我怎么知道我实际上并没有连接到前面说的那种电脑上？说到底，我怎么才能知道在我的感官世界之外确实存在着一个真实世界？但是，如果我不能确定这一点，我怎么能确定自己确实有两只手？怀疑论把这些疑问用哲学问题的方式提了出来。

不同一般的问题

哲学问题比较异于常理。它们和我们通常提的那些问题相比区别很大。比如我刚从家里出来但是想不起来有没有锁门，我可能会非常担心门还开着，小偷会趁我不在的时候进去偷东西。但是所谓怀疑论者，并不是要你去考虑前面这种问题。即便是我们一般不会有问题的地方，怀疑论者也会提出问题来。假设我认为我看到面前有一本书，通常这不会有任何问题。但是怀疑论者就可以提出问题来。我怎么知道我看到的事物可以表明事物确实是那样的？没错，确实有一本书在我面前出现过。

在电影《黑客帝国》当中，智能电脑把人类意识都禁闭在一个创造出来的世界当中。怀疑主义者指出在这种情况下我们将无法分辨出来。

> "如果你要成为真正追寻真理的人，在一生当中你至少要质疑一次。尽可能地对所有事情提出质疑。"
>
> ——笛卡儿《方法论》
> (Discourse on the Method)

但是我怎么能确定这样的表象有力地揭示了真相？怀疑主义对我们关于周围世界本质的基本假设提出了质疑。

这种质疑是合理的吗？的确，它一般没有什么实际价值。即便是对外部世界持有严肃、严谨的怀疑态度的哲学家，只要一离开他们的书房，也会和我们普通人一样生活。一走入外部世界，他们的哲学问题就烟消云散了。关于人们身边世界的哲学怀疑主义给人的感觉并不很牢靠。即便怀疑主义的说法是对的，我们也没法真的让自己相信怀疑论是对的，更不可能一直认为它是对的。但是即便如此，怀疑论也确实有可能是对的。当然，它可能也是唯一一个自然理性的立场。

概括怀疑主义

怀疑主义者得到的结论，并不是"我们无法确定任何日常信念，虽然它们可能是对的"。相反，怀疑主义者一般会指出我们没有足够的理由或者甚至没有任何理由假设这些信念是对的。如果怀疑主义者是对的，似乎我们没有充足的理由去假设身边的世界真实存在，而不是认定它只是个异常精巧的幻象。怀疑主义者认为，我们觉我们所看到的世界是个幻觉和我们认为所看到的世界是真实的，这两者之间是差不多的。比起认为我们无法完全确定个人感受的真实性来说，这个结论明显更激进一些。

值得指出的是，怀疑主义者并不是说他们知道他们或者你只是活在超级计算机的谎言当中。怀疑主义者的核心论点在于你无法知道自己经历的是不是真的。对于怀疑论者来说，你的世界是真的或者假的，二者概率差不多。

不同种类的怀疑论

哲学家最常讨论的怀疑论称为关于外部世界的哲学论。它对我们关于物理世界、意识之外的世界提出了疑问。但是这不是唯一一种有关"知识命题"的怀疑论。一些怀疑论对数学或者逻辑命题提出质疑，其他则对记忆提出怀疑。还有一种关于外部世界的相对有限的怀疑论。你可能会论述到，比如说虽然拥有一些关于外部世界的知识是可能的，我们不可能有关于我们尚未观察到的那部分世界的知识。显然，这也包括关于未来的知识。

南极探险者体现了人类迫切获取第一手知识的本能愿望。但宇宙的大部分还是不能通过直接观察所了解。

不要相信感觉

在《泰阿泰德篇》中，柏拉图（见244—247页）引述了希腊哲学家普罗塔哥拉（Protagoras）的观点："相同的事物，你看到的和我看到的是不一样的……风吹过，有人感觉很冷，有人却不觉得冷。"面对这样的分歧，我怎么才能确定自己所感受着的世界就是这个世界本来的面目？这样的分歧，难道不就证明了我们的五种感官是非常值得怀疑的吗？

发现相似之处

感官上的不同之处也不是很多。至少，大家都同意空气是气体而不是液体，一般也能一致认定是不是有风（虽然不同的人可能对冷暖的感受不同）。实际上，我们对之前问题的分歧中，隐藏着感官系统上的许多共同点，而这些共同点支撑着感官可以提供知识的论断。针对感官系统可靠性的另一个质疑来自视觉幻象。例如，比较直的物体穿过水面以后会看起来有一个弯折。这样的幻象难道不能说明我们的感官是极度不可信的吗？同样，不能这样说。在有了相应的光学知识以后，这些感官上的错觉是可以校正的，至少是可以预料到的。我之前有过的经验（物体是直的，水对物体的折射效果）可以帮助我校正所看到的图像。所以，幻觉并不足以证明我们的感觉总是不足为信的。

视觉幻象表明感觉器官有时无法准确地反映现实，有时很容易被欺骗。

怀疑记忆和理由

我们的怀疑主义问题是不是可以再拓宽一些？仔细想来，理论上人脑和超级计算机连接起来的可能性似乎对记忆和感觉都提出了质疑。为了影响人们大脑里在思考的事物，这样的计算机可能会制造从来没发生过的"记忆"。可能我15岁的生日礼物，那辆一直记忆深刻的红色自行车从来都不存在。当然，或许我所有的记忆都是假的。我恐怕没什么办法证实它们是真实存在的。

如果确实是这样，可能正如我无法真正认识周围世界的任何事物一样，我也无法了解自己的过去，无论我的过去存在与否。同样，从我所知道的事物出发，我可能也仅仅存在了一段很短的时间。或者我只是几分钟前才产生出来。

超级计算机假说提出质疑的并不仅仅是感官体验和记忆。逻辑揭示真相的能力同样被大大削弱了。例如，如果我的想法只是超级计算机塞给我的怎么办？如果我在考虑"$2+2=?$"的时候，是计算机让我认为答案是"4"而实际上正确答案应该是5？或者，只要我尝试分析自己关于这个世界的想法，计算机就迫使我得出不合逻辑的答案，又会如何呢？

看起来即便是在最简单的情境下，似乎关于逻辑和数学的所有判断都开始被质疑了。

"我决不会相信上帝在石头上写了一个巨大而又多余的谎言。"

——19世纪作家查尔斯·金斯利（Charles Kingsley）对上帝用创世纪之前的化石制造了世界的观点提出了质疑。

可靠论

我们如何回答怀疑论者的问题并且反驳他们的观点？怀疑论者指出，我们不能证明表象可以充分地揭示真相。但是，或许我们并不需要证明这一点。

可靠论认为，当且仅当一个信念（比如我面前有一朵玫瑰花）是通过可靠的过程得出的时候，它才可以称为知识。所谓可靠的过程，就是一个能够以较高概率产生正确信念的过程。一般来说，过程的可靠性来自信念的客体（玫瑰花）和信念之间的因果关系。在上述例子当中，因果关系就是视觉。视觉显然是一个相当可靠的过程，可以产生正确的信念（当然，视觉有时会将我们引入歧途，但并不是非常频繁）。所以，对于一个可靠论者来说，我面前有一朵玫瑰花这个信念，自然可以称为知识。

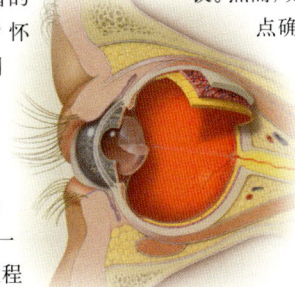

可靠论认为如果产生信念（例如视觉）的机制是可靠的，那么信念就构成知识。

新的质疑

当然，可靠论对知识的定义是不是正确的尚有争议。然而，如果可靠论者关于知识的观点确实是正确的，似乎怀疑论者的质疑是可以得到解答的。

但是，即便怀疑论者被驳倒了，显然还会产生另一个问题。或许怀疑论者是错的。或许我能认识到我面前是有一枝玫瑰的。但是我能认识到我认识到我面前有一枝玫瑰吗？要认识到面前有一枝玫瑰，我还需要认识到自己确实拥有可靠的感觉器官。但是并没有可靠的办法来证实这一点。说到底，即便我的感觉都不太可靠，我的大脑又被超级计算机欺骗了，我还是会相信自己的感觉，因为超级计算机会骗我的大脑，让我以为我的感觉都是可靠的。

因此，似乎即便已经成功地驳斥了怀疑论，还是有一个更深层次的问题。我并不单单是想知道面前有一枝玫瑰；我还要知道这是我可以认识得到的东西。然而即便是可靠论者，有时也必须承认这种认识是我无法拥有的。

阿尔文·高盛（Alvin Goldman）

美国哲学家阿尔文·高盛（生于1938年）于1967年首次提出他的"认知因果理由"，并展示了可靠论。为了回应对该理论的批评，他后来表示，知识还需要区别相关替代物的能力。高盛后来将注意力转向知识理论与认知科学之间的联系，以及在社会背景下（包括法律和教育）研究知识论。他在哲学的意识论上的研究也广为人知。

阿尔文·高盛工作中曾涉足多个有关知识论的领域。

怀疑论的矛盾

另一种观点认为怀疑论没有实际意义,并且实际上自相矛盾。

例如,我们可能会论述说"知识"和"知道"的含义是由这些术语的常用方式所决定的。如果是这样,怀疑论者可能会反驳说,比如,"我不知道我正在读这页书"没有意义。因为恰恰是通过这样的例子,我们才了解到"知道"是什么意思。

这种利用"日常语言"提出的质疑能削弱怀疑论的效力吗?似乎达不到这样的效果。怀疑论者认为,即便是在典型的"知识"的例子当中,我们也作出了一些未得到证实的假设。他们认为,就我们认识到表象可以充分揭示真相这一点而言,对世界有所了解是一个先决条件。我们通常直接假设该条件是正确的,而这也正是我们习惯性地说我"知道"我面前有一枝玫瑰花等的原因。怀疑论者接着指出这个条件并没有得到证实:从我所知道的范围来看,我很可能只是在一个虚拟世界当中,而这个虚拟世界被创造出来就是为了欺骗我。在这种情况下,我并没有足够的理由相信表象可以充分地揭示真相。所以,即便通过分析"通用语言"的例子,我们确实明白了"知识"一词的含义,这个词是不是可以恰当地应用在这里还是一个需要解决的问题。

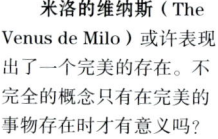

米洛的维纳斯(The Venus de Milo)或许表现出了一个完美的存在。不完全的概念只有在完美的事物存在时才有意义吗?

从另一个角度来看,英国哲学家吉尔伯特·赖尔(Gilbert Ryle,见331页)认为,怀疑论者提出的所谓"错误"这个概念,假设了在一些情况下我们是"正确"的。如果没有正确的时候,错误这个概念就没有意义,就好像如果没有真品,就不会有赝品这个说法一样。

但是"正确"和"错误"两个概念的作用是一样的吗?或者它们可能是像"完美"和"不完美"这样的概念发挥作用?的确,如果没有"不完美",我们是不可能有"完美"的。但是这并不意味着"不完美"概念的建立,必须确实存在一个完美的事物。同样,我们不能因为怀疑论指出我们可能是错的,就直接推断出来我们确实知道某些事情。

问题的问题

奥地利哲学家路德维希·维特根斯坦(见326—327页)创设了一种更为复杂的常用语言法。他认为,怀疑论者对类似于"存在外部世界"提出质疑的观点是错误的。"外部世界确实存在"和其他基础信念属于"背景假设"。维特根斯坦的结论是这些属于我们无法质疑甚至也无法认识的存在。

举例而言,我判断说这是一只我举起来放在脸前面的手。的确,有时"这是一只手"可能用作陈述一个知识(即信念的正式有效表述),例如在考古发掘现场检查骨头残骸时。但是如果在白天,我举起自己的手并且说"这是一只手",我是在陈述知识吗?维特根斯坦认为答案是否定的。在这种情况下,"这是一只手"是用来表明手的含义的,而非陈述知识。它的作用是定义,和"雌狐狸是雌性的狐狸"的作用是一

没有真币,假币就不会存在。赖尔认为基于同样的道理我们必须拥有某些关于真相的知识,才能认定某些东西是错误的。

怀疑论

样的。"但是我们能确定所有雌狐狸都是狐狸吗？"（提这样问题的人只能说他们并不明白雌狐狸的意思），这个问题没有实际意义，同样，"我怎么知道这是一只手"的问题在类似的情境下也没有提出真正的问题。

所以，维特根斯坦在做的，是尝试阐明怀疑论者要求对知识的证明是没有道理的，而不是用试图证明"这是一只手"的方法来驳斥怀疑论者。在这样的情境下，并没有提出对知识的陈述，所以并不要证明。

错误的解决途径？

维特根斯坦的结论受到了质疑。其中一个问题是即便我们承认"这是一只手"一般来说并不是在陈述知识，也不能得出结论说在类似的情境下，它永远都不是在陈述一个知识。同时，如果它是用来进行陈述，怀疑论者同样可以要求证实它。似乎怀疑论者还是有办法反驳维特根斯坦的。

维特根斯坦认为，提出"我怎么知道这是一只手"这样问题的人需要别人提醒他字词的学习和使用知识。

> **"如果我要质疑这是不是我的手，我怎么才能避免质疑'手'这个词究竟有没有含义？"**
>
> ——路德维希·维特根斯坦《论确定性》
> （*On Certainty*）

什么是知识?

知识和未经证明的信念是不同的,即便你的信念碰巧是正确的。但是,知识等同于得到了充分证实的正确信念吗(见50页)?一个信念需要证明到什么程度,才可以称为知识呢?

知识必须是确定的吗?

如果知识是由有充分证据的正确信念所组成的,那么这些证据需要充分到何种程度?我们一般只要求有较为充分的理由支持该信念就够了。有较为充分的理由支持信念的正确性显然不能完全排除它是错误信念的可能性。相信某些事情可能是没有错误的,但是你可能依然犯了错误。如果我听到了水打在玻璃上的声音,然后看到乌云密布的天空下,玻璃上不断有水流过,我的朋友进来时抖了抖被打湿的雨伞,在地板上留下了湿脚印,还不停地抱怨着雨天,我有充分的理由相信现在正在下雨。但是我依然有可能是错的——可能我的朋友为了骗我相信正在下雨,而在窗户前面放了一个

洒水机。

绝对可靠论

如果一般程度的证实可能得出错误结果，我们是否需要绝对确定某个信念是正确的，才能称之为知识？绝对可靠论认为，信念只能在不可能错误的情况下才可以称为知识。但是这种观点是正确的吗？如果只有在我们绝不会出错的情况下才可能存在知识，那么我们只会有极少甚至完全无法得到任何知识。即使把怀疑论放在一边（见50—52页），还是可以清晰地看到在考虑我们关于外部世界的信念时，即便我们恰好拥有非常充分的理由相信某些事情是正确或者真实的，我们还是有可能弄错了。

所有有实际价值的知识的定义都必须承认这一点并且至少允许存在错误的可能性吗？刚接触哲学的学生常常不这么假设。下面这种论述可能会把他们引入歧途。人不可能知道什么是正确的。因此，如果我认为天在下雨，我不可能是错误地认为在下雨。但是这样的话，如果我要确实知道在下雨，我必须完全正确地确定实际上确实在下雨。我必须从一个不可能出错的角度

戏剧中的假象可能非常逼真。它们表明，我们相信从感官得到的证据总是存在错误的可能性的。

出发。绝对可靠论者可能会得到结论说，我永远都不可能找到这样的角度——无论可能性大小，总是存在一定的可能性我是错的——所以我永远都不会知道天在下雨。

然而，这个论述是错的：它把一个关于知识的合理问题偷换成了一个富有争议的问题（见下文本框）。

新的定义

知识并不仅仅是由信念构成的：它不能像信念那样凑巧是对的，或者未经证实就是正确的。但是要论证信念必须绝对正确才可以称为知识似乎同样困难。在后面的内容中，我们会讨论可能避开了此类问题的其他关于知识的定义。

内维尔·张伯伦
（Neville Chamberlain）1938年和希特勒共同签署慕尼黑协议后，曾经满怀信心地宣布"和平时代"的到来。他对确定性的感觉可能是错位的。

一个绝对可靠论的错误论证

绝对可靠论认为，"如果我知道p[任意命题]，那么我就不可能错误地知道命题p"。但是这个观点有两种不同的解读方法，取决于我们如何理解"不可能"。

解读1：不可能是虽然我知道p，但是我弄错了p。

我们应当同意这一点。从定义上看，你不可能知道什么是错的。

解读2：如果我知道p，（我就处在）不可能弄错了p（的位置上）。

这就是绝对可靠论的观点。它比解读1要宽泛得多，因为它的意思是如果我知道命题p，那么不仅我不会弄错p，我还处在一个p绝对不会出错的位置上。这个说法利用了语言的模糊性。它从解读1开始——这个是正确的——但是用解读2结尾，而解读2显然不包含在解读1的范围当中。

寻找理由

理由是如何发挥作用的？历史上曾经流行的一个观点认为，所有知识最终都建立在某些基础信念上，而这些基础信念支撑着其他信念，就好像建筑物的地基一样。我们有很多信念都建立在或者来源于其他信念。例如，我认为拿破仑是科西嘉人，因为我相信得出这个信念的史料来源是正确的。那么，如果拿破仑是科西嘉人的判断得到了证实，那么我判断史料来源是正确的同样也被证实了。从此我们可以归纳出一般的原则：如果要通过证据来证实某个论述，必须先证实这个证据。但是注意，如果每个信念都仅仅是用别的信念证实的，我们就会陷入死的循环当中（见213页）。对信念的证实必须有一个终点，即并不是由其他信念证实的那些信念。否则，我怎么可能证实任何事情？

基础主义认为，如果我们不断追寻证实过程，最终会找到无须其他信念证实的"基本"正确信念。这些基础信念构成了其他信念的基础。但是，如果基础信念不是由其他信念证实的，他们到底是怎么证实的？

最有名的质疑认为，知识的基础是感官体验。许多经验主义者，包括洛克（见282—283页）和休谟（见290—291页），认为所有知识都是以我们的经历为基础的。的确，感官体验本身并不是信念；只是看到一把椅子并不是认为面前有一把椅子。但是假设你并没有出

我们必须相信历史文档和图片，以了解历史事件是不是真的发生了，例如拿破仑的埃及远征。

什么是知识? 61

很容易就发现右边的图片里有一只棕白相间的小狗;但是你欣赏一幅抽象画的时候应用了什么概念呢?所有的感觉体验都会涉及概念吗?

现幻觉或者做梦,你可以通过该感官体验得出这样的信念。这些直接来源于感官体验的信念构成了我们的"基础"信念。即便不是从其他信念当中得出,它们一样得到了证实。

虚假的基础

这种类型的基础主义有一个有力的基础,但是它也有一些问题。信念是由概念组成的。认为"这只棕色的狗被汽车的巨大声音吓坏了"需要这些概念:狗、棕色的、吓坏了、巨大和汽车。如果没有这些概念,我不能得出前面的信念。但是感官体验本身是由概念构成的吗?我是看到了一只棕色的狗还是听到了汽车的巨大声音?或者我有一些感官体验,然后把这些概念应用到了感官体验上?威尔弗雷德·塞拉斯(Wilfrid Sellars)(见右框)认为,在这两种情况下基础主义都有问题。

假设我们认为感官体验本身就是由概念构成的。所有的感官体验都是这样的吗?比如孩子们需要学习概念。如果一个婴儿不知道什么是狗或者什么是棕色的,他就不能感受到"一只棕色的狗"。显然,他是感觉到了某些事物的,但是无论这个孩子感受到了什么,都不能用概念来描述。在儿童时期,我们通过不断地尝试或者其他方式,学会如何正确使用概念(例如,"这是一只狗"和"这不是一只狗")。因此,我们关于狗的概念是通过推理形成的。所以,塞拉斯认为,如果感官体验本身就是由概念构成的,那么感官体验就不可能是知识的基础,因为它会依赖于通过推理取得的知识。

但是如果我们假设感官体验并不是由概念组成的,又会如何呢?现在的问题是我们无法从感官体验自身出发得到任何关于知识的信念,因为信念是由概念组成的。要从感官体验得到信念,我们需要把概念应用到自己的感官体验上去。但是这又需要用到推理知识了。

所以,塞拉斯的结论是无论感官体验是否由概念构成,直接建立在感官体验上的信念总是需要概念的,因此会依赖于我们从其他已知道的事物上进行的推理。因此,它们就不可能是支撑着所有知识的基础信念。

威尔弗雷德·塞拉斯

美国哲学家威尔弗雷德·塞拉斯(1912—1989)是最有名的知识基础主义批评家。在论文《经验主义和意识哲学》(*Empiricism and the Philosophy of Mind*, 1956年)中,他将批评传统知识论对经验的重视作为自己理论里知识的基础。塞拉斯认为,我们在从经验中获得知识之前,必须先获得经验。他尝试解决真实的科学模型与人们把自己看作自由和理性的主体之间的矛盾,为20世纪后来关于知识和意识哲学的讨论确定了议题。

知识是"有理由的真信念"吗?

对于许多哲学家来说,对命题(例如"大象是灰色的")的知识包括了存在一个已经证实的正确信念。但是这是对知识的完整分析吗?如果是,那么当且仅当满足如下条件时你知道了一个命题:

命题p是正确的
你相信命题p
你对p的信念是正确的

知识的"有理由的真信念"理论认为,上面的是关于知识的"充分必要条件"。知识就是有理由的真信念这一观点开始时是正确的。首先,我们无法知道错误的命题。如果一个命题是错的,那么可能我们认为自己是知道它的,但实际上我们并没有这样的知识。其次,似乎我们必须相信p才能认识到p。如果我都不相信在下雨,我怎么能说我知道天在下雨?在此,似乎知识的范围大于正确信念。信念需要证实恰恰说明为何凑巧凑对了的信念并不是知识。

信念之外

1963年,美国哲学家埃德蒙·梯尔(Edmund Gettier)发表了《知识是有理由的真信念吗?》(*Is Knowledge Justified True Belief?*)——该文成功地提出了在一些情况下,某人可能具有有

从前面看,我们可能觉得自己看到了着火的房子得到了证实,而不是看到了一个电影布景上的假房子。

什么是知识? 63

理由的真信念但是并没有知识。下面举一个"梯尔反例"。假设我在开车时通过了一个正在拍摄电影的地方,而我并不知道正在拍摄电影。我路过的许多"房子"实际上只是布景。其中有一部分着火了,我意识到"有房子着火了"。如果我看的是那些布景,那么我的信念就是错的,所以不是知识。如果仅仅是凑巧,我恰好在看那栋唯一的真房子而不是布景,我的信念就是对的。而且似乎也是有理由的:它看起来像一栋房子,看起来着火了,我没有理由怀疑自己看错了(要反驳这一点就走向了怀疑论)。

但是虽然我的信念是真的也是有理由的,梯尔论述道,它也不是知识。我有自己的信念的原因(它为真的理由)和它碰巧为真二者之间的关系在这个例子当中太碰巧了。在这个情境下,我可能是在看某个布景而且根本意识不到二者之间存在区别。

在梯尔反例中,如果有理由的真信念并不足以构成知识,那么知识就绝不仅仅是

我们非常善于识别其他人,但是除非我们知道某个人有一个双胞胎兄弟/姐妹,否则很容易把两个人弄混。

有理由的真信念。肯定还需要其他事物才能构成知识,一些包括了我们可能并没有意识到所有有关的可能性的事物。

再看可靠论

梯尔的反对意见中有一部分也适用于可靠论(见55页)。从总体上讲,如果产生信念的过程是可靠的,那么信念不会是凑巧为真。但是请考虑下面的梯尔反例。你看到了一个朋友,茱迪,并且向她挥手。但是你并不知道茱迪有一个住在附近的孪生姐妹安妮。所以你认为你看到了茱迪的信念只是凑巧为真。然而产生这个信念的过程——看到并且识别——是可靠的。所以,可靠论似乎是说你不知道的时候确实知道了。

有些可靠论主义者回应说,如果要成为知识,一个信念不仅仅需要产生于可靠的过程,你还必须区分实际情境下类似的可能性。如果茱迪没有孪生姐妹,你就可以在不同的可能性(是茱迪或者别人)之间进行区分,从而认出茱迪。但是如果茱迪确实有一个孪生姐妹,你只有在可以分辨茱迪和安妮时才可以说你知道你是在向茱迪挥手。

即便来自感觉的证据也会受到我们期望看到的事物的影响。在1947年,关于"飞碟"的第一次报道中,目击者实际上报告的是一个像"湖面上的飞盘"一样飞过的回飞镖。但是其他人立刻开始报道飞碟的消息并且一直延续到今天。

理性和经验

知识在多大程度上依赖于我们的感官？我们通过理性和经验的方法了解世界。对推理和经验二者的不同强调产生了关于知识来源的两个不同学派：理性论和经验主义。

两种思路

在讨论知识、理性和经验之前，我们需要介绍一些词汇。"演绎的"（a priori）一词来自拉丁语，字面意思是"从以前的事物推断出"。在哲学上，它是指建立在无须感官体验即可证实的断言基础上的知识。要确定是不是"所有学士都尚未结婚"，我们无须四处走访询问学士们是否已婚。知道学士是什么意思，我们就可以确定上述命题是正确的。另一方面，只有通过人的五种感官才能证实的断言称为"归纳的"。

演绎与推理的区分是我们查证或者论述某个断言是否为真时所需要的。它和我们如何先获得理解有关知识的断言所需的概念或者字词无关。的确，我们当然需要首先明白"学士"和"未婚"的含义，这样才可能理解"所有学士都尚未结婚"的含义。这种知识显然来自于经验——但是只要我明白了这个论题的含义，似乎我就不再需要其他经验来证明它是正确的。如果确实如此，那么我的知识"所有学士都尚未结婚"就是演绎得出的。

这两种知识的对比应当同另一种对

一些描述别人和你的关系（血缘亲属关系）的方法不是很明显——但是根据定义，也是正确的。

理性和经验

比相区别开来,即"分析"命题和"综合"命题之间的对比。如果仅凭其词句即可认定命题的正确与否,那么命题即是分析式的。因为"所有学士都尚未结婚"是分析命题,它也是一个演绎命题。但是并不是所有为真的演绎命题都是在分析米高难题。例如,我显然可以知道一个演绎命题——我是存在的——但是"我是存在的"并不是分析命题。许多分析命题,例

来自经验的关于世界的知识。然而,这个区别并不是很显而易见,而且在其中术语的某些定义下,也没有包含所有可能性。但还是有一个涵盖所有情况的标准办法来区分理性论和经验主义。理性论认为我们可以对意识之外的事物有分析式演绎知识。换言之,理性论者的观点是说,在不依赖我们的五种感官的情况下,我们依然可能对自己意识之外的世界有所了解(可

> "我们非常清晰地看到的且和其他事物截然不同的一切都是完全真实的。"
>
> ——笛卡儿《方法论》(Discourse on the Method)

> "人类逻辑或者探究的所有客体可以分为两类……思想间的关系和事实上的问题。"
>
> ——大卫·休谟《人类理解研究》(An Enquiry Concerning Human Understanding)

如"所有学士都尚未结婚",很明显是为真的,但是有些则不那么明显,例如"你母亲的兄弟的父亲的侄女的唯一堂姐妹是你的母亲"。

如果命题不是分析命题,那么就是综合命题,它的正确性无法凭字词的含义判断出来,而是通过事实来进行判断。所以,例如"冰岛上没有鸵鸟"就是一个综合命题。

对立的观点

概括地说,理性论和经验主义的区别在于你是否可以拥有并非

能是部分的),例如道德、形而上学或者甚至是物质世界。

我们怎么能不依赖于经验而了解这个世界?一些理性论者提出我们有一种理性的"直觉",从而可以巧妙地抓住某些真相。这种能力独立于五种感官之外;它是一个特殊的"第六感",帮助我们意识到外部世界的道德、数学或者其他事实。

其他理性论者认为我们天生就知道某些事实(见68—69页)。的确,出生时你可能什么都不知道,但是知识的种子在你出生的时候就种下去了。随着你逐渐长大,这些种子开始生长并且开花,让你获得关于意识之外事物的演绎知识。

笛卡儿和商标论

经验主义者认为演绎知识如果存在，仅局限在分析型知识和与意识内部有关的事实上，而理性论者与前者持相反观点（见66—67页）。理性论者认为我们对于意识外的世界可以用综合式的演绎知识。正如笛卡儿（见276—279页）关于上帝存在与否的论述所展示的，他明显是理性论者。

笛卡儿从两个方面论证了上帝的存在。一个是本体论的（见140—141页），这种办法是证明上帝先验存在的经典办法。另一个是所谓的"商标论"，即我们此处讨论的终点。在商标论中，笛卡儿试图通过我们有上帝的概念这一点来证明上帝的存在。笛卡儿认为，每一个概念都必须有一个原因，如果这个原因不是经验或者我们自己的意识，那么它就必须是"天生的"。天生的概念并不是我们从出生时就知道的那些。但它们却是以某种方式已经在我们脑袋里面存在的。他认为，产生上帝这一概念的原因只能是上帝自己。

为什么这个概念的原因必须是上帝？根据笛卡儿的论述，一个原因必须拥有和其效果一样的"真实"。英国哲学家伯纳德·威廉姆斯（Bernard Williams）举了一个常识上的例子：如果我们发现了一张关于复杂机器的图纸，我们会自然而然地认为它是一个高级社会或者发达的想象力的产物，即便它只是一张图纸。如果我们真的发现这个机器就像图纸上画的一样在运转着，这会更加令人印象深刻——运转着的机器比图纸上的机器"更真实"。

笛卡儿认为因为存在上帝这一想法是完美的，有缺陷的生物（例如人类）是无法仅凭自己想象出来的，因此一定是上帝灌输给我们的想法。

上帝是完美的无限存在，因此具有最高程度的真实。上帝这一概念比人类意识更为真实。作为一个不完美的会终止的生物，我可能是某个"不会终止的"而且"并非不完美的"概念的原因。但是笛卡儿认为，这种关于无限和完美的否定概念并不适用于能是我们的意识创造出来的。只有上帝才能创造出来。就好像说，通过在我们的意识中打上烙印，上帝留下了他的"商标"：按照童话的说法，我们是他的造物的标志。笛卡儿的本体论观点和商标论的目标都是证明上帝的先验存在。笛卡儿相信，只是凭借

> "如果上帝不存在的话，我自己知道上帝这个概念……就是不可能的。"
>
> ——笛卡儿《第一哲学沉思》（*Meditations*）

上帝这一概念。上帝是无限和完美的正面概念，而不仅仅是没有限制的意思。它的意思是指某个没有限制的事物。所以即便它只是个想法，也不可思考某些想法或者概念，我们可以确定关于意识之外事物的重要事实——上帝是存在的。这就是说笛卡儿是一个理性论者的理由。

经验主义者与演绎知识

理性论者假设至少一部分关于外部世界的知识并不是以经验为基础的（见66—67页）。例如，笛卡儿假设我们先验地知道上帝是存在的。他还假设物理实体是可以延展的（即它们有物理维度）这种知识也不是完全基于经验。笛卡儿认为，物理实体没有颜色、气味等我们感受到的属性。而它们本源的几何学特征，按照笛卡儿的观点，是通过演绎知道的，而不是经验。

另一方面，一些经验主义哲学家，例如约翰·斯图亚特·穆勒（John Stuart Mill，见308—309页），认为我们没有任何演绎知识。但是大多数经验主义者承认至少有一些知识是演绎的。那么，为何他们依然是经验主义者？因为他们坚持认为，我们拥有的演绎知识极为有限，也没有太大价值，而只是关于"分析"命题（见67页）和事物如何存在于人的意识之中的知识。

例如，休谟承认存在演绎知识，但是坚信它仅限于"与想法有关的"知识。例如根据休谟的看法，指出"所有学士都尚未结婚"只是表明了学士的概念和未结婚的概念之间的关系：其中一者包含另一者。根据休谟的说法，如果要讨论意识之外世界中的事物，就必须通过感官来获取了。

概念的产生

我们已经讨论过，经验主义者认为外部世界的所有实体知识都来源于经验（见66—67页）。我们通过观察和归纳性推理获得知识（见180—185页）。有关外部世界的知识的基础在于我们此时此地的感受，或者我们对过去的记忆。

一些经验主义者还认为所有概念最终都是从经验得出的，休谟亦支持这种看法。他认为人们对独角兽——我们没见过的事物——的概念是可以存在的，但是仅仅是因为这种概念是由以前已有经验（角和马）得到的概念中产生的。除此之外，如果说没有见过红色的人就无法理解红色的概念，也是有一定道理的。

另一方面，一些经验主义者认为不仅关于外部世界的知识可能是分析式演绎知识，我们也可能有一些独立于经验的概念。例如，笛卡儿假设我们天生就有关于上帝的概念（见68—69页）。

工程制图里关于固体的**数学描述**舍弃了需要特定感知方式才能察觉到的所有属性，例如气味、颜色和味道等。

经验在我们的意识中**留下印迹**，就像熔蜡上的印鉴一样，它使得我们可以建立知识库。经验主义者认为没有经验而想要知识是非常困难或者不可能的。

经验主义与道德和上帝

因为经验主义关注来自感官的知识，人们一般认为它是关于物质世界知识的理由。但是这可能并不是我们所拥有的全部知识。例如，经验主义者如何处理道德知识和关于上帝存在的知识呢？

经验主义者认为，不存在任何关于外部世界的演绎知识。所以对于所有领域的知识，他们有三种选择：

识问题的经验主义办法是承认道德知识并不以经验为基础，采取主观主义。主观主义认为当我们进行有关道德的论述时，例如"X在道德上是恶的"或者"Y具有道德正当性"，我们是在描述自己对X和Y的感受。我们是在表明我们反对X、支持Y。休谟（在某些时候）似乎也采取了主观主义。

> **"幸福是人类行为的唯一目标。"**
> ——约翰·斯图亚特·穆勒《功利主义》(*On Utilitarianism*)

否认我们拥有关于该领域的知识。

我们拥有的所有知识都是基于经验的。

我们拥有的所有演绎知识都是分析知识。

经验主义者约翰·斯图亚特·穆勒（见308—309页）把道德知识建立在"观察和经验"之上。他认为，我们的目标应当是最大化最大多数人的幸福（见102—103页）。穆勒论述道，好坏的唯一证据就是我们想要的东西。每个人都想要幸福，所以对于行动的终极目标来说没有比幸福更好的了。这并不是说我们应当以他人的幸福为行动指南，因为每个人都有自己的需要。但是米勒假设每个人都一样受道德约束，而且这是一个分析式事实。因为，我们都应该以幸福为目标。另一种处理道德知

穆勒认为每个人都希望幸福。更有争议的是，他认为这包括了所有人的全部需要，因为我们想要的一切都是幸福的一部分。

主观主义通过把道德知识定义成仅与我们的道德状态相关来解决道德知识的问题。如果有关道德的演绎知识只是关于人们意识中的事物的，那么经验主义者就可以高枕无忧了。

另一个稍有不同的经验主义方法是论述道德命题不是真正的命题。例如，情感主义者（见115页）认为"X在道德上是恶的"并不是关于知识的论述，而是在表达人们的感受——就好像说"X太糟糕了"。因为这些情感上的变化没有正确和错误之分，就没有什么东西需要"知道"，因此关于知识的讨论就无须涉及道德。

那么上帝存在论的知识呢？经验主义者如何解决这个问题呢？倾向于有神论的经验主义者可以承认上帝存在的知识，但是会否认这种知识是先验的。经验主义者可能会提出大自然中明显的证据并且得出结论说假设上帝存在是有道理的（见147页），而不是依赖于类似本体论的演绎命题（见140—141页）或者商标论（见68—69页）。或者，他们可能会从宇宙存在的经验观察出发，通过事

根据情感主义者的观点，我们称某事物是道德上的"善"或者"恶"的时候，我们只是在表达情感上的感受，就好像球迷在他们的队伍得分后的表现一样。

物的存在需要原因或者解释（见141—143页）的原理（可能是经验的也可能不是）进行论证，最终得出结论：上帝就是原因或者解释。上述两种论述都是建立在经验证据上的。

理性的直觉

理性论者通常会指出存在某种第六感，或者叫作"直觉"，来解释意识之外世界的综合知识。休谟认为，之前哲学家所发现的许多所谓"真相"是通过"理性的直觉"的方法发现的，实际上只是假设

而已。例如一些理性论者认为"理性的直觉"表明每个事件都必须有一个原因。或许，我们很难相信某个事件没有原因就会发生，但是这并不意味着我们就可以直接认定确实没有这样

宗教体验常给信徒提供上帝存在的非经验性证据。但是我们的五个感觉器官是否能像一些经验主义者宣称的那样提供上帝存在的证据呢？

理性和经验

的事件。考虑到这个问题，如果理性论者可以解释一下什么是直觉、它究竟如何提供知识将会有所帮助。而这并不是一件容易的事。

可能理性论者最有效的防御是进攻。经验主义对于道德知识、关于上帝的知识，甚至关于外部世界的知识都可以提出质疑。如果对经验主义的上述解释提出了有效的质疑，理性论就可以宣称，如果我们不是怀疑论者（见50—57页）的话，我们就必须承认自己确实拥有理性的直觉，即便我们不能确切知道它是什么或者它如何发挥作用。然而，即便理性论确实对经验主义提出了问题，它离得出结论还很遥远。

皮埃尔·德·费马（Pierre de Fermat）的"最终定理"花了人们357年的时间进行证明。数学事实可能是很复杂的，但是有人不认为数学事实代表着实体知识。

法，例如纯粹猜测，很可能会不合适。这难道没有表明数学是关于世界结构的可靠的信息源吗？然而数学是一门演绎的学科。所以，从表面上看，数学是一个直接削弱经验主义的例子。

经验主义者如何解决数学的问题？其中一些经验主义者，例如穆勒，认为数学知识不是演绎知识。其他人，例如洛克和休谟，承认数学知识是演绎知识，但是认为它并没有给我们提供实体知识。这是因为在他们看来，数学知识是分析知识。洛克和休谟认为所有数学知识都是通过建立一套定义（对数学术语例如"1""加"和"等于"等的定义）发展出来的。但是如果的确如此，怎么可能存在数学"发现"？我

> "在人的眼睛能……直接看到真理之前，注意力……必须从千变万化的世界（和感官享受）上移开。"
>
> ——柏拉图《理想国》（*Republic*）

数学知识

一个经验主义者一直关注的领域是数学知识。从表面上看，算术和几何学可以给我们提供外部世界的实体知识，这也正是给浴室铺瓷砖时它们尤其有用的原因。假设我要给一个面积为10米×8米的浴室铺上1米×1米的瓷砖。如果我运用数学规则计算出来需要购买多少块瓷砖，我会发现它们恰好够用。如果使用其他办

们怎么会为一些因为定义而正确的东西感到惊喜？经验主义者回应说分析知识无须显而易见。数学事实是非常复杂的，所以需要付出劳动来证明它们是正确的（就好像你母亲的兄弟的父亲的侄女唯一的堂姐妹是你母亲一样）。究竟数学是否可以以"分析的"方式呈现或者它终究是微不足道的，都还是悬而未决的问题。

形而上学

形而上学——最古老和最重要的哲学分支之一——和其他主要哲学分支如心灵哲学和宗教哲学重叠,而且很难对其进行准确定义。或许,形而上学的最大特征就是它寻求回答现实世界本质的最基本问题。

最早最有趣的形而上学理论之一是柏拉图的理念论,这个理论是很好的范例,可以说明这个哲学分支相对于常识是多么激进和具有挑战性。根据柏拉图的理论,我们思考和观察到的周围世界都是幻觉。真实的现实被我们的感觉所隐藏,而现实只能通过推理获得。

我们周围的物体和特性在何种程度上依靠我们的思想而存在,其他形而上学哲学家们致力于界定这个范围。以美味这种特性为例,这不是一个完全客观的特性,但是却依据我们的经历深植于我们的个人反应中。对于那些发现蛋是美味的人来说,它们是美味;对于那些不认为蛋是美味的人来说,蛋不是美味。这是因为这种美味——或者说——蛋的美味最终不是根植于蛋里,而在于我们。但是其他方面的现实怎么样?那些通常假设独立于我们的思想而存在的事物,例如颜色、因果关系甚至自然物体是依靠思想而存在的吗?

形而上学还包含哲学中最古老的难题之一。柏拉图自己试图解决镜子为什么把左右颠倒而不把上下颠倒的难题。这种奇怪的不对称的解释是什么?可能对于这个难题的答案提供了其他形而上学的问题该如何回答的线索。

一个激进的选择

有必要提醒我们,并不是所有的哲学家都认为对于形而上学问题的追求是富有成效的。其中,例如,康德主张现实(他称为本体 noumenal)的终极本质原则上是不可知的。其他人,如艾耶尔和维特根斯坦,暗示形而上学的问题本身存在问题,但是在精神上的激进选择值得支持。也许,与其寻找形而上学的难题的答案,不如考虑我们是否提出了正确的问题。

形而上学提出了关于现实本质的深远问题,而且它研究的问题超越了科学研究范畴。哲学家们把推理应用于研究形而上学的问题当中。

柏拉图和形式

西方哲学中最引人注目和著名的理论之一就是柏拉图的理念论。这个理论挑战了一些我们关于现实本质的最基本假设,对我们所知的日常存在的正确性表示怀疑。

一个影子的王国

柏拉图相信我们看起来观察到的周围世界是幻觉。真实的现实被掩盖了,而且凭我们的感觉不能感觉到。但是这种现实又类似什么呢?

柏拉图认为,现实包含被称作形式的抽象存在。假设我们看到了一些美丽的事物:一场日落、一朵花、一幅画等,它们在不同的观察方式下会差别很大。但是我们仍然认为它们都有共同点:它们都很美。

根据柏拉图的理论,这个共同"点"就是存在——美的形式。同样,柏拉图认为有马的形式,有山的形式,有床的形式等。在每个例子中,对同一事物(柏拉图称作"个别"particulars)的不同情况分享了一个共同的形式。这种共享的形式产生了所有的马、山、床等。不过,柏拉图认为形式本身在很多重要方面区别于特殊性。

柏拉图和形式

为形式下定义

第一，柏拉图认为每一种形式都是完美的，它完美地论证了讨论中的性质。不曾有一个特定的事物是美丽无瑕的。总能有一点比现实中的美丽。美丽的形式，或者说——美丽本身——是完美无瑕的。

第二，柏拉图还主张形式是永恒的。美丽的个体来去匆匆。美丽的花朵绽放，但是却迅速枯萎和死亡。美丽本身，恰恰相反，从来没有存在但也未曾停止。

第三，形式是固定不变的。当然，我们对于什么是美丽的判断随着时间的变化而变化。时尚变化不断，但是根据柏拉图的理论，美丽的形式，美丽本身从不改变。

第四，形式比分享它的个体们更加真实。个体们只不过是形式转瞬即逝的影子或者映象，而形式是真实存在的。

美本身是什么? 柏拉图认为，美是除一切美丽的个别事物之外存在的实体。

形式和知识

柏拉图还宣称我们人人都有一个不死的精神，精神曾经熟悉形式（当然是一段我们已经遗忘的经历）。当我们去世的时候这种精神返回形式的王国。他继续阐述道，所有的真正的知识都是形式知识，而且提供了下面的论据来支持这个论点。

我们的想法是永远改变的。例如，我们过去认为地球是平的，现在我们不这么认为了。但是，真正的知识不能以这种方式改变。如果一些东西最后被证明不是知识，那么从一开始它就从来不是知识。在一个时代称为"知识"的知识在稍后的时代仍然称为"知识"才是知识。

但是如果知识本身不能改变，那么，柏拉图认为知识本身一定是那些不能改变的东西。因为只有形式是不能改变的，所以可以推论唯一的真正的知识必然是形式的知识。

我们的五官感觉不能提供给我们形式的知识——它们只能显示一个不断变化的影子世界。正因为此，柏拉图认为只有通过哲学思考我们才能达到真正的知识：永恒的、固定不变的、完美的形式的知识。

柏拉图认为我们所认为的"真实"物体实际上仅仅是永恒形式的不完整并转瞬即逝的影子。像在扭曲的镜子中所反射的映象，它们只能暗示物体的真实形状。

柏拉图洞的故事

这个洞穴自建立以来就是最著名的哲学映象之一。它生动地阐明柏拉图理解的人类困境。我们被困在一个影子世界里。真实的世界被隐藏起来，隐瞒了我们。就像囚犯在寓言的洞穴里，我们被幻觉所迷惑，误把影子当作现实，却没办法知道我们正在被欺骗。

被幻觉所囚

在《理想国》一书中，柏拉图讲了一个寓言，生动地将他的理念论带入生活。假设在一个洞穴的深处，囚犯们被锁链束缚，囚犯们面对一堵墙，而且不能回头。闪烁的影子投在墙上，因为这是他们能看到的所有，囚犯们就误把这些影子当成了现实。

这时，一个囚犯被解开枷锁，走出来。首先，他被带到影子的真实源头。囚犯的背后是一团明亮的火焰，而在这团火焰前面，人们的前前后后正拿着不同的物品。当这个囚犯的眼睛适应了光线，他开始意识到他是怎么被愚弄的。他先前所认为的真实物体实际上是被视力所掩盖的真实物体的投影。

这个囚犯又被带到上面，来到外部世界。此时，他面对太阳，开始时又一次被刺眼的光线所蒙蔽，但是最后他意识到太阳才掌控一切，是他周围一切事物的真实源泉。然后，囚犯

被重新带回洞穴里。

拒绝智慧

因为他的眼睛已经习惯了明亮的阳光，他现在很困惑，努力尝试去看。当他向其他囚犯解释他们被如何愚弄时，囚犯们回避他，认为他说错了，坚持认为他是看不见的那个人，而不是他们。他们仍然信服感觉所展示给他们的：通过洞壁上显示的影子。他们仍然被现实的幻觉所蒙骗，而且认为他们中间智慧的那人愚蠢透顶。

在他的寓言里，影子象征转瞬即逝的"个别"（用于描述在我们的"现实"中所看到的任何个体事物的柏拉图术语），而那些投射影子的真实物

洞穴的故事帮助柏拉图解释了他对形式的信仰，包括所有形式中最高等级的实体：至善的形式。

体则象征着真实和完整的形式。而外面的太阳则代表了至善的形式。这个终极的形式，柏拉图说："最后出现，而且只有通过努力才能看到；而且，当它被看到的时候，已经被推断为所有美好和正确事物的普遍创始者、光之父母和这个可见世界上的光之上帝之母，而且是知识的理性和真理的直接源泉。只有具有这种力量，一个人才能理性地行动，无论是公务还是私人生活，定能使他睁大眼睛凝视。"

这个洞穴寓言阐述了柏拉图理论的等级结构，至善的形式在最顶层，其他的形式渐次降低，而后是影子的王国，个别事物的世界在底部。那个囚犯从洞穴到地面向上的旅行象征着通向真实知识之旅：形式的知识，终极地说，就是至善的形式。像苏格拉底（见242—243页）在柏拉图的映象的哲学对话中所述，那个囚犯发现了我们通常视为现实的幻觉本质，而且试图帮助其他人发现这个事实。结果他被嘲弄，其他囚犯仍然被幻觉所束缚。

一对多论证

为什么我们假定形式是存在的呢？柏拉图的对于形式存在的关键论证如下。所有美丽的事物都有共同点：即美丽本身。现在这个"共同点"——美丽本身——必然存在于所有已经存在的个别美丽事物之外，清楚地讲，没有一个个别事物是美丽本身。总之，每一个个别的事物总能够比它现在更美丽，然而对于美丽本身并不是这样。而且个别的事物可能改变甚至不再美丽，而美丽本身是固定不变的。这另外的"共同点"就是形式。

这个论证通常被称为一对多论证。如果这个论证是切实的，一对多论证同样

在女性中，对于美丽构成的概念随着时间而永远变化，从鲁本斯时代到现在。但是柏拉图认为美丽本身是永恒的。

也能应用于展示有马的形式、有床的形式等，可以为每一个存在的性质提供一种形式。

有趣的是，一对多论证可以用于形式本身。总之，它们也有一些共性：它们都是形式。柏拉图推断必然有一个超首要的形式：至善的形式。这种极高的形式例证了所有的不同形式的共同点——存在和完美。

第三人异议

柏拉图自己考虑了很多关于他的理论的异议。最有趣的一点是在柏拉图《巴门尼德篇》（*Parmenides*）所讨论的第三人异议。

一对多论证阐明，当事物无论何时分享一个共同的属性，我们认为存在

"一切都在柏拉图里,一切都在柏拉图里;祝福我,在这些学校里他们都教他们什么!"

——狄哥里(Digory)在《最后的战役》(*The Last Battle*)中说。《最后的战役》由路易斯(C.S.Lewis)所著,他的纳尼亚理想王国(上图)位于被他称为"玄幻境界"的日常存在之外。

一个共同的形式是正确的。但是如果,就像柏拉图开始想的一样,形式本身具有讨论中的属性(如果美的形式是它自身的美),这时个别事物和形式共享一个共同的属性。但是这样,我们必然能推论出应该有第二个形式来说明这个共同点。但是如果这第二个形式仍然拥有那个属性,就必然也存在第三个形式、第四个等及至无穷。所以一对多论证看起来产生了一个倒退(Regress,见212页)。不但没有为每一种事物建立一个存在的唯一的形式,看起来反而建立了无限个这样的形式。柏拉图否认每一种事物有无限个形式。但是如果他拒绝这种推论,那么他能不必然拒绝一对多论证吗?

柏拉图的遗产

柏拉图哲学对西方文化产生了巨大影响,尤其在基督教思想方面。例如至善的形式。这个形式非常像现代基督教概念中的上帝。这种相似之处并非完全是巧合。哲学家,例如奥古斯丁(见256—257页)已经借鉴并改造了柏拉图的思想,将其吸收进基督教哲学传统中。

路易斯(C.S.Lewis)是一位深受柏拉图影响的20世纪基督教思想家,是《狮子、女巫和魔衣橱》(*The Lion, the Witch and the Wardrobe*)和其他纳尼亚(Narnia)故事的作者。他以玄幻境界的形式提到我们的世界——直接参照了柏拉图洞穴寓言。和柏拉图一样,路易斯相信我们的世界最终都是幻觉:真实的世界是当我们去世时不朽的精神所达之地。在路易斯的思想里,基督教的来世思想和柏拉图的形式王国融合在一起。

今天,很少有哲学家信奉柏拉图的形式理论。但是柏拉图所问的问题及尝试解决那些问题所使用的方法仍然在西方哲学传统中占主导地位。

心灵依赖

许多哲学问题都关注具有"心灵依赖"的各种现象的范畴。以颜色为例。颜色真的存在于"思想之外"物体的表面吗?还是在某种程度上依赖大脑的觉察?

旁观者的眼睛

我们中大多数人都倾向于认为,成熟西红柿的颜色不依赖于思想而存在,是西红柿的特征——一种"无论如何都存在"的品质,不管西红柿可能如何吸引了我们的注意力。但是这种观点不是被每一个人所接受的。据很多科学家和哲学家说,那些物体看上去拥有的颜色并不是它们真实拥有的颜色——最起码不是以我们想象的方式。颜色,他们认为很大程度上是执行观察功能的大脑的产物。同样,以此类推,例如味道、气味和声音。实际上,很多科学家和哲学家都区分"第一质",例如位置、数目、性状、大小和运动,这些被当作外部现实世界的最客观的特征,而"第二质",例如颜色、味道和气味,这些基本上与观察者的思想有关。

一切尽在思想中

哲学家和科学家伽利略认为颜色属于第二品质,这一理论的最简单版本写于1623年:"我尝试那些味道、颜色、气味,而喜欢的感觉只有在能够感觉它们的人中存在,那个人离开了,这些特质也消失了。"根据伽利略的理论,彩色的确是非常依赖于思想的。实际上,颜色根本不是外部物体的特征。它存在于我们的思想当中。移开所有的观察者,彩色也就立即消失。唯一仍然存留的性质是第一性质的形状、大小、位置等。伽利略颜色理论的一

> "味道、颜色和气味只有在能够感觉它们的人中存在。"
>
> ——伽利略《试金者》(The Assayer)

根据伽利略和洛克的理论,颜色既是精神依赖性的又是因不同的感知者而相对化的。对于把草看成红色的异形人来说,草就是红色的。他们对于颜色的判断丝毫不比我们差。

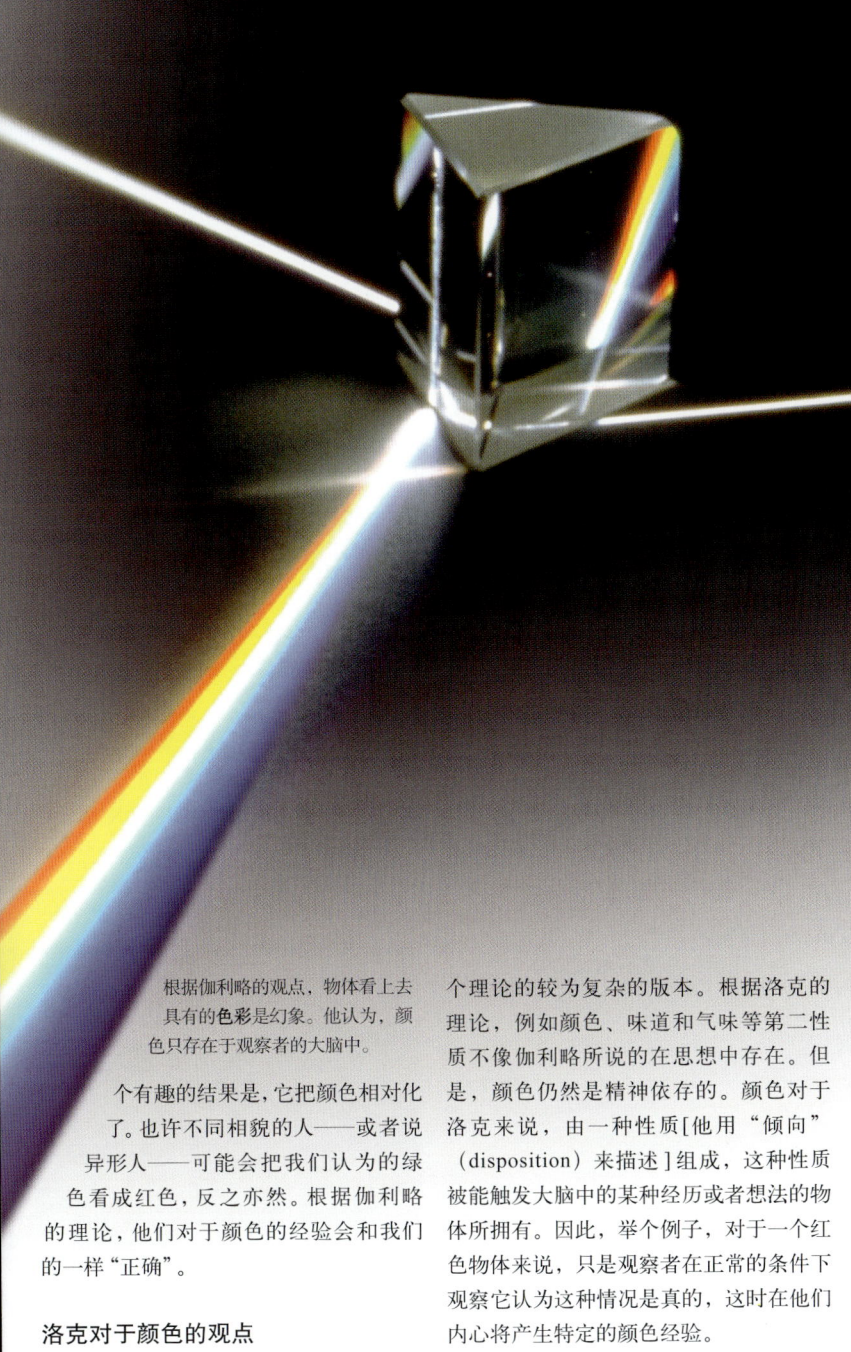

根据伽利略的观点，物体看上去具有的**色彩**是幻象。他认为，颜色只存在于观察者的大脑中。

个有趣的结果是，它把颜色相对化了。也许不同相貌的人——或者说异形人——可能会把我们认为的绿色看成红色，反之亦然。根据伽利略的理论，他们对于颜色的经验会和我们的一样"正确"。

洛克对于颜色的观点

17世纪的哲学家约翰·洛克也区分第一性质和第二性质，虽然他提出了这个理论的较为复杂的版本。根据洛克的理论，例如颜色、味道和气味等第二性质不像伽利略所说的在思想中存在。但是，颜色仍然是精神依存的。颜色对于洛克来说，由一种性质[他用"倾向" (disposition) 来描述]组成，这种性质被能触发大脑中的某种经历或者想法的物体所拥有。因此，举个例子，对于一个红色物体来说，只是观察者在正常的条件下观察它认为这种情况是真的，这时在他们内心将产生特定的颜色经验。

洛克的说明使颜色和其他倾向性性质相似，例如可溶性，对于方糖来说可

溶性只有在它被放入水中才是真的，这时它将溶化。当然方糖仍然是可溶的，即使它不溶化。实际上它仍然是可溶的，即使它从来未曾被溶化，因为拥有这样一种真实，如果它被放入水中，它将溶解。类似地，在洛克的颜色倾向性理论里，一个物体仍然保持红色即使没有人看到它。一个红色西红柿仍然是红色的只要它保有这样的事实：如果有人看到它，这时他们就会产生一种颜色经验。洛克把这种观点扩展到声音、味道、气味和其他触觉。

小的被称为微粒的粒子组成。单独的微粒只具有第一性质，例如形状、大小、位置、数目和运动。但是，作为物体的微观结构的一部分它们决定了它所具有什么样的第二性质。

当然，有些不完全和微粒理论相异的东西最后被证明是正确的。我们现在知道自然物体是由分子和原子组成的，它们依次有自己的亚原子结构。而且物体的分子和原子结构的确能决定和解释它们为什么具有很多它们自己的"倾向"性，例如彩色和味道，这点是确实无误的。举个例子，水是由氢原子和氧原子以特定的方式组成的，这点解释了为什么水在100℃会沸腾，以及它为何无色无味。

"这样的性质……在物体本身中什么也不是，但是……却能使我们产生不同的感觉。"

——约翰·洛克《人类理解研究》
（*Enquiry Concerning Human Understanding*）

存在的结构

为什么物体具有那些倾向？洛克相信是因为它们的微观特性。和许多和他同时代的人一样，他断言自然物体是由

伽利略和启蒙

科学家伽利略是启蒙运动萌芽过程中最重要的思想家之一，经历了18世纪欧洲理性进步繁荣时代。在启蒙运动之前，思想家们试图遵从亚里士多德和教堂的权威来发展自己的理论。伽利略拒绝求助于权威，而开始应用自己的推理和观察力。通过制作望远镜，他既能观察到月球的山峦，也能观察到木星的卫星运动，他证明了亚里士多德所宣称的所有天体都是正圆形且它们都围绕地球旋转的观点是错误的。

伽利略敢于应用自己的知识和观察力。他的思想使他陷入和教会及其教条的冲突当中。

一块方糖的**溶解度**是固有性质。即使它并没有正在溶解，仍具有可溶性。

树林试验

伽利略和洛克对这个问题是如何反应的？"当一棵树在树林里落叶时，没有被任何人观察到，这会有声音吗？"伽利略会说"没有"，声音只存在于思想当中。所以如果没有思想存在，那么也没有声音。洛克对于第二性质的倾向性分析，从另一方面讲，对于这个问题将允许他回答"是的"。只要有人在，他们就能听到声音，所以声音存在。有没有人实际听到与它是不相关的。

而伽利略和洛克对于颜色给出了不同的解释，虽然都认为颜色是精神依赖的，而且是相对的。洛克同意伽利略的那些把我们看到的绿草看成红色的异形人拥有非常不同但是仍然有效的一种视觉体验。他们都认为没有独立于精神而存在的、客观的事实，即草到底是什么颜色的。

自然物体

洛克和伽利略认为，因此，颜色、味道、气味和其他第二性质都是心灵依赖的。实际上，伽利略宣称它们只存在于人的思想当中。据说，现代科学方法论支持他们的观点（见右框）。但是无论是伽利略还是洛克都不相信自然物体是心灵依存的。在他们的观点中，自然物体及其第一性状组成了一个不依存于思想的现实。但是，有些哲学家，例如乔治·贝克莱（George Berkeley）（见下页），甚至已经把精神依赖的观点扩展到了自然物体本身。

一个科学论证

支持伽利略和洛克的观点中，最流行的论证之一如下：如果科学家确立他们的理论，他们都只有通过寻求物体的第一性状来做到这点，而不是它们的第二性状。颜色、味道、气味在科学阐述中并不具有特征，在他们关于宇宙是如何组成的理论上也不重要。难道这些不是在强烈暗示颜色、味道、气味不是事物的完全客观属性吗？而且这些性状是不是真的没有独立于我们而"存在"？如果这样，许多我们从周围所感知的世界的特征，最起码部分是由思想产生的。

上帝和心灵

约翰·洛克认为我们并不是直接感受自然世界,而是通过被他称为心灵的东西。当我观察在我前面的桌子上的橘子时,实际上我并没有直接感知到橘子。取而代之的是,我从内部感知到有一种特定的感觉出现,或者说是心灵,在我的内部被物体所引起。

这个关于心灵的理论提出了一个著名的问题。如果我们都拥有通向我们自己心灵的直接途径,我们怎么知道有一个存在于我们心灵之外的自然世界?我们的心灵仿佛形成了一层面纱,在这层面纱之外,我们将无从窥探。因为我们都知道,没有任何事物超越我们的思想。所以洛克的思想理论产生了怀疑论的一种形式:它看起来将产生这样一种结果,我们对自然世界一无所知。哲学家将之称为"认识的面纱"问题。

和洛克几乎同时代的乔治·贝克莱关注18世纪的科学理论,这种理论试图把自然世界看作是一个按规律运行的庞大机器,它在很大程度上边缘化了上帝。贝克莱的思想主义试图阐述这两种被关注的议题:认识问题的面纱和当时将上帝角色边缘化的科学观点。

根据贝克莱的理论,自然物体并不存在于我们的思想之外。确切地说,自然物体就是思想。我现在所看到的在我前面桌子上的橘子并不是我拥有这种经验的潜在原因,当我看到它时。相反,它就是那些经验。它

> ### 聪慧的观察
>
> 主教罗纳德·诺克斯(Ronald Knox)曾经以下面的几行打油诗闻名,打油诗用来说明贝克莱的信仰:当我们不在观察自然物体时,上帝的感知解释了它们为何仍然存在。
>
> 从前,有个人说:
> "上帝准认为非常奇怪,
> 如果他发现,
> 即使没人在方院里,
> 这棵树继续存在。"
>
> "亲爱的先生:
> 你的奇思妙想太古怪,
> 我一直在院子里。
> 这就是为何那棵树,
> 始终存在的原因,
> 因为你们忠诚的
> 上帝一直在观察它。"

就是当时我所有的思想。这种观点的直接结果就是自然物体没有被观察到即不存在。思想是精神的东西,只能存在于观察者的头脑当中。所以,它遵循如下的原则,自然物体作为思想只能存在于观察者的头脑中。

当然,所有这些听起来都非常奇特。能够确定当我们没有观察自然物体时,他们仍然存在吗?否则,这样设想不是很荒谬吗?

神性的观察

实际上贝克莱同意自然物体在我们没有观察到它们时仍然继续存在。但是只是因为他假设上帝一直在观察它们。当我们的注意力转到其他地方的时候,是上帝保持着自然世界的存在。

现在你看到对贝克莱的思想主义看起来的确是解释了他所关注的两个主要问题。通过思想来界定自然物体,认识问题的面纱就立即解决了。我们不再面临这样的问题,即我们如何知道有什么自然物体是超越我们的思想之外的。因为贝克莱的思想主义祈求于上帝来保持未曾观察到的世界,从一刻到下一刻,贝克莱的哲学重新把上帝带回中央舞台。

如果我们通过各种观点间接体验世界,就像观察屏幕上的映象,我们怎么知道有什么东西超越这个认识问题的面纱?

根据贝克莱的理论，自然物体，例如一棵树，只存在于观察者的思想当中。终极地说，所有的存在都是思想和在思想中发生的事物。

现象论

现象论者同意思想论者的自然物体是精神依赖性的观点。但是他们不同意自然物体和观察者精神的结合方式。和贝克莱不同,现象论者允许即使未被观察到的自然物体仍然继续存在,通过暗示思想论者的关于自然物体的陈述实际上是一种条件依赖性的陈述。

未曾感知的物体

条件依赖性的陈述有"如果……,那么……"的形式。约翰·洛克实际上给出了关于颜色的条件依赖性分析(见83—85页)。他说,对于一个真的被认为是红色的物体而言,如果有人看到了这个物体,这时他们将获得一定的颜色经验。通过给出像这样的颜色对话的条件依赖性分析,洛克能够想到在远处山坡上生长的罂粟是红色的,即使它从来没有被真正观察到过。所有以下必然是真实的:如果有人看到了罂粟,他们将拥有类似的颜色体验。

现象论者直接把相同性质的条件性分析扩展到自然物体对话。例如,根据现象论者的观点,有一朵花生长在月球的某一个点上,大体上说,如果有人看到了月球上的那个点,这时他们将有用某种花的类型的体验。至于是否有人登上月球见证了这朵花并不重要。只要这种条件依赖性是真实的,花生长在那里就依然是真实的。对于现象论者来说,自然物体就是约翰·斯图亚特·穆勒所说的"感觉的永恒可能性",不同于思想论者的未被观察即不存在的观点。

关键的论证

贝克莱的思想主义看起来是高度反直觉的。究竟

根据现象论者的观点,**空室中的一把椅子**能够在没有观察者时继续存在。

为什么我们应该假设它是真实的？贝克莱对于他的理论的关键论证开启了一些我们所能够想象的东西。贝克莱认为他能够讲明如果没有观察，我们甚至不能想象自然物体的存在。他的论证以盘问的形式出现。他要求，去尝试想象存在但却不能被感知的事物，去尝试想象没有人看到的树，你做不到，因为在想象树的过程中，你想象着自己正在看它。

贝克莱推论自然物体可以不通过任何人的观察而存在的假设并非完全错误、没有意义。有一棵树或者其他自然物体在没有任何观察者存在时仍然存在的观点甚至不是我们所能够保有的想法，而它的确是一种真实的想法。

贝克莱说，**上帝的凝视**不仅在监视人类的过失，它还使我们的世界存在。

幻想和现实

一个思想主义所面对的问题是关于幻想和现实的不同之处。根据贝克莱的观点，一个真实的自然物体只是思想的集合。但是对于幻觉物体来说当然也是一样的。所以思想主义看起来不能区分幻想和现实。贝克莱是如何解决这个问题的呢？他认为想象中物体——以我想象的匕首为例，就像莎士比亚笔下的麦克白一样，仅仅存在于我的思想中。真实事物的思想，从另一方面讲，也存在于其他人的思想中；最起码它们存在于上帝的思想中。

思想主义面对的另一个更为明显的问题是在解释为什么对于相同的物体可以有不同的理解方面存在困难。如果我在近处观察一个花瓶，又到远处观察同一个花瓶，对于同一个花瓶，我会获得两套非常不同的思想。在近处，花瓶看起来是大的、红色的；从远处看，花瓶是绿色的，而且看起来很小，形状也不同。如果我们仅仅简单地通过一个或一系列思想判断一个物体，看起来，因为我有两个非常不同的思想系列，所以我必然面临存在两个自然物体的困境，而不是一个。因为我看的是同一个物体。现象论的理论试图回避这个问题，因为它能够调节这个事实，相同的物体看起来不同取决于它是如何被观察的。现象论不是通过个别的思想或者一系列思想判别物体。相反，它认为讨论自然物体在形式上是有条件的（见下页）。

"我以此驳倒了贝克莱。"

——约翰逊（Johnson）博士踢了一下路上的石块（尽管贝克莱从来没有宣称石头不存在）。

因果

当你观看一场普尔弹子戏的时候，你看到了一个球撞向了另一个球。第二个球移动了。我们假定不是一个事件随另一个事件发生，也不是一个事件促使另一个事件发生。实际上，我们假定一个球的运动需要另一个球的运动。给第一个球以运动，第二个球也必然运动。但是这种必要的联系是什么？是本来就具有的吗？就如苏格兰哲学家大卫·休谟（见290—291页）所指出的一样，我们看起来越近，这种神秘的联系就变得越来越难以捉摸。

首先指出，没有逻辑必然性包括在内。如下的假设也没有任何逻辑矛盾：当一个球撞向另一个球时，第二个球会保持不动，或者垂直向上运动，甚至变成花丛中的一束花朵。看起来，如果在两个事件中有必然联系，那么，这种联系一定会被揭示，不是通过逻辑，而是通过经验。

但是休谟指出，我们好像不具备任何这样的经验。当我们看到一个球撞向另一个球时，我们没有看到任何"原因"。我们只是观察到了一件事随着另一件事的发生而发生。第一个球的运动导致了第二个球的运动，这个事件并不是在我们面前的被我们所观察到的任何事物所显露出的东西。为了强化这个观点，休谟指出，如果我们真的能体验到像这样的必然关系，基于一次单独的观察，这时我们能够知道，两个事件是因果关联的。

一些先前没有自然物体是如何运动经验的人能够知道，看到一个球运动，然

> "当我们……思考原因的产生时，我们从来不能……发现任何……必然联系。"
> ——大卫·休谟《人类理解研究》（*Enquiry Concerning Human Understanding*）

后另一个球运动，第一个球使第二个球运动，因为他们可能直接观察到了这种"原因"的发生。但是两个事件是因果关联的事实并不能建立在一次单独观察的基础上。一件事发生于另一件事之后可能是巧合，例如，在水壶沸腾之后电话立即响起来了。为了弄清两件事之间是有因果关联的，你需要多次观察这样的事件组合。如果你见证了A和B的过去的被休谟所称的"永久关联"，你也只是处于知道A导致了B的地步。休谟推断我们没有这样的必然关联的经历。

休谟认为台球是他非常热衷的一种古老的游戏。

现实主义和反现实主义

现实主义和反现实主义的争论几乎可以在哲学的任何一个分支中找到,从道德到数学。在每一个例子中,它们都是对哪些现象是精神依赖性的难以达成一致。举个例子,现实主义者认为数学真理在非精神依赖性的数学现实里描述了事物是如何存在的。反现实主义者可能会说它们是精神依赖性的。

画一条线

伽利略和洛克在颜色问题(见82—85页)上都是反现实主义者。他们都认为颜色以及气味、声音和其他"第二性质"是精神依赖的性质。当然,伽利略和洛克在自然物体和它们的"第一性质"问题上仍然是现实主义者。贝克莱则相反,即使在自然物体问题上仍然是反现实主义者。贝克莱相信它们也是精神依赖性的。现象论者也是如此(见88页)。

应该注意到,或多或少有些反现实主义者。洛克和现象论者却都各自把颜色和自然物体当作是经验依赖的,虽然如此,仍然允许那些未被感觉到的现象存在,就是没有人在那里感知它们。

伽利略和贝克莱的理论,相反,包含了更多的反现实主义的极端形式。和洛克不同的是,伽利略把颜色置于思想中。根据贝克莱的理论,即使是自然物体,也仅仅存在于观察者的思想当中。通常,使哲学家们转向反现实主义的事件之一是对于怀疑论的关注(见56—57页)。贝克莱对自然物体的反现实主义是正确的,举个例子,如果自然现实置于我们的思想之外,贝克莱不能看到我们曾经如何能知道它。通过站在反现实主义的立场上,自然物体仅仅是思想,他解决了这个问题。

当冰箱的门被关上的时候,灯还亮着吗?没有被感知的物体继续存在吗?

我们的原因概念

休谟在概念上是一个经验主义者,他相信所有的概念都来自于经验。所以如果他有一个原因的概念,也必然来自于经验。但是你现在能看到我们面临一个谜。如果,当我们观察到A导致了B,没有任何因果联系的经验——如果我们仅仅看到A被B所追随——我们的关于这个必然因果联系的概念从哪里产生?我为什么如此强烈地感觉到这种联系是存在的呢?我为什么感觉到第二个球在第一个球被给予运动后一定会运动?

休谟对这个问题的答案是:因为我先前的永久关联的经验。假定我看到了一根针移向气球。先前我看到过一根针刺进气球,气球爆炸了。这种永久关联在我的思想中产生了一种不自觉的联系——当我看到针向气球移动,我就产生了一个气球要爆炸的强烈想法,我不禁期待这个爆炸。

根据休谟的理论,我错误地产生了这种感觉的、内部的、精神的关联,这种精神关联存在于我对于一件事情的经验和其他物体本身的外部表象之间。我混乱地把我思想中的事物的关联转化为现实世界中的事物的关联。这就是我的气球一定会爆炸的想法之根源。再者,实际上,世界上有独立于我们而"存在"的事物的观点已经根植于我们心中。

休谟宣称独角兽和其他想象的实体仅仅是我们所经历的事物之印象组合。

一个宇宙的侥幸?

休谟认为我们对于可能使宇宙规律运行的东西没有概念。到现在为止,宇宙都在有规律地运行。但是如果没有什么东西使宇宙规律运行,如果不存在本质上的必然联系,那么到目前为止我们所观察到的那些规律可以归结为全都是偶然。当一根针刺向气球,气球爆炸了,也是巧合:就像一个滚动了成千上万次的骰子,通过纯粹的巧合,最后结果总是6。

这种可信性有多大?可以确定地说,并不大。这种宇宙巧合是不是太多了以至于难以理解?一定有某种客观必然性在其中,甚至某种神秘的关联促使气球爆炸。但是如果休谟对于概念是如何产生的观点是正确的,就很难理解我们是如何能够怀有某种关联必然存在的想法的,更不要说建立这种存在。

我们假定在一个连锁反应中,一个事件必然导致另一个事件的发生,但是这个事件的发生以下一个事件的发生为必需条件吗?

> "我们没有其他的原因和结果的观念,但却有这样的概念:有些现象总是成对出现,而且在过去所有的例证中都被发现密不可分。"
>
> ——大卫·休谟《人性论》(*A Treatise on Human Natare*)

休谟的结论

因此什么是原因?休谟提供了两个定义。第一个,一件事情导致了另一件事情的发生,当第一件事居前,而且和第二件事情"连续"发生时,那么这两件事情之间便存在永久关联。

休谟的第二个定义,原因是"总能把它的意图传递到他者"的某种东西。这就是说,你对于某种永久关联的先前经验使你的思想从一件事的经验转到其他事情的想法(参见:当针移向气球时,你期待气球的爆炸)。第二个定义和第一个不同,原因是具有精神依赖性的。

没有一个永久关联的经验,就不可能有原因。

休谟对于概念的定义

休谟经验论者的观点:所有的概念都最终来自于经验——而且能让我们理解我们未曾经历过的事物,例如独角兽。他说,这是因为这些未曾经历过的概念是建立在较为简单的概念之中,换句话说,来自于经验。如果我曾经看到过双角兽和马,我就能把这两种概念组合成为独角兽的概念。休谟指出,我们没有任何事件因果关联之间的直接经验。与此类似,我们对于原因的概念因此也必然是建立在我们先前的经验当中——例如我们的永久关联的经验。休谟的两个对原因(见左)的著名定义都是用永久关联来定义的。

根据希腊诗人奥维德（Ovid）的描述，在神话那西塞斯（Narcissus）中，一个自恋的年轻人被他水中倒影所吸引，以至于迷失于周围的真实世界。但是就像许多哲学家所言，我们所相信、所经历的"现实"本身究竟是不是幻觉呢？

镜之谜

有时往往是那些我们非常熟悉的东西是最具有迷惑性的。以镜子为例,你每天有多少次在镜子中看到自己被反射?我们中的大多数人一直在思考我们在镜子中所看到的景象,但是镜子本身在哲学上却是神秘的东西。

看一下镜子中的你。如果你前面的镜子被一片玻璃所取代,你站在玻璃后面的位置恰好是你镜像中自己的位置,这时你的头将仍然在上面,脚在下面,你的左手将转向右面的你的右手在镜像中的位置,你的右手将转向左面的你的左手在镜像中的位置。这就是难题的来源:当我们站在那个位置时,镜子把我们所预期的左右方向颠倒,而上下方向却不改变。

这种神奇的不对称的原因是什么?一些世界上最伟大的思想家,包括古希腊的哲学家柏拉图(见244—247页)对此非常困惑,也被这种神奇所打败。需要指出的是,这种左右变换无论你采取什么样的姿态都会发生。侧躺在镜子面前去看看结果如何,仍然是你的左面和右面颠倒,而不是头和脚颠倒。这也和镜子的位置无关。把镜子上下颠倒,结果仍然是完全相同的。一些人认为这种结果必然是因为我们拥有左眼和右眼,而不是上眼和下眼。但是这并不能解释,如果你闭上一只眼,这种不对称的翻转仍然存在。所以我们必须在别处寻找答案。

镜子给出我们自己的非常精确的镜像——只有一点除外,我们的右面是镜中人的左面。

一个在镜子旁休息的舞蹈演员展示了反射的困惑行为。即使我们是水平的,镜子仍然把我们的左右颠倒,而不是把我们的头和脚颠倒。

一种科学方法

科学能解决这个镜子难题吗?尤其是,光的左右反射和上下反射是不同的吗?看起来不是。

假设我们把一个时钟放在镜子面前,把钟表面的每一个数字和它在镜像中的相同数字用箭头连接起来(见上图),这些箭头表明镜子的反射方式在每一个方向上都是完全对称的。这些箭头没有上下交叉,也没有左右交叉。看起来不是,镜子光线反射的路径因为光线从你左右面来,还是上下面来而不同。不管光线随机地射入镜子的哪一点,它都以相同的方式反射。

所以这个难题和光线如何在镜面反射毫无关系。实际上,这个难题根本不是一个科学难题。即使我们知道了关于镜子和光的行为的所有科学事实,为什么镜子以这种方式转换,而不是另一种方式转换仍然是个谜。我们对这个谜了解得越多,它看起来就越深奥,也就

放置一个钟在镜子面前,把数字用假想线连接起来。这些线不会上下交叉,也不会左右交叉。

有越多的镜子看起来具有这种几近神奇的品质。为什么它们会这样?这种疑惑的深远意义,与其说是由这个难题带来的,不如更广泛地说,是由哲学问题带来的。

提出一个解决方法

下面是关于镜子难题的一个被建议采纳的解答(或者说,最起码是解答的一部分——因为还有一两个细节有待充实)。不过,我必须说明,这是我自己对这个难题的答案,这个解答是否令人满意需要你自己进行判断。

就像我们已经看到的,在某种意义上,镜子并没有翻转任何东西。我们做一些假设,来做个比较,如果你转到了自己的对面,你的左面和右面将如何定位,这时镜子又将如何真实地反映你的镜像。当我们设想你站在镜子后面时,

"右面看起来在左面,左面看起来在右面,这是因为目光和被物体发出的光线相接触的方式不是像平常一样的汇聚的方式。"

——柏拉图试图在《蒂迈欧篇》(*TIMAEUS*)中解释为什么镜子是左右颠倒的。

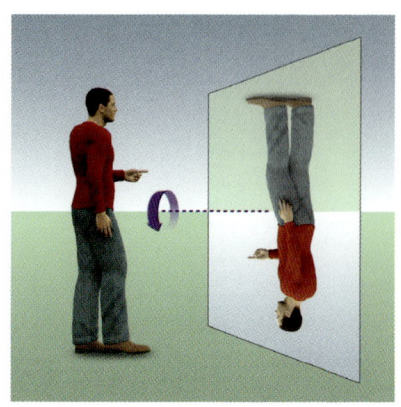

绕着一个垂直的轴旋转（见上图），就好像这个人站在镜子后面，面对自己：他的左手现在在右边，以此类推。如果一个水平轴绕着他旋转（见右上图），则上与下颠倒，而非左与右。

这是我们让你旋转所围绕的轴线。

使它旋转起来

当我们使某些东西旋转起来时，我们总是围绕一个轴来旋转它。举个例子，陀螺以垂直轴旋转。汽车的轮子以水平轴旋转。当我们想象把你放在自己镜像中的位置时，把你绕着一个垂直轴旋转，就可以让你到达那个位置，如上图所示。但是如果我们设想把你放在那儿，沿着水平轴旋转，又会怎么样？这时你将倒立。而且，和你的镜像比较起来，你的左面和右面将不会发生转换。你的左手（图中指点的手）将仍然在左边。如果通过镜子的反射，这里将是你右手应该出现的地方。但是上下现在颠倒了。在镜像中你的头出现在脚的位置。

看起来我们说的镜子能翻转左右而不能翻转上下的原因是因为我们事实上假设了一个特殊的旋转轴。但是如果我们轻而易举地选择了一个水平轴，这时镜子能翻转上下而不是翻转左右就是真的。所以，同样地，如果我们选择垂直旋转轴，镜子能翻转左右也是真的。相反，选择一个水平轴，镜子可以翻转上下。

忽视了明显问题

当然，这种对于为什么人们对于镜子有某种好奇的解释提出了一个为什么我们以垂直轴为例的问题。答案是大概因为我们不习惯于在空中翻筋斗，也不习惯以头立地。我们向上直立（大多数时候），而当我们旋转的时候，大多数时候是围绕垂直轴。所以为什么镜子会有这样的难题是由于我们没有注意到我们拿什么举例而产生的。

有时只有哲学能够解答

需要注意的是，如果这个解答（或者说部分解答）对于镜子难题是正确的，我们当然就没有必要对光和镜子是如何行为的做任何科学研究了。也没有必要揭示我们的大脑是如何工作的了。即使我们已经做了这些科学研究，也仍然不能解决这个难题。为了解决这个难题，我们需要停止做科学研究，而开始做哲学研究。它是一个能够被思想解决的问题。人们有时认为所有的问题都能被科学所解答，认为镜子难题一定存在一个科学的答案。但是结果是镜子难题是一个科学不能解答的难题。似乎，有时，只有哲学能够解答。

心灵依赖

门之谜

这儿有一个和镜之谜有关的难题。经过一扇在你左边打开的门,然后转过身来再从那扇门走回来,这时门向你右边打开。但是如果通过一扇向上打开的门(就像一个猫洞),然后转过身来从那扇门走回来,门仍然是向上打开。为什么通过一扇门,如果门是从左向右打开的,方式就相反,而从上向下打开的就不是呢?

解决这个谜

对于门之谜的解答和镜之谜的解答非常相同。当你通过一扇向左打开的门,然后转过身来从那儿走回来,通常,你将围绕垂直轴转动。但是如果你沿着水平轴转动,你从上向下浮回去会怎么样?这时面向左面打开的门在你返回时仍然是面向左的,但是向下打开的门将向上打开。我们说左右被颠倒了,但是上下没有被颠倒,是因为我们举了一个特殊的旋转轴为例。在太空中的失重环境下,你将轻而易举地沿着水平轴旋转。所以,在太空中生活多年以后,很可能,一扇向上打开的门在你返回时经过它时是向下打开的,就像说一扇向左打开的门在你返回时经过它时是向右打开的一样,这种现象将很自然。对于生活在失重环境中的生物体来说,沿着一个轴旋转和沿着另一个轴旋转同样容易,可能镜子的难题和门的难题都将不复存在。

通过这扇门,它向右打开。回来时,它却向左打开。

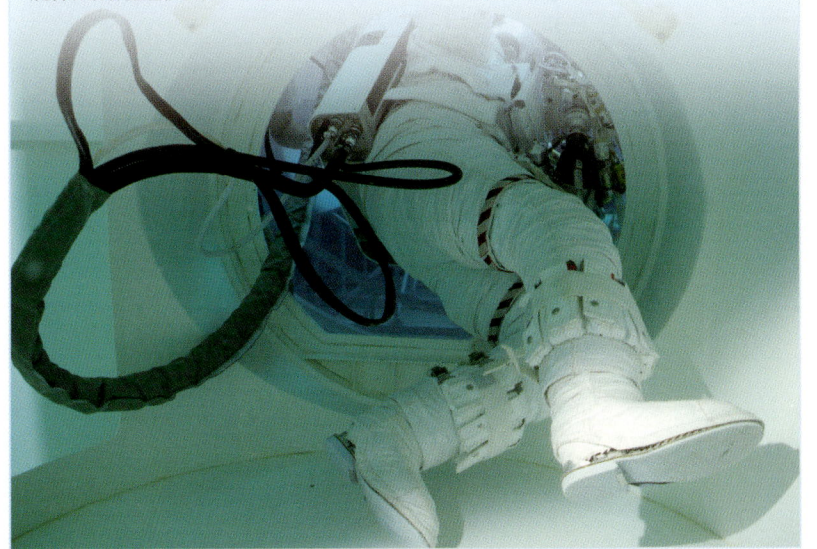

处于失重环境中的**宇航员**,沿着水平轴旋转和沿着垂直轴旋转一样容易。

道德哲学

如果有一个哲学领域自称具有"实用性",那就是道德哲学了。道德哲学触及生活中最能激起感情和最有争议的问题。哲学家们所关心的是我们应当如何生活,而道德哲学则可以被理解为关于对与错、善与恶的评判性和反观性的思考尝试。

思考道德有三种途径。首先,我们可以思考某一个或一类行为是正确的还是错误的。比如堕胎和安乐死是对的还是错的?在什么时候——如果有这种时候的话——撒谎是可以被允许的?这类思考被称作实践伦理学。只要你曾经根据道德为某一行为辩护或者反对某一行为,那么你已经涉及实践伦理学了。

那么我们如何找到这类问题的答案呢?规范伦理学,即思考对与错、善与恶的第二种途径,建立起关于什么是正确,什么是错误的理论便于我们在实际案例中运用。要试图理解这些概念有多种途径,我们既可以观察我们自己的行为,也可以检查我们的行为结果,或者可以研究我们可能成为不同类型的人。

第三种批判性和反观性的思考方式是

凡·高(Van Gogh)在他的作品《好心的撒玛利亚人》(*The Good Samaritan*)中描绘了道德的高尚。但是,是什么让这些行为成为善行?除了对我们情感上反映的反思以外,"高尚"还指什么?

元伦理学("meta-"这个词根即"元",在希腊语中既可以指"在上",也可以指"超过"或"以后")。元伦理学是关于对与错、善与恶等伦理学中的基本概念的学问。比如,如果我说安乐死是错误的,我是不是在提供一个或真或伪的陈述——就像"你手里是不是有一本书"这样的陈述?或者,我是不是在发布一条命令,比如"不要进行安乐死"?又或者,我是不是在表达一种情绪,虽然别人也拥有同一种情绪,但是这仍然不过是情绪而已。

当然,这三种研究道德的方法是紧密联系的,虽然这种联系是什么一直是哲学讨论的一个主题。比如,如果道德判断仅仅是情绪的表达而不是有对错之别的陈述,那么实践伦理学是不是毫无意义?

道德植根于人性这个观点在规范伦理学和元伦理学中都有所应用。道德不仅与实际情况有关联,而且关系到对人性的看法和道德价值观如何纳入我们科学化的世界观里。

道德哲学

我该做什么？

道德是作为我们生活和行为的指导而出现的。规范伦理学（关于人们应该怎样行事，而不是怎样去做）中有三种主要的理论。它告诉我们关于道德的一切，并有助于描述有德行的生活中的关键。

功利主义：快乐就好

英国哲学家、政治学家杰里米·边沁（Jeremy Bentham）（见300页），人称现代功利主义之父。他为"最大幸福原则"辩护，该原则认为一个行为当且仅当它为最大多数人带来了最大的幸福时才是正确的。就此，对行为的判断不能局限于行为本身，而要以行为所带来的结果为依据。比如，如果一个谎言能带来最大的幸福，那它在道德上就是好的。边沁还主张把幸福看作去除痛苦后的纯粹的快乐。一个行为所带来的所有人的快乐的总和减去所有人的痛苦的总和就是这个行为所带来的幸福的总量。

约翰·斯图亚特·穆勒（John Stuart Mill，见308—309页）在评论这个理论时提出人类的幸福要比边沁所想的幸福更复杂。各种快乐和痛苦并不是同等重要的，有些快乐"高于"其他的快乐并且对人类的幸福更加重要。如果所有人在比较两种快乐后一致认为前一种比后一种更加吸引人、更有价值，那么前一种就是"更高"的快乐。一种具有更高价值的快乐必须要让人们愿意为其承担额外的痛苦。

更高的平台

密尔认为，只要我们的基本需求得到满足，与身体和感官的愉悦相比人们会更加喜欢思考、情感和想象力所带来的愉悦，即使我们更高的体验能力同时也意味着我们能体验到强烈的痛苦、厌倦和失落。比如，愉悦的爱情也承载着痛苦的渴望以及潜在的分手的痛苦。但是与一顿美餐相比，人们仍然偏好爱情。这并不是数量的问题，而是质量的问题。幸福与满足是不同的。

人们反对功利主义经常使用的一个理由是我们无法预见一个行为的结

> **"做一个不满的人要比做一头满足的猪好。"**
> ——约翰·斯图亚特·穆勒
> 《功利主义》（*On Utilitanism*）

穆勒主张幸福的一部分是快乐的质量。人类的快乐比猪的快乐更有价值。

果,无法知道它是否会产生最大的幸福。但是我们也可以简单地回答,如果我们从理性上预计一个行为会带来最大的幸福,那这个行为就是正确的。密尔认为我们从我们所继承的道德规则中得到这种理性的预计能力。随着人们发现有产生幸福的趋势的行为,这些道德规则也发展起来。撒谎和偷窃不会带来幸福,遵守承诺和待人友善则会带来幸福。

恶行?

功利主义的一个严重问题是它并没有排除任何一种行为。如果虐待孩童会带来最大的幸福,那么虐待孩童就是正确的。假设一群虐童者只寻找和折磨被遗弃的孩童,那么只有这些孩童遭受痛苦(其他人不知道这些儿童的行踪)。但是虐童者却从中获得极大的快乐。所以,虐待儿童所产生的快乐要比不虐待多。因此,这在道德上是正确的。但显然这无法让人接受。

功利主义者可以这样回答:很有可能这件事会被人发现,然后许多人都会不快乐。但是其他人发现这件事并不是使虐待孩童成为错误的原因。我们可能会提出,虐待孩童本身就是恶行。

快乐似乎并不总是善的,所以道德不能完全建立在提倡快乐的基础上。再者,由

享受残忍——罗马皇帝卡里古拉(Caligula)的所作所为——是恶的。这不仅是因为其他人会因此遭受痛苦,还因为它本身是错误的。

功利主义一直被谴责忽略了公正的问题。最大的幸福并不必然涉及幸福的公平分配或者救济少数弱势者。

于我们的目标只是最大的幸福,它与幸福的分配——谁获得幸福和获得多少——无关。所以,这又会有失公平。

个人需求

最后,功利主义并不考虑我们与我们的行为和生活之间的特殊关系。在一个功利主义的社会里,我在考虑自己如何行事时,我的幸福并不比他人更重要。显然,我的行为对我所产生的影响要比对他人的影响更频繁也更深刻——但到此为止了。我生活中的个人行为最终不过是产生所有人整体上的最大幸福的一种手段。

这一点值得商榷。功利主义不仅忽视了我们对自我幸福和亲近的人的幸福的自然重视,同时也让道德变得趋于苛求。比如,我每次购买音乐作品时其实本可以把钱捐给慈善机构的。那样可以产生更多的快乐,因为其他人对事物的需求要大于我对音乐的需求。但是由于总有一部分人贫苦不堪,如果我在勉强度日的前提下能有节余,我想要给自己做点事情就不可能是正确的。

履行责任

义务论者（deontologist）认为道德是责任的问题（希腊语中deon的意思是"必须"）。责任通常是指某些我们必须进行的行为或者必须抑制的行为。对与错在于行为本身：行为的结果不会造成它的对与错。对行为的理解是从行为的意图出发的。比如，一个人可能会杀死另一个人，但是，从道德上来说，不是所有的"杀人"都一样。蓄意杀人与过失杀人或者自我防卫中将对方杀死大相径庭。义务论者提出，我们在判断一个行为是正确还是错误的时候应该以施事者的意图为依据。这并不会让道德判断主观化。关键是施事者选择这种行为的真正原因是什么。虽然要了解真正的原因可能很困难，但这又是另一个问题了。

我们每个人都对自己的行为负有责任。我有遵守许诺的责任，但是我不负责确保许诺能兑现。义务论者呼吁我们每个人最应该关心的是遵守我们自己的责任，而不是试图带来最大的利益。事实上，所有的义务论者都认为有些时候我们不应该追求最大的利益，因为这样会违反责任。大多数义务论的理论把责任分为两类。一是对他人的广泛意义上的责任。这一类责任大多数都是禁止一些行为，如不撒谎、不杀人等。但也存在正面的责任，比如帮助有需求的人。二是我们与人结成的特定的个人或社会关系所带来的责任。比如，如果你为人父母，你就有责任抚养你的子女。

反对责任

功利主义者常常以不理性为理由反对义务论。如果我有不撒谎的责任，那一定是因为撒谎会带来不好的东西。但是，如果撒谎是不好的，我们当然应该努力尽可能减少谎言。功利主义者对所有的关于行为的推理都套用"从方法到目的"的模式：不论是什么行为，只要能带来好的结果，就是理性的行为，而且好的东西越多越好。因此，根据功利主义，我应该防止谎言的增加，即便这需要我撒谎。义务论反对这种看法以及"从方法到目的"的推理模式。

直觉主义者（见114页），比如苏格兰哲学家罗斯认为存在着一些无法继续缩减的明晰的责任，要了解这些责任必须依靠我们的道德直觉（一种对无法定义的善的属性的内在感知力）。其他哲学家认为我们的责任就是执行上帝的命令（见107页），我们可以通过翻阅圣经或者扪心自问来了解这些命令。

*如果折磨一个人能防止灾难的发生，这种折磨的行为**是对是错**？义务论认为不管结果如何，一些行为本身就是错误的。*

责任的冲突

在我们的几种责任发生冲突的时候，义务论是否提供任何引导？大多数义务论者认为真正的责任冲突是不可能发生的。如果表面上出现了冲突，那我们一定是误解了其中的至少一个责任。所以，或者是这些责任并没有冲突，也就是说我们必须仔细地划定责任；或者几种责任之间可以"让步"：在发生冲突的情况下，一种责任作出"让步"，并在当时的情况下不再成为责任。如果是这样，那么哪个责任应该让步呢？义务论者认为理论的优势就是在于现实中缺乏引导。生活中有很多困难的选择需要理论的洞察。

以理性为基础的道德

康德（见294—297页）的论点是实践理性是道德准则的唯一来源。他认为，如果这一点是正确的话，那么我们就能够解释道德的特点。他声称道德具有普遍性，道德是一套一视同仁的规则。必须让每个人都获得行事符合道德的可能性（即使很可能他们不愿意这么做）。理性同样也具有普遍性，理性对于所有理性存在者来说都是一样的。道德和理性是绝对的。理性和道德的要求并不以我们的意志为转移。并且我们认为道德不仅适用于人类，而且也适用于所有的理性存在者。道德并不适用于那些无法做出理性选择的存在者，比如，狗和猫（宠物可能会做出无礼的行为，但这并不是道德上的错误）。

道德准则

康德认为，我们作为理性动物会根据"准则"来做出选择。康德所谓的准则是指意图，即代表我们做事理由的个人原则。比如"尽可能玩得开心"。如果每个人都获得行事符合道德的可能性，并且我们的行为符合我们的准则，那么一条符合道德的准则就必须让每个人都能按照它来行事。

假设你想向一个朋友赠送礼物，但是你买不起，于是你去商店偷窃。你的准则可能是这样的："偷窃我买不起但又想要的东西。"只有当所有人都能做这件事时，这才能成为正确的事。但不是所有人都可以，如果我们每个人都这么随心所欲，

> "道德律法必须对所有的理性存在具有约束力。"
> ——康德《道德形而上学基础》（*Groundwork to a Metaphysics of Morals*）

匹诺曹歪曲真理的习惯是错误的。撒谎同样也不能通过康德的普遍化能力测试。如果所有人一直说假话，那说假话就没有意义了，因为没有人会再相信你。

那么"私有"的概念就会消失。因为你不能偷窃一件并不属于他人的东西，从逻辑上来说，任何人都无法偷窃了。因此，在康德看来，偷窃礼物是错误的。

根据康德所谓的"绝对命令"（一个表示命令的祈使句）我们可以测试我们的准则，进而发现我们的责任："你的行为的唯一准则是你能够并且愿意接受的具有普遍性的规则。"康德并不主张一种行为——比如偷窃——的错误在于如果每个人去那样做会导致令人不悦的结果。他的测试是我们是否能够挑选（"愿意"）我们的准则作为具有普遍性的规则。一种不可能让所有的人遵从的行为方式既不道德

理性选择的能力给我们所有人以平等的尊严和价值，不论身份和处境——富裕或者贫穷。

也不理性，应当予以抛弃。

康德还认为"我们的行为应该把人性（不论是你自己的还是他人的人性）作为一种目标而不仅仅是手段"。康德用"人性"这个词语强调了我们有能力理性地决定我们追求的目标。理性、自由地做出选择的能力是人类的尊严。

把他人的人性仅仅看作手段，而不同时看作一种目标，会削弱他人作出理性选择的能力。最典型的例子就是强制他人或者欺骗他们，并由此阻碍他人在知情的情况下做出决定。

对康德的反驳

有哲学家反对康德的绝对命令，认为那是种错误的测试。只要我们要小聪明润色准则，有什么行为是不能被合法化的呢？举偷窃礼物（见105页）为例，我的准则可以是"30岁时要偷礼物"。将这个准则推而广之，只有30岁的人可以偷，并且只能偷礼物。符合这种情况的会很少，不能达到全面推翻私有财产概念的程度。所以这条规则完全可能对所有人适用。康德的回应是，他的理论所涉及的是真实存在的准则，而不是编造出来的准则。如果我真诚地面对自己，我不得不承认30岁根本不是理由。然而，康德的测试产生了奇怪的结果。假设有一个工作很辛苦的商店助理很讨厌自己的工作，他抽中了彩票并发誓"再也不卖东西给任何人了，永远只是买东西"。这看起来并没有道德上的错误，但是却无法通过测试。如果没有人卖东西，那么怎么可能有人来买东西呢？那么如果你做的事情同时需要他人做另外的事情，那并不见得总是错的。

因为上帝如是说

某些行为本身就有对错之分的观点还有一个原因,即这是上帝的旨意,是上帝命令我们去做或者不去做哪些事。遵从上帝的命令是许多主要宗教的基础组成部分,于是哲学家试图确定这个理由是否成立。然而,它面临着来自柏拉图《欧蒂弗罗篇》(*Euthyphro*)的著名反驳。

神的命令

道德是否就是上帝的意志或者上帝希望我们遵守的一套正确的价值体系?如果善独立于上帝而存在,那就会置上帝于道德约束中。然而,如果善就是上帝的意志,那么上帝的善的概念就不成其为对上帝的实在描述,因为不论上帝的意志是什么,它必定是善的。如果善就是上帝的意志,那么上帝就是道德的创造者。但如果上帝并没有不依赖于他的理性来帮助他产生意志,那么道德就会脱离理性的框架。这会带来道德的霸权。再者,只要是上帝的意志,残杀儿童也会成为正确的行为。当然,只有当上帝的意志是善的时候,遵从上帝的意志才是正确的。但是除非善的标准不依赖于上帝,否则我们怎么可能知道上帝的意志是否符合善?

一种回答是上帝的意志不是霸权,因为上帝是爱。但这无法让爱成为判断上帝意志善恶的道德标准,因为它并不是以道德是爱为根据,而是以上帝的爱为根据。

上帝的命令是善的,唯一原因是它是由上帝发出的?

如果上帝是爱、是道德的源泉,那么就像德兰修女(Mother Theresa)的行动一样,做上帝眼中的充满爱意的事就是在行善。

 道德哲学

美德伦理学

品德高尚的人具备了符合道德的性格特点。我们可以认为正确的行为应该是品德高尚的人的所作所为。由此,正确的行为会表现出符合道德的性格特点,而这正是这种行为之所以是正确行为的原因。比如,说真话所表现的是诚实。

性格关系到一个人在很多方面的倾向,比如在不同的环境中的感受,他们的思考方式和反应方式,他们的选择以及他们的所作所为。所以,如果一个人的倾向是频繁地易怒,那么他一定是个脾气暴躁的人。如果一个人经常酗酒,那么他就是放纵的人。品德高尚是一种给予我们"良好"的欲望和情绪的性格。

因此,我们的主要目的应该是培养高尚的品德,因为当我们具备高尚的品德时,我们就会知道什么是正确的并且会产生付诸行动的愿望。亚里士多德(见248—249页)认为高尚的品德能帮助人"过上美好的生活":这是人类的本质所规定的成就。他用eudaimonia来表达"过上美好的生活"——该词语被翻译为"幸福",但是意思更接近于"旺盛"。我们知道植物或者动物的"旺盛"是什么意思,我们也可以分析它的需求并判断什么时候这些需求会得到满足。根据美德伦理学,道德哲学应该注意找出人类成长的相似条件。生活的一个核心是选择和行动,但另一方面还与人与人之间的关系、人的"灵魂"的状态有关。

品德和理性

由于人是理性的,一个人要想过上美好的生活,他就必须按照理性来生活。如果我们感受到情绪和欲望,并且做出好的(符合道德的)选择,我们就是在正确的时间、面对正确的对象和人、抱有正确的动机和以正确的方式来感受和决定。

德斯蒙德·图图(Desmond Tutu)、甘地(Gandhi)等人向我们展示了亚里士多德的观点:品德高尚是美好生活的核心。

美德是相对的吗?

不同的文化对美德的特点有不同的认识。维多利亚人看重贞洁,但在现代欧洲文化中贞洁已经不那么重要了。那么,美德伦理学是否必然意味着相对主义——文化成为关于对与错的观点的唯一决定因素?人类必定生活在某种文化里,在不同的文化里,我们为过上美好的生活所需要的特点也各个不同。然而,不少美德是反映了普遍的人性:每个人都需要勇气、忠诚、克制等,因为生活抛掷给我们的挑战是相同的。所以一些关键的美德不是相对的。

欧洲传统文化认为**女性的荣誉在于贞洁**。随着文化的发展,一些美德的地位会发生变化——但很多美德并不会改变。

世故中的品德帮助我们认识每件事中的"正确性"。这种实用的认识能让我们拥有美好生活。我需要能够理解我的处境以及如何行动。但是,境遇总是各不相同,因此,正如亚里士多德所说,对道德的认识是无法教授的,因为可以教的是普遍,而不是个别。规则和原则很少能在实际的情境里得到清晰的运用。相反,经验是道德知识的唯一来源。

中间路线

亚里士多德持有这种观点:符合道德的反应或行为是中庸的,就像发怒(或者任何一种情绪)是有时机的一样,有的人可能频繁动怒,对过多的人和事发怒等,而另一些人可能发怒的次数过于稀少,或者对过少的人和事发怒(可能他们并没有认识到其他人是如何占他们便宜的)。美德就是介于"过多"和"过少"之间的中间状态。这种"中庸之道"并不是说当你发怒时,你应该一直保持一种温和式的怒火。你应该根据情况的需要来调节怒火。

中庸之道在实际生活中帮助不大。首先,"过多"和"过少"虽然有量的差别,但却不是在同一个尺度上。对"正确的时间、对象、人、动机和方式"的认识要远比这复杂。其次,并不存在独立的"中庸"概念来帮助我们回答关于生气的频率和程度的问题。

但是,美德理论的宗旨并不是提出一个精确的做出决定的方法。世故也不是一套规则,但它确实能发挥某种指导作用。它让我们从美德的角度来考虑情况。不是像康德那样问"是不是每个人都能这么做",也不是像功利主义那样问"什么能带来最好的结果",而是问一系列的问题:这种行为是友善的?有勇气的?忠心的?等。如果我们把行为看作美德的表现,那么这种方法可能会非常有帮助。

国际象棋、数学和音乐等领域有**神童**的存在,但道德领域却没有。亚里士多德的观点是,道德知识来自于经验。

一道实践伦理学习题

干细胞研究最具争议的形式是从寿命为5~7天的胚胎中取出一个内部细胞团。这些细胞具备成为任何类型的细胞的可能：大脑、心脏、肝脏、骨骼，这也会毁坏该胚胎。研究人员认为干细胞可以帮助他们治疗严重的疾病，所以我们有充分的理由开展这种研究。但是为了这个理由杀死胚胎是否为道德所允许？

生命权

义务论者（见104页）可能会问胚胎是否享有生命权。如果胚胎有灵魂的话——传统上认为灵魂是在怀孕时获得的——它就有生命权。然而，2/3的胚胎会自然发生流产（在子宫中被自然地放弃了）。如果每个胚胎都有灵魂的话，那这就是一出道德悲剧了。人类享有生命权的其他理由——比如理智、语言能力、情感体验的深度和区别对错的能力——并不为胚胎所有。但是患有严重心理残疾的人群和老年痴呆症患者同样缺乏上述特点，但是我们一般认为不可以杀死他们。他们具有一个重要的特点即知觉——观察、痛觉和愉悦等基本的知觉力。然而，胚胎在最初的发展阶段没有这种能力。那么，如果生命权取决于知觉，只活了一周的胚胎就没有生命权了。

被窃取的未来

我们可以这么认为：胚胎享有生命权，因为它有潜力将来变成一个享有生命权的人。然而，把潜力和已经实现了的潜力等量齐观并不是寻常事。一个有成为百万富翁的潜力的人不能提前挥霍。除此以外，胚胎光凭自己的力量并没有潜力变成一个人：我们必须先把它移植到子宫里。它是

吃肉让许多人感到幸福，他们也相信人类有神圣的生命权。但是我们是否与动物不同？干细胞研究迫使我们对我们的伦理假定提出质疑。

否有权获得我们的帮助呢？功利主义者（见102页）的观点是，我们剥夺了胚胎未来的幸福。但是被用于干细胞研究的胚胎是人工受精中制造出来的剩余胚胎，如果不用于研究也会被抛弃。如果这个反驳真能奏效，那它也同时反驳了制造出这些胚胎的人工受精的方法。但是，停止人工受精的做法会给很多夫妇带来悲伤，而同时也不会赋予任何多余的人类胚胎生命或者幸福。

美德理论（见108页）会认为创造和使用人类生命——以胚

基因工程的进步意味着出于研究和医疗的目的要使用更多的受精卵。但是我们是否有权以这种方式干涉生命？

胎的形式——还没有足够的研究。胚胎确实是和我们一样,"有血有肉",但是为了一个生命的利益而创造出另一个人类生命未免有些无情和不恭了。然而,这些胚胎是在人工受精过程中被创造出来的。那么,人工受精所产生的利益是否能够证明胚胎的创造和成本是正当的?人工受精是否贬低了为人父母的意义?如果我们许可人工受精,那么,出于他人的利益,使用在其他情况下会死亡的胚胎似乎表现出了一种对受益者的同情。

> "灵魂里那被称作心的东西,在它开始思考以前,并不是实在之物。"
>
> ——亚里士多德《论灵魂》(*On the Soul*)

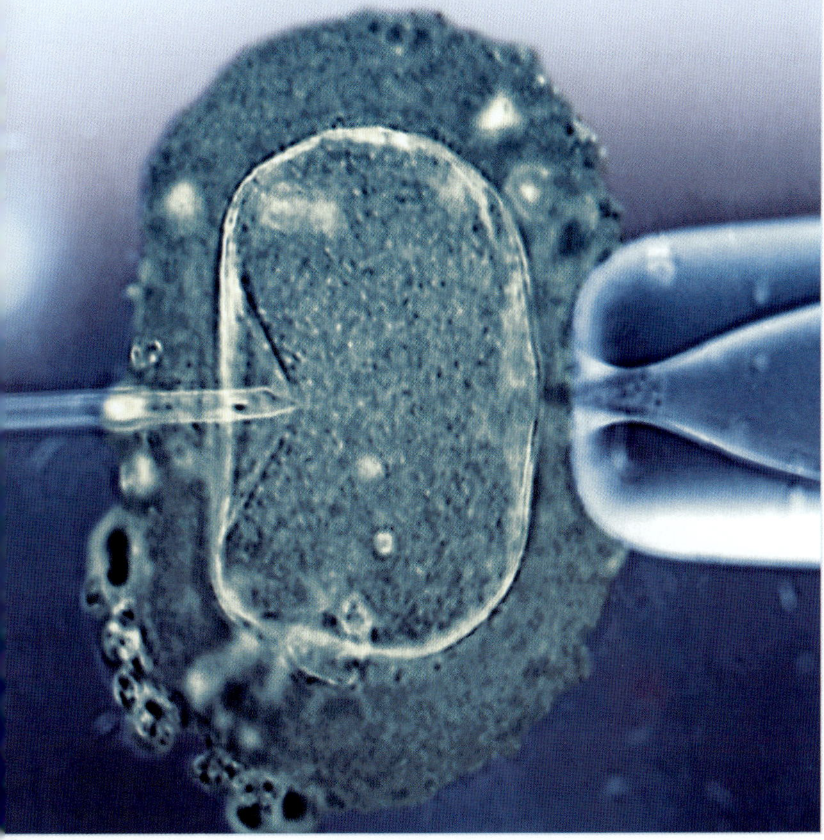

那么，什么是道德？

关于伦理概念——对与错、善与恶——和使用这些概念的句子的研究被称为元伦理学。在元伦理学中，哲学家们讨论是否存在普遍的道德真理，或者道德是否不过是情绪或文化风俗的表达。

道德的真相

"道德现实主义"的观点是好与坏、是情景和人的属性，而对与错是行为的属性。正如人有高矮，跑步有快慢，人的品德也有好坏之分。正如一个行为可以在10分钟内完成，或者受到贪婪的驱使，行为也有对错之别。这些道德属性是现实世界的一个组成部分。像"谋杀是错误的"这样的陈述是看法的表达，当然看法也有对错之分。这样的陈述的正误取决于世界是怎样的——行为、人或情景的实际属性。

道德现实主义对于很多人来说是对伦理学的"常识性"看法。不少人认为事情事实上是有对错的，而不是我们的观点让它们变成正确或者错误。我们对道德的经验也向我们传达一种道德现实主义。第一，我们认为我们可能会犯错。孩童频繁犯错，必须教会他们分清是非。如果事实上没有道德是非，那就不可能犯错误了。第二，道德似乎是外在对我们的要求。我们感到必须回应独立于我们愿望的一种行为标准。道德并不以我们的意志为转移。第三，不少人相信道德是在进步的。但是这怎么可能呢？除非道德观点比另一些更好。但如果没有关于道德的事实，那这又怎么可能存在呢？

不光是一种感觉？

另一方面，我们也了解道德观念存在着文化差异（见109页）。这个事实让一些人抛弃了道德现实主义投向相对主义的怀抱。但是对文化差异的宽容是比较有限的。比如，很少有人因为一些社会在道德上允许杀死其他部落的成员或者女性割礼，就由此认为杀人或女性割礼是正确的，甚至即便把范围限

儿童需要道德教育的事实表明，存在一种可以像其他事实一样通过学习来掌握的道德"真理"。

定在这些社会他们也无法接受。但是我们确实知道,和其他信仰不同,道德能激发强烈的情绪,道德争议也很难平息。如果我们倾向于认为其原因是并不存在道德事实,那么我们可能会走向情感主义(见115页)。

尼古拉斯·普桑(Nicolas Poussin)的名作《所罗门的审判》(The Judgment of Solomon)表明道德决定(此处涉及一个孩童的生命)可以变得非常困难。

事实与价值观

问题是:如果存在关于是非的事实,那么他们是怎样的事实?价值(一种道德"事实")如何成为任何一种事实?价值观与评价有关。如果没有人做出任何价值判断,那还会不会有价值观?事实是世界的一个部分,几百万年以前恐龙曾遍布地球,无论是否有人发现这件事,它都是真实的。但是要我们相信价值观能够脱离我们和我们关于价值观的讨论而独立"存在"就不是那么容易了。

这个比较并不公平。有很多事实——比如,关于爱情的事实,或者关于音乐的事实——"依赖"于人类和他们的活动(如

一些事实虽然依赖于人脑,但却不是主观的。我们知道巴赫的这段乐曲本身的声音就属于巴洛克风格。

果人们什么都不爱,那也就没有爱情了)。但是他们仍然是事实,因为他们不依赖我们的判断,他们的真实性是建立在这个世界的方式上的——在这种情况下是人类世界。我们可能错误判断一个人是否在恋爱,或者一支乐曲是巴洛克还是古典风格。

美德理论为道德事实与自然事实之间的联系提供了一种可能的解释(见108页)。它的观点是一个行为的对错取决于一个品德高尚的人是否会这么做。品德高尚的人是指具有品德的人,他的性格特点让他能够过上美好的生活。什么样的生活才是美好的,这一点取决于人性,它是一个客观事实。因此道德事实与美好的生活和正确的行为有关,它与人性、我们普遍的欲望、需求和思维能力有着密切的联系。

凭直觉感知真理

我们怎样去了解道德事实呢?如果善就是幸福,那么了解什么是善就是了解什么能让人幸福。但是如果善就是幸福,那么问"让人幸福是不是善?"就等于是在问"让人幸福是不是让人幸福?"即使让人幸福是善,善也不见得就是幸福。这种论证方式适用于任何关于善的论述。所以,直觉告诉我们善是一种无法分析的简单属性。

运用直觉

结果是我们只能通过直觉来了解道德。但是究竟什么是直觉呢?我们可以这么认为,对于什么是善的判断是"自明"的。自明的真理只需要有自己的可能性即可,不需要其他的证据。但是"自明"并不等同于"显然":我们首先需要提供我们做出这些判断的能力,然后我们要非常仔细地思考这些问题。最近,哲学家们认为我们的情绪能够(如果是高尚的情绪的话)赋予我们直觉式的道德知识(见108—109页)。比如,如果我富有同情心和勇气,那么我就会重视他人的痛苦,并理解我自己对于回应这种痛苦的畏惧——会造成我自己的损失——并不会阻止我去帮助他们。

由于善不是自然属性,我们无法通过感官感觉来了解它。因此,我们必须用直觉来了解。

达成一致?

"自明"判断的难处在于不论判断是对的还是错的,人们都可以持不同的意见。但假设我们能为思考找出理由,比如愉悦是善的,因为它是组成旺盛生活的一个部分。组成旺盛生活的一部分就是善,这一点是自明的吗?我们或者承认这一点,或者去找其他理由。那么找来的理由也是自明的吗?我们能否逃脱对自明判断的依赖?答案是肯定的:当被问及时,我们可以为我们的任何信仰提供理由——但是我们必须以其他的信仰为前提才能这么做。我们把整套的信仰接受下来,因为它具有连贯性,它赋予我们的经验以意义。

橙色是一种简单的属性,但是对于一个看不到它的人,我们无法向他解释什么是橙色。善也是如此。

表达自我

英国哲学家艾耶尔认为一个陈述要获得意义就必须满足下列两个条件中的一个：分析的（见67页）或者可以被经验证实的。这个"证实原则"表明对于对与错的陈述是没有意义的。根据艾耶尔的原则，这些陈述既不是真的也不是假的，因为它们实际上没有陈述什么东西。

意义与道德

如果我说"谋杀是错误的"，这并不是分析的，也无法通过实证调查来显示这一点。相反，艾耶尔认为伦理判断表达的是情感。哲学家们一直以来拒绝艾耶尔的证实原则。该原则是搬起石头砸自己的脚——"一个陈述要获得意义就必须是分析的或者可以被经验证实"，这个陈述本身既不是分析的，又无法被经验证实。但我们仍然认为道德语言是带有情绪的：它被用来表达肯定或否定的情感。道德判断不陈述事实；我们用道德判断来表达情感，影响他人的情感和行为。

公共抗议表现出关于道德的分歧往往是高度敏感的，并且会激发人们去行动。

但如果这是道德语言的所有用途，那么道德辩论中就不存在真正的讨论或推理了——我们只是在操纵他人。情感主义者的回答是，许多道德辩论是关于事实的辩论即某种行为或者政策是否会导致某种结果。如果我们对所有的事实达成一致——这很罕见——那么剩下来的就是态度方面的分歧。这仍然是可以被讨论的，因为人们在隔离的状态下不会有情感或做出决定。那么，道德分歧可以是我们不同的情感与我们采取的政策之间的关系。

人们就某个道德问题发生分歧时究竟**是在做什么**？他们——像艾耶尔（左一）说的那样——只是在表达自己的情绪？

"世上只有两件东西能够深深地震撼人们的心灵,一是我们头顶上灿烂的星空,一是我们心中崇高的道德准则。"

——康德《实践理性批判》(*Critique of Practical Reason*)

道德价值观是不是事实?

道德争议的存在表明价值观与既成的事实是有差别的。以下是在休谟的启发下提出的对道德现实主义的三种反对意见。

第一,当两个人对某一事实发生分歧时,我们一般知道如何通过这样或那样的方式来证明。但是当两个人对堕胎的事实发生分歧时,比如对于堕胎是对还是错无法达成一致的意见,这时我们无法按照同样的方法利用"事实"来证明。

第二,休谟提出道德推理中总是包含一种逻辑跳跃。我们先描述一件事的事实,然后我们会说"所以他本不应该做那件事"。但是我们怎么能够从对事实的谈论过渡到对是否应该做这件事上呢?我们无法分清"是什么"和"应该是什么"。事实和价值观之间存在着一个逻辑缺口。

第三,逻辑判断对我们的行为起到引导作用。如果我认为堕胎是错误的,我就既不会自己去堕胎,也不会帮人堕胎,也不会鼓励他人堕胎。但如果道德现实主义是正确的话,那么奇怪的是,一个事

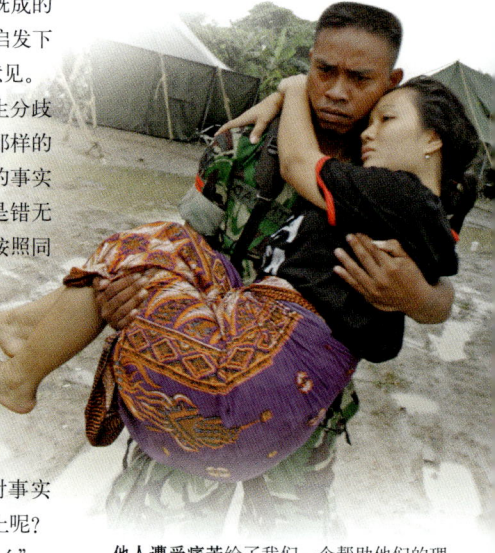

他人遭受痛苦给了我们一个帮助他们的理由。道德现实主义认为这种观点表述了一个客观的事实,而不是一种态度。

"人类行为永远无法用因果联系来解释,但是却把自己完全交付给了情感。"

——休谟《道德原则研究》(An Enquiry Concerning the Principles of Morals)

实,就凭它本身,不会导致行为。似乎我需要注意事实,然后从这种注意中产生了动力。但是道德判断本身就是这种动力。所以,可能道德判断表达的不是信仰,而是我们所关心的东西。

道德事实是理由

道德现实主义为自己变化的理由是当我们为一个道德判断辩护的时候我们

会寻求事实的证据。如果它们之间没有联系的话,这种行为就是愚蠢的。我们在做的就是为我们的道德观点提供理由作为支持。比如,"吃肉是错误的,因为它给动物带来痛苦"。事实可以成为支持道德信仰的理由。吃肉的行为让动物遭受痛苦这一点要么是真的要么是假的。道德现实主义者的观点是,这个事实成为相信食肉是错的也要么是真要么是假。我们为道德判断提供的理由是有相关事实的。

在其他语境下比较因果联系。如果放射性衰变表示恐龙骨来自6500万年以前,那么这就是我们相信恐龙在6500万年以前

那么，什么是道德？

的地球上生存过的一个理由。这个理由支持着这个想法，不管你是否认为它是一个理由。关于理由的事实具有客观性，它和关于自然世界的事实（自然事实）是一样的。然而，关于理由的事实是另外一种事实：既不是科学调查发现的，也无法归结为自然事实。他们是关于合法性和因果联系的规范性的（价值决定性的）事实。

我们现在可以这么说，两个人同意所有关于堕胎的"事实"，但是当在它是否错误这一点上两人发生分歧，此时分歧的解决不能依靠自然事实。双方都接受胎儿会成为一个人的事实，但是不同意这使堕胎成为错误的一个（强有力的）理由。如果我们解决了关于理由的争议，那么我们也就解决了道德争议。至少有一个人犯了错误，因为他们没有看到某些成为理由的自然事实。

与此类似，休谟正确认识到了自然事实与道德判断之间的逻辑缺口。然而，关于理由的事实填补这个缺口，它决定了一个自然事实是否能够成为相信某种价值判断的理由。自然事实逻辑上并不以道德判断为前提，但是理由很少会以它们所支持的判断为前提。

道德和激励

道德判断的激励作用是怎样的？以下是两种可能的回答。第一个是因为道德判断是对事实的陈述，所以它们没有激励作用。有一些人，或许某些时候我们所有人，都不会被道德陈述所激励。他们只是不在意道德。道德判断只会对那些在意道德的人产生激励作用。

第二个回答是肯定道德判断的激励作用。但是这并不奇怪，因为道德判断不是对自然事实的陈述，而是关于我们有理由做的事情的判断。关于理由的判断并不是因为它们自身而产生激励作用，而是因为我们是理性的生物。

不是每个人都关心道德的。 当然，热衷于无视传统道德也是西方青年人非主流文化的一个重要组成部分。

道德哲学

道德是相对的吗？

道德随着文化的不同而不同。我们如何才能解释这一点？不同的文化和他们不同的伦理实践都试图发现关于伦理的真理，就好像科学家试图找到关于世界的真理一样。或者我们可以说，伦理实践只是一种文化的生存方式。相对主义者会采取后一种说法。相对主义者声称，就某一道德实践发生分歧的两种文化实际上是在分别发表"对于他们自己"的正确的观点。

我们往往不会把这种说法应用到科学观点上（比如，在一些文化中星星被当作天空这块布上被针刺留下的小孔）。为什么呢？因为我们认为科学的分歧是以另外一种方式解决的。对科学来说，最好的解释是我们所一致赞同的科学理论表现了世界的运行方式。换言之，世界引导着我们的调查，我们通过实验来验证或推翻假定，直到我们达到对世界的面貌的某种理解。科学研究的是物质世界。如果我们

纽约的生活与斐济的生活截然不同（见下页图所示）。以下这种想法是可能的吗？不同文化的伦理实践都是为了寻找伦理"真理"。

相对地宽容

许多人认为相对主义与宽容形影不离，而道德现实主义暗藏了道德帝国主义。这是错的。宽容本身就是一种道德价值。"你应该宽容其他文化的价值观，因为道德价值观是相对的"，这个观点只有当你的文化包含了宽容的道德价值观时才是正确的。假设另有一种不宽容的文化。相对主义者会表示我们不能反对。但我们是否应该宽容不宽容的人。几乎没有人会认为宽容会比组织一个种族杀手更加重要。但是世界上有数不胜数的文化曾以种族思想为借口进行杀戮。所以，如果我们相信宽容是一种关键的道德价值观，那么可能我们完全不应该做一名相对主义者。

回顾文化史以及伦理实践的发展史，很难看到不同的文化如何发现适用于一个单一的伦理世界的道德行为的"真相"。相对主义者认为，伦理实践的发展是为了帮助人们找到在社会化的世界中的生活方式。但是由于有许多社会化的世界、许多的文

那么，什么是道德？

化，而且它们在时间之河上已经发展出了不同的做事方式。

所以，有多个社会化的世界能引导道德实践走向普遍的一致意见。这并不是指所有的社会行为都是可以被接受的，也不是指任何个人和行为都不应该受到道德上的谴责。人们总是在犯错，相对主义者不会掩盖这一点。但是它认为谴责一种行为或实践，必须从该事件或个人所属的文化中找出资源。你不能从该文化之外来判断这一实践。

怀疑相对主义

道德现实主义者对文化相对主义者有三种回答。第一，他们可以说不同的伦理实践反映了不同的文化中不同的环境条件，而非伦理原则。比如，我们试图让我们的老年人尽可能长命百岁，而因纽特人（Inuit）则通常把老年人弃置于浮冰上任其自生自灭。但

南太平洋上的**岛屿文化**与西方社会的城市文化大相径庭。生活的不同通过该地区的风俗和传统禁忌反映出来。

这并不意味着对于因纽特人来说杀害老人是正确的，而对我们来说那是错误的。这只是因为因纽特人的生存条件。恶劣的环境下生存的需要意味着不再能为集体做出贡献的个人必须被抛弃。如果我们也在他们那样的条件下生活，同样的事情就是正确的了。而如果他们生活在我们的条件下，那样做就是错误的。

在大多数文化中**奴隶制已经无法**在道德上为人接受了。这是否只是工作的变化？还是真正的道德进步的实现？

第二，世界上大多数文化都禁止杀戮、撒谎和偷窃，它们鼓励照料弱者。现实主义者关心的是不同文化所共享的普遍的伦理原则和美德有多少。

第三，现实主义者关心道德的进步。我们比从前更加人性了，我们在更大的范围上就道德判断达成一致意见，因为我们正在不断发现道德真理。

心灵哲学

什么是心灵?这是心灵哲学的核心问题。尽管世界上最伟大的思想家——包括哲学家和科学家——为之绞尽脑汁,这个问题仍然极其艰深。心灵哲学是哲学最热闹的一个分支,它是近来许多有趣进展的发源地。

为了理解心灵,哲人们在许多条求知的道路上进发,包括关于意识的本质、意识和物质世界之间的关系这样的难题。一个有趣的相关领域是相关性,或者"意向性"。我们的想法是如何与其他事物发生相关性的?它们哪里来的再现的力量?

心灵哲学还关注认知。什么是认知?我们对于世界的意识是直接的,还是经由心理现象的媒介?在多大的程度上心灵对我们的体验做出贡献?

心灵哲学还讨论个体性的本质和个体身份,提出看似简单的问题,比如,什么是个人?当我们浏览相册时,我们看见自己不同生命阶段的照片。是什么把这些个体联系起来成为一个人?记忆也是一个关注的焦点。记忆的本质是什么?记忆和我们持续的身份之间是怎样的关系?

很重要的一点是把心灵哲学和其他科学比如心理学区分开来。尽管对意识、认知和记忆的科学探究与心灵哲学相关,但是哲学方法并不包括对现象的实证的(基于观察的)调查研究,而是一种逻辑的概念的方法。在提出"什么是心灵"的问题时,心灵哲学家们往往不是指科学上可以找到的关于心灵的事实,而是心灵的概念包括的东西。他们的方法包括探索心灵、行为和我们各种精神能力之间的逻辑的和概念上的关联。

心灵哲学中的发现对其他哲学分支有着深远的影响。比如,对"什么是个人"的回答对安乐死和堕胎等道德问题有着重要的影响。

尽管计算机日益进步,人类象棋选手仍然能打败运算速度高达数百万次的机器。这表明了人脑的惊人能力。

意识之谜

我们每个人都能意识到自己内在的包含情感、思想和知觉的丰富的精神生活。但是，这个意识的王国是怎样与物质世界发生联系的呢？有意识的心灵是不是一种高于物质的东西？还是它本身也是物质的？

一段特别的体验

咬一口苹果，你会得到一系列意识体验——苹果皮的颜色、苹果表面光滑的质地、扑鼻的香味以及果肉明显的甜味。所有这些只是你能进入的五彩斑斓的世界的一个微小的组成部分。

当你看见一个苹果时，你对它的颜色、质地和其他属性的体验是你所独有的。其他任何人无法进入你的体验。

这些体验的一个有意思的地方是私密性。当我看着一个红苹果时，我有一种对色彩的体验。我了解我获得那种体验时的感觉，但是我无法知道你获得体验时的感觉。我们的内心生活似乎是非常私密的。我们的大脑和神经系统当然也是私密的，不过没有那么高的程度。我的大脑隐藏在头盖骨下面。但是，至少一般而言，你是有可能观察到里面的情况的。你可以使用光纤探测器来直接观察大脑，你也可以使用计算机轴向x线断层照相机来观察大脑内部的运作。但是回到我的"心灵"，一般来说没有其他任何人能够有办法进入。你可以有和我相似的意识体验，但是你不可能拥有我的体验。

你可能会问："如果我的神经系统与你的产生连接，进而我的大脑接收与你完全相同的感官刺激呢？"即使是那样，你最多是与我拥有相同的体验，但是我的体

内格尔论观察

托马斯·内格尔（Thomas Nagel）提出另一个存在者的体验所具有的主观性对我们而言必然是隐藏着的。为了解释这一点，他举蝙蝠为例。蝙蝠利用回声定位法在夜晚仍然能"看见"东西。它发出人耳听不见的尖厉的声音并听到回声，这样它就能了解环境的许多细节。当蝙蝠利用声音来"看"东西的时候，它的意识体验是怎样的呢？内格尔指出即使我们了解了蝙蝠回声定位时内部所发生的所有物理现象，我们仍然不会知道蝙蝠的体验究竟是什么样的。

蝙蝠的回声定位会在一片漆黑里伤害小昆虫。那种对世界的体验是什么样的？我们似乎无法知道。

意识之谜

验似乎仍然无法让你进入。

1974年美国哲学家托马斯·内格尔在他的论文《作一只蝙蝠是什么样的？》（*What is it Like to Be a Bat?*）中探索了意识的私密性这个观点。其中，他提出疑问，我们怎么可能知道另外一个生命体对世界的体验（见上页框）。他的结论是不论我们对一只蝙蝠的大脑和身体有多么丰富的认识，我们也无法知道做一只蝙蝠是什么样子。

心灵和身体的二元论

我们承载意识的心灵和我们的身体之间是什么关系？根据"实体二元论"，心灵和身体是相分离的两种实体。那什么又是实体呢？不同于一个属性，一个实体在逻辑上能够不依赖于其他实体而存在。

这些波纹不过是水分子的复杂运动。一些人认为意识体验仅仅是复杂的大脑过程。

这本书是一个实体，它能够不依赖于其他事物而存在。但是它的重量就不行。书本的重量不能脱离书本而存在。重量不过是它所属的实体的一种属性。

实体二元论的观点认为心灵是凭借其自身而存在的一种实体。笛卡儿（见276—279页）可能是最著名的实体二元论者。他认为心灵是一种可以独立于任何物质身体的会思考的实体。一些宗教也坚持某种形式的实体论，他们认为人在死后，他的心灵会离开他的物质身体而栖息在某种非物质的处所。

与之相反，唯物主义者认为只存在一种实体——物质实体。唯物主义者的明显特征是坚持认为心灵本身就是一个物质的事物。这个事物明显的候选人就是大脑。牛津大学的科学家苏珊·格林菲尔德认为"你就是你的大脑"。我们也可以把心理属性和过程看作物理属性和过程。科

学家已经发现暮星和晨星是同一颗星,水就是H_2O,热量就等同于分子运动。同样道理,有人提出科学也可以把疼痛当作某种大脑的状态。

另有一批唯物主义者——逻辑行为主义者,认为心灵不过是身体这个物质实体所拥有的一套复杂的物质的倾向。心灵就是让人有各种复杂的方式行为。比如疼痛会导致扭动、哭喊等。就像一个物质的事物能拥有这样的物质的倾向一样,一个物质的事物拥有心灵是丝毫不奇怪的事。对于逻辑行为主义者来说,在实体二元论的前提下,认为心灵具有某种超越身体的物质性和各种行为倾向的观点就是在引入一种纯粹虚构和肤浅的"机器里的鬼魂"。

否定心灵

"取消唯物论"是一种更加激进的唯物主义。它认为心灵根本就不存在。虽然

实体二元论允许心灵独立于任何物质的身体而存在。该理论的另一表现形式是宗教中我们每个人都具有一个不死的、非物质的灵魂的信条。

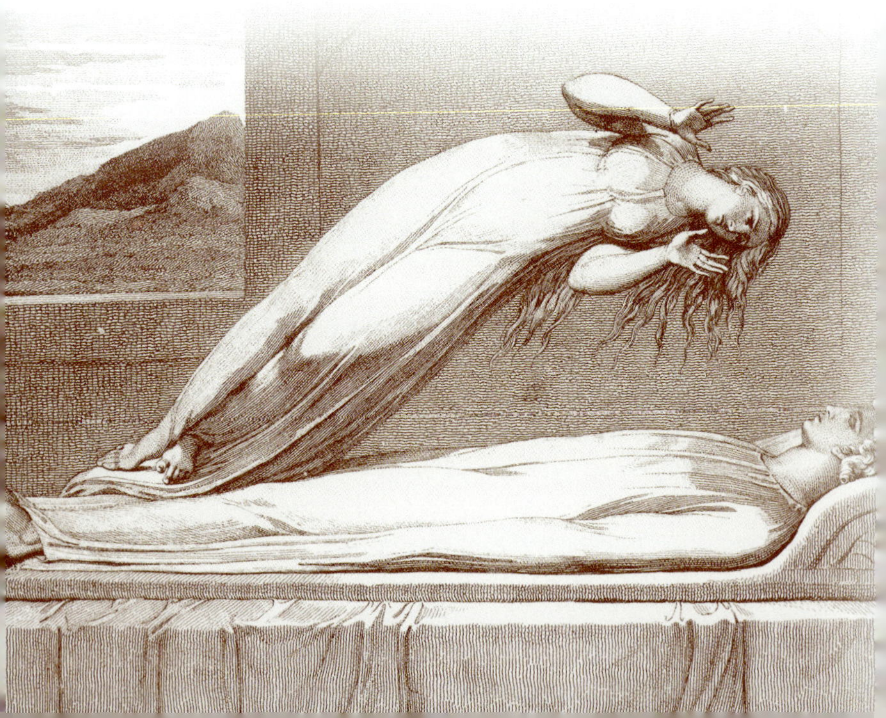

心灵对我们来说似乎显然存在,但是根据取消唯物论者的观点,随着科学的进步,最终会发现心灵是像女巫和魔鬼一样的虚假的东西。毕竟,几百年前,不少人都把女巫和魔鬼的存在当作是显而易见的真理。他们邪恶的影响力被利用来解释瘟疫和风暴之类的现象。但是,显然瘟疫、风暴和女巫、魔鬼这样的遥远的事物根本搭不上边——那些东西根本就不存在。根据取消唯物论者的观点,对人类生命体的行为的合理解释最终不会与任何像心灵或心灵中运作的过程——比如思想和情感——有任何关系。对我们物理运动的正确解释应该与神经等物理现象有关。心灵和在心灵中发生的事结果只是子虚乌有。

双重身份

关于有意识的心灵和物质世界之间关系的更微妙的一种立场是属性二元论。这种理论接受唯物主义的一个观点,即只存在一种实体——物质的实体。但是他们认为物质实体可以同时拥有物质和精神两

松果体

笛卡儿在面对解释我们的非物质的心灵驶入并与我们的物质的身体发生逻辑的互动时指出,互动是通过松果体发生的。松果体是靠近大脑中央的一个微小的器官。笛卡儿认为这个松果体包含"动物精神",它能机械地控制身体并将观察所得由身体传入灵魂。笛卡儿认为松果体让身心沟通成为可能。我们现在知道松果体控制的是掌控新陈代谢的褪黑腺。

松果体被称为"第三只眼",该器官是佛教艺术中的常见题材。

种属性,并且精神属性和物质属性不可混为一谈,精神属性不能分解为物质属性。比如,一些人认为人脑包含两种不同的属性。一方面是纯粹的物质属性,比如重量是1.8千克,由两个半球构成,包含神经元。另一方面是精神属性,比如对疼痛的感受,挂念奶酪,回忆维也纳。属性二元论者说,后一种属性是一种在大脑的各种物质属性之外存在着的额外的属性。注意,虽然属性二元论者同意唯物论者的只有一种实体即物质实体的说法(所以属性二元论者也是唯物论者)——他们却同意实体二元论者的一个观点,即关于我们的有意识的心灵的事实超越了所有的关于我们的物质的事实。

对二元论的反驳

对二元论的最著名的反驳是互动难题。我们的心灵和身体似乎明显会

"取消唯物主义者"认为有一天科学可能会揭示心灵的虚构性,就像它揭示巫术的虚构性一样。

互动。如果我有意识地要抬起胳膊,我就能抬起胳膊。止痛药和精神刺激药物表明我们身体中所发生的事会影响到我们的心灵。所有形式的二元论都面对着一个困难,即如何解释互动的可能性。尤其是,很难了解非物质的精神是怎么影响物质的身体的。我们的问题是这样的:科学家告诉我们物质现象可以从物质的角度得到解释。比如我正在书写的手臂的运动。它是由我手臂上的肌肉的运动导致的。而这些现象又是由从我大脑传导到神经的电刺激导致的。大脑的活动本身具有物质上的解释(即使我们不能确切知道那是什么)。但是,如果属性二元论和实体二元论其中必有一个是正确的话,我们就很难看出有意识的心灵中所发生的现象是如何对物质的现象发生影响的。在我的有意识的心灵被除去以后,我的身体还能以同样的方式继续

运动,因为我的身体的行为完全取决于物质上的活动。那样的话,我的心灵就似乎不会对物质的活动产生任何影响了。

一些二元主义者接受这个惊人的结论——尽管心灵看似对物质活动产生着影响,但实际上心灵是被动的。它们就好像是机器投下的影子一样,不论机器如何运动,影子也会跟着运动,反之亦然。这可能会让我们认为机器和影子是在互动,但事实是这种因果关系是单向的。是机器的运动导致了影子的运动,而不是反过来。

很少会有哲学家接受心灵的被动性观点。然而,一些人认为如果任何形式的二元论都会作出我们的心灵无法影响物质过程的结论的话,那么二元论一定是错误的。如果用来解释我的行为的事实是物质的事实,而且我的心灵对我的身体有任何因果作用的话,那么关于我的心灵的事实必定也是物质的事实。

一些哲学家的观点意识就像是影子:它是由身体的机器造成的,但是不会反过来对身体的机器造成因果影响。

支持二元论的观点

也有一些对部分形式的二元论有利的洞见(或者是实体二元论,或者至少是属性二元论)。

乍看之下,从表面接受一种简单的观点是很诱人的。确实,疼痛和大脑状态并不相同。当然,这并不是说疼痛不是一种大脑状态。毕竟,一杯水看起来并不像一大堆水分子,然而实际上它恰恰就是。

其他更加复杂的观点转向考虑可想象性。比如,我们都很熟悉"愚人的金子":一个东西看起来像金子,但实际又不是。事实上,黄铁矿这种广为人知的"愚人的金子"并不像金子,尽管它可以愚弄外行。但是我们至少可以想象一种外表与金子一样,但是原子结构不同于金子的实体。如果这种实体缺乏了第79号元素——黄金的基本元素,那么它也不过是"愚人的金子",尽管它和真品一模一样。然而,哲学家索尔·克里普克指出尽管我们能够想象"愚人的金子",但是我们无法想象"愚人的疼痛"。如果有人似乎在疼,那他确实是疼。

如果疼痛被发现是某种神经状态——比方说,大脑状态B——那么我们能够想象愚人的疼痛,因为我们能够想象,尽管一个人认为他在剧烈地疼痛,但是他并没有疼痛,因为他并没有处于大脑状态B中。但是,因为愚人的疼痛是无法想象的,因此它也不可能等同于任何这样的神经状态。

玛丽的世界

哲学家弗朗克·杰克森(Frank Jackson)(见右框)提出了另一种技术性不强的观点。这种观点支持某种形式的二元论。假如玛丽是科学家的孩子,并在一个只存在黑白两种颜色的环境下长大。她所有的体验都接受控制,确保她只有黑色、白色和不同的灰色阴影的体验。

玛丽很聪明,她长大以后成为了一名极其优秀的科学家。她发现了直至最后一个产生火花的神经元的人们体验到红色时的全部心理过程。玛丽对色彩的物质现象无所不知。然后一个房间外的科学家把一只成熟的番茄抛进玛丽原本只有黑白两色的世界。这样,玛丽就有了一种她从未有过的体验。她学到了新的东西——从主体的角度来体验红色是什么样的感觉。她学习到了一个新的事实,关于体验是"这个样子"的事实。但是玛丽之前就知道所有的物质事实,所以她学到的这个新的事实并不属于物理事实。杰克森的结论是,除了物质事实以外,还有很多其他的事实。

"似乎玛丽并不知道全部可以知道的东西。"

——弗朗克·杰克森《玛丽所不知道的》(*What Mary did not Know*)

于是,我们面对一个谜题。一方面,如果心灵要对物质世界产生因果影响的话,心灵似乎必须是物质的。而另一方面,杰克森基于黑白两色的屋子的观点,再加上其他可能正确的观点,似乎表明关于我们的意识体验的事实超越了物质事实。这是一个科学家和哲学家仍旧在继续为其奋斗的谜题。

弗朗克·杰克森

澳大利亚国立大学特聘教授弗朗克·杰克森的工作包括哲学逻辑学、认知科学、认识论、形而上学和元伦理学。杰克森最著名的是他的"玛丽与黑白屋子"的思考实验。他设计这个实验的目的是表明物理主义是错误的(尽管后来他对物理主义的看法又改变了)。

弗朗克·杰克森,当今最伟大的哲学家之一。

"戴夫,我的意识在消失……"

在斯坦利·库布里克(Stanley Kubrick)的电影《2001:太空漫游》中戴夫·鲍温关上HAL这台流氓电脑。HAL带着它的反叛精神与它的和跨国计算机公司IBM只差一个字母的首字母缩略的名字利用了对人工智能恐惧的萌芽。

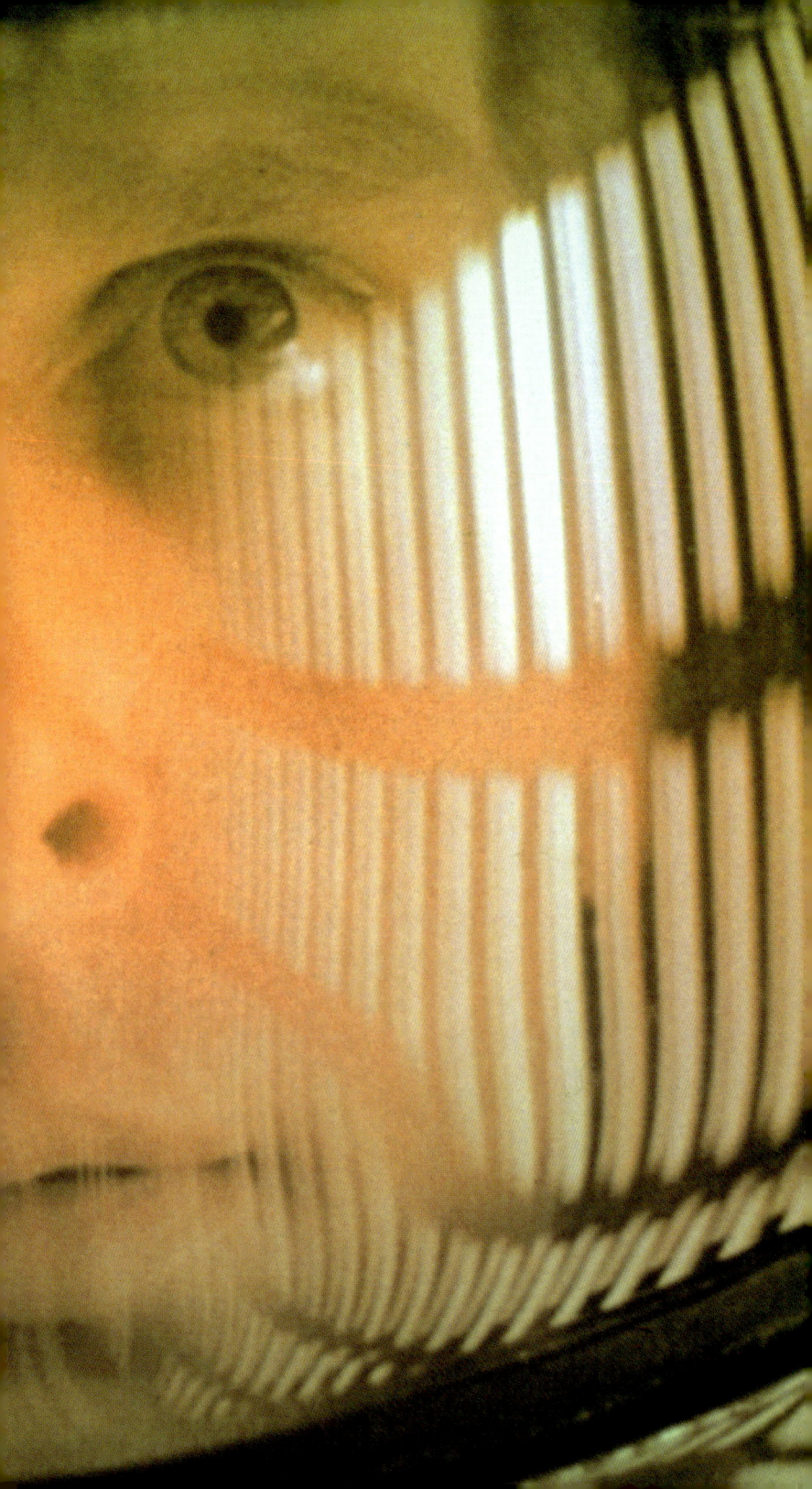

心灵哲学

机器能否思考？

计算机发展迅猛，它们现在已经可以通过编程执行许多原本由人类完成的任务了。并且在很多情况下，它们比人类的表现更加优秀。但这是否意味着它们最终可能会像我们一样会思考？

进化技术

我们生活的很多地方现在依靠计算机的控制，从车里的导航系统和自动驾驶员到铁路系统，从银行管理到电子邮件和文字处理。连音乐家也利用电脑编程来创造其他音乐家以为必定是人类创造的原创、细致和美妙的音乐作品。这样，似乎电脑在某种意义上是有"创造力"的。但是，尽管电脑变得越来越复杂，它们会不会到达那种真正的思考、理解甚至感觉的程度呢？这样的机器在现在的技术条件下恐怕是不可能的，但是

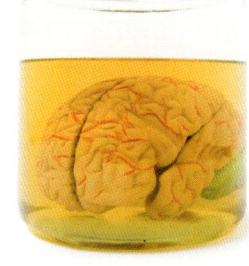

能否把人类描述为"思考着的机器"——由有机细胞而不是硅片组合而成？

1956年的**经典影片**《惑星历险》(*Forbidden Planet*)中，罗彼（Robby）这个有用的机器人能够完成远远超越人类能力的物质的和心理的任务，但是编程使它只遵循其主人的命令。

作为哲学家，我们能够这么问，一般而言，会思考的机器是否可能？或者是否有理由认为，不论电脑变得多么复杂，它们始终无法思考？

那如果我们要给计算机编程来模拟人类的思考、理解和感觉会怎么样？如果我们把这台计算机放在一个机器人的体内，然后在机器人的框架上覆盖肉体材料，又会怎么样？如果这个计算机/机器人组合足够复杂，或许有可能让人相信它真的能思考和感觉。但是那样会不会是一个真正能思考的机器？或者它只是在模拟思考？

很明显，在很多情况下计算机模拟永

> "我的目标是制造出能够高度模拟人脑行为的机器。"
>
> ——阿兰·图灵（Alan Turing），写于1947年。

远不会美梦成真，不管它对现实的仿真度有多高。以对森林大火的模拟为例，你可以把计算机模拟做得尽善尽美，通过编程囊括火灾的所有细节，直至最后一个原子的运动，但是它还是一个模拟，并不是真正的火灾。把你的手放进电脑里，它不会被烧伤。但是，在其他情况中，如果模拟做得够好，它就不仅仅是模拟了，它就成了真正的东西。以数学计算为例。一个模拟数学计算的计算机程序并不仅仅是在模拟，它是在实实在在地执行这些计算。

智能的机器

那么，会不会有一台计算机可以通过编程来模拟真正的思维、理解和感觉？或者是不是它永远只能模拟而已？很多哲学家和科学家相信如果计算机足够复杂，那么就会产生真实的思考和感觉，而并不只是模拟了。

的确，很难看到仅凭一些芯片和线路如何就能产生思维和情感。但是同样神秘的是我们的大脑是如何做到的。我们是生物机器，我们从经验知道生物机器是可以思考和感觉的。那么，为什么人造的硅片机器不能思考和感觉呢？对数字电脑有可能思考、理解或感觉的观点持怀疑态度

是有一种流行的理由支持的。它认为一个编程的仪器所做的不过是机械地回应输入进去的符号模式。开着飞机的电脑对它的所作所为有任何的理解吗？它是否知道自己在驾驶飞机？

答案当然是否定的。飞机周围的传感器把一堆"1"和"0"组成的复杂序列输入计算机这个箱子，而计算机又输出其他的序列以控制副翼、方向舵、引擎等。计算机并不理解任何复杂的符号模式所包含的意义。它甚至不知道这些东西是符号。计算机什么都不理解，它只是不假思索地、机械地根据程序整理这些符号。但是，由于任意一台数字计算机都是不假思索地用这种方式整理符号，那么必定任何一台传统数字计算机都无法理解任何东西。

阿兰·图灵

他是许多人公认的计算机科学之父。他设计了著名的计算机智能测试。在他1950年的文章《计算机器与智能》中，他描述了一种"模仿游戏"。游戏中对一个人和一台按照模仿人类反应的程序运行的计算机分别通过打字的方式进行提问。由提问者决定由谁来回答。图灵说道："我认为在50年的时间内，计算机可以利用程序精通模仿游戏，以至于提问者在5分钟后正确辨别出哪个是人哪个是计算机的概率不会超过70%。"

阿兰·图灵是一个杰出的逻辑学家，在"二战"中从事破译密码的尖端工作。

中国屋子

哲学家约翰·塞尔（John Searle）在他1980年的论文《心灵、大脑和程序》（*Mind, Brains and Programs*）中提出了心灵哲学中最负盛名的思考实验之一。思考实验是指一种为了证明或测试某一哲学定理而设计出的假想的事件过程。塞尔的中国屋子实验既优雅又简单，它的目标是表明电脑无法实现语言理解。

模仿心灵

早在20世纪70年代，约翰·塞尔检验了人工智能领域的研究者们所作出的一些戏剧性的论点。他认为其中有一个论点尤其缺乏充分的理由。一个名叫罗杰·尚克（Roger Shank）的人工智能研究者开发出一种可以模仿理解了故事的人的反应的程序。灌入一个关于餐厅的故事，接着提出一系列问题，然后计算机程序就能够做出恰当的回答。一些人工智能的研究者声称尚克的计算机

塞尔的中国屋子是要表明看似具有智力行为的电脑实际上并不具有思考和理解的能力。

在塞尔的实验中，一个人试图把中文的简单问题与正确的答案配对。这个问题问的是"太阳从哪边升起？"不仅能模拟对故事的理解，而且实际上理解了故事。他们还说，这个机器和程序的表现解释了人类理解故事的能力并且回答了相关的问题。塞尔的思考实验旨在反驳以上这两个观点。

塞尔想象他被锁在一个屋子里，屋子里有一个用英语写成的配有汉字卡片的说明，屋子外面有几个汉语本族语使用者。他们递给塞尔一串又一串汉字。塞尔的说明告诉他自己两批卡片的出现顺序，以便

机器能否思考？

选择另一批卡片作为回答。

第一批汉字卡片讲的是一个故事。第二批是关于这个故事的提问。英语写成的说明的设计让塞尔能够递回正确的用汉字写成的回答。屋外的汉语使用者毋庸置疑对屋主的表现啧啧称奇，他们认为屋子里的人一定懂汉语。要不然这个人怎么能提供正确的回答呢？

但是，塞尔当然不懂汉语。他也不理解这个故事。事实上，他甚至不需要知道卡片上的横、竖、撇、捺是汉字符号。他只需要根据说明排列好中文卡片。一台数字计算机，不论它有多复杂，仍然是一个排列符号的装置。尚克的电脑的行为好像是表示它明白了故事和它所接收的提问。但是，这并不意味着计算机理解任何东西。因为除了

太阳从东边升起的**答案**依照简单的一套说明很容易就被找到了。

排列符号以外，它什么都没有做，因此它对于故事和相关的提问是一无所知的。就像"中国屋子"中的塞尔按照他的书面的说明提供答案一样，计算机也机械地不假思索地执行程序。程序确实让计算机模拟理解，但实际上，计算机并没有理解任何东西。

塞尔的结论

塞尔并不否认机器可能会思考。毕竟，我们也是复杂的机器，虽然是生物的，但是塞尔认为要真正地思考和理解，你必须是由"正确的材料"构成的。塞尔认为计算机没有思考的能力，因为它们不是由像大脑一样的有机物构成的。

复制大脑

那些认为计算机永远不可能具有像我们一样的思考和感觉能力的人可能忽略了一点。放在机器人的脑袋里的机器必须是一台经过编程的数字电脑吗?可以不是。如果不选数字计算机,而是把更像大脑的东西放入机器人的脑袋里呢?

你的大脑是由1000亿个神经元和其他细胞一起编成的一张极其复杂的网络。神经元从邻近的其他神经元收到并传递微小的电荷。这种电流的枢纽又联结成你的感官,从而让模式更为复杂的电刺激流入,这样你就能观察你周围的世界了。它也连接上你的肌肉,通过为它们提供电刺激,你可以让你的身体运动起来。你的大脑就好像中控室一样接收和发出模式复杂的电能。现在,假如我们不是把神经元编织起来组成有机的大脑,而是把微小的人造的无机电子装置连接起来。如果这些微小的机器神经元与正常的神经元以同样的方式发挥作用,那么我们就可以用它们取代正常的神经元了。其结果就是"机器人大脑"。它和人脑具有相同的建筑结构,它对电子输入的反应也和你的人脑感官完全一样,而且它会像你一样控制肌肉。

这样的"计算机大脑"不是一台带有程序的数字计算机,它和你的人脑一样,都不是。在它里面,并不存在符号排列,所以,即使塞尔的中国屋子实验(见134—135页)证明了这种靠程序的符号排列型计算机不能胜任理解的重担,它也不足以证明一个配备人工合成的大脑复制品的机器一定没有理解力。然而,塞尔似乎必须否定具有机器型大脑的个人有理解力。因为它是由"错误的"材料构成的。

当然,还有一种有诱惑力的说法是,尽管这种机械奇迹具有模拟思考、理解和感觉的可能,但它"不过"是台机器。但是,这台机器本身会否定它"不过"是一台机器。毕竟,如果机器型大脑的建筑物和你自己的一模一样,那么它的输出和所导致的行为也会是一模一样的。像你一样,它会坚持认为自己有思维和情感。它还能告诉我们所有获得的感觉或体验的爱、恨、漠不关心或者深深的渴望是怎么一回事(或至少它能和你做的一样)。

如果你们仍然坚信心灵让人具有一种人造机器人所缺乏的基本属性,那么就考虑一下下面这个事件过程。假设在一年的过程中,我们逐渐一个一个地把你自己的神经元替换成了机器神经元。如果这些神经元做的工作与你的血肉组成的神经元别无二致(我们姑且规定是这样),那么这种逐渐的替代并不会对你的大脑运作及与身体其他部分的沟通产生影响。所以,你的外在表现完全不会

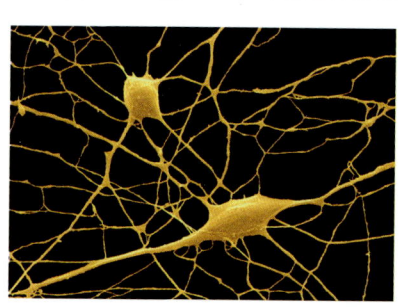

据估算,在一个成人大脑中大约有1000亿个连成网状的神经元,有些人类神经元长约几英尺。

"你就是你的大脑。"

——苏珊·格林菲尔德教授(Professor Susan Greenfield),英国广播公司电视系列片《大脑的故事》(Brain Story)

硅制的计算机可以处理复杂的任务,甚至能利用程序"学习"解决问题的新方法。

受到这个过程的影响。

如果塞尔是正确的,并且是否拥有心灵取决于你的大脑的构成材料,那么用无机的机器等价物来逐渐替换你的血肉组成的神经元的过程结果就会使你的心灵逐渐移去。

但是这怎么可能呢?假设你的心灵是你对其有意识的一件东西。既然对你的心灵有意识,那你在开始失去它的时候应该会有所觉察。并且,如果你察觉到了你在失去你的心灵,你一定会提到这件事。然而,既然你的有机神经元是被机器神经元替换的,那么你的行为应该没有任何改变。不会有任何"损失"的报告。既然你的行为一定不变,你又如何能保持不变呢?

是否有可能这个众人都确信我们内在有所意识的并且认为任何机器人所必定缺乏的基本的东西最终不过是一种幻象?

计算机的未来

1965年,英特尔公司的创立者戈登·摩尔(Gordon Moore)预测计算机为既定空间容纳的能力每两年就会翻一番。这就是后来人们所说的"摩尔定律",现在看来它大致是正确的,尽管它预计到2015年硅制计算机会穷途末路。这在很大程度上是因为将过多的电路集中到越来越小的硅片上所导致的过度发热的问题。想要打破这个"硅片瓶颈"就必须开发新的方法,包括在原子的等级上制造的处理器,它将按照与硅片截然不同的方式进行工作,并预示着更大的处理能力。

计算机的巨大进步让现代的台式机的表现轻松超过20世纪60年代整个屋子大小的科学机器。

宗教哲学

宗教哲学也许能够通过以下这个问题加以理解:"上帝存在"这句话到底是什么意思?这句话在询问上帝是什么样的,怎样才能了解上帝,以及如何才能最好地理解宗教语言和宗教信仰。所以,在这一章里,我们将要集中讨论上帝是否存在,以及理性在形成宗教信仰上的地位。

上帝的存在问题是宗教哲学中的核心争议问题。这些争议通常都是围绕关于上帝的某一特定观点进行的。这一特定观点起源于西方哲学传统,虽然它与世界上的其他宗教也有一些联系。"哲学家的上帝"是由两个最基本的而且紧密相连的观点组成的。一个是上帝就是终极实在,是所有其他事物存在的依据,另一个是上帝就是完美。奥古斯丁(见256—257页)曾写道,想象上帝就是"试图想象一种没有(或者按照其他哲学家的说法,'可能没有')比他还要良善、还要崇高的存在的存在。"

上帝是完美和上帝是终极实在两个观点是跟柏拉图(见244—247页)的一个观点,即完美和真是紧密相连的。简单点说,就是完美的东西比不完美的东西更真。完美就常被当作是完全自给自足的,既不缺少什么,也不依赖什么。同理,这一特征也适用于上帝是终极实在这一观点。非终极的实在要依赖于终极的实在,因此,就不可能是完美的。

上帝的本质

在西方哲学的传统里,上帝的本质是由完美和终极实在来定义的。这就是说,一个既不完美也非终极实在的存在不是上帝。这两个概念常用来证明上帝是宇宙全知全能的、无所不在的并且是永善的创造者,他身心纯洁,没有物质的肉体,超越空间、(通常还超越)时间的限制。

关于上帝是宇宙的全知全能的、无所不在的并且是永善的创造者这一观点已经有过很多讨论了。人们怀疑这一观点是否是完整统一的,是否与宗教信仰中的一般观点相合,甚至还怀疑这一观点是否就是男性全知全能和自给自足的幻想的折射。我们先要避开这些问题而去追问另外一个问题:这样的上帝或者至少类似的上帝是否真的存在?

伊朗先知琐罗亚斯德(Zoroaster) 是琐罗亚斯德教的创始人。一些人认为琐罗亚斯德教是最早的一神教。该教关于神、罪恶、灵魂,以及其他关键概念的神学观点对后来的宗教有非常大的影响。

上帝存在吗?

长久以来,人们都试图证明信仰上帝是理性的。接下来,作者将给出四个论据,试图从"上帝"这一概念本身,从宇宙的存在,从宇宙是被设计的这一观点的各种证据中,以及从宗教体验这四个方面推断上帝的存在。

上帝必然存在

圣安瑟伦(St Anselm,见261页)认为我们仅仅从"上帝"这一概念就能推断出上帝的存在。想一想上帝是什么,我们就能得出上帝必然存在,就像下面这样:

根据定义,上帝就是无法设想比它更伟大或更完美的那一位存在者。
上帝可以看作是一个概念,或者是某种真的存在。
存在比不存在要伟大。
因此,上帝必然是存在的。

这一推理就是著名的本体论论证。

11世纪一个名叫高尼罗(Gaunilo)的僧侣认为这个论证也可以证明任何完美的东西必然存在。比如,我能想象那个最完美的岛屿,并且"再也想象不出比它更完美的了"。因此,这样一个岛屿必然存在,因为如果它不存在的话,它就没有那么完美了。但是这个假想本身就很荒谬。很明显这样的岛屿是不存在的,你不能通过假想某物是完美的来推断出它的存在。圣安塞姆也注意到了这个问题,于是他纠正了自己,说本体论论证只能用来证明上帝的存在,因为上帝与伟大或者完美之间的关系是特有的。

圣诞老人是不存在的,但他若是存在岂不更好?假想的礼物毕竟没有真的礼物好!

我们能想到一个完美的岛屿,但是这并不意味着这样的岛屿存在。 高尼罗反对在想到上帝时认为同样的情况即为真实的。

上帝是最伟大的

根据定义,岛屿本身是不完美的。完美是一座岛屿可能具有或不具有的性质。一座不完美的岛屿依然是一座岛屿,因为完美是岛屿的"偶然"性质,而非"必然"性质。必然的性质是某物之所以成为某物所必须具备的性质。与岛屿相反,上帝必然是人们所能想到的最大的存在,因为由定义可以得出,如果有比上帝还大的某种存在,上帝将不能称其为上帝。比所有能想象的存在还大是上帝必然具有的一种性质。但是，要能够成为所能想象的最大的存在，上帝必须首先存在。

存在与完美

圣托马斯·阿奎那（见264—267页）不相信圣安瑟伦纠正自己后的说法。他认为存在不是一种完美，并不能使一种存在变得更伟大。因此，圣安瑟伦的论证并不能证明上帝的存在。阿奎那认为，它至多只能表明在"上帝"这一概念和"存在"这一概念之间存在着某种联系，一个需要存在，而另一个则不需要。

对本体论论证还有另一种担忧。假设我定义一个"微巨"（widget）（译注：微巨指厂家刚生产出来的某种新产品，"widget"是一个真实的单词，后文"wodget"为作者编造的单词，翻译时按照音译为"沃巨"，无实际意义）为某种圆形、红色并且重5吨的东西。我再定义一个"沃巨"（wodget）为某种圆形、红色、重5吨并且存在的东西。这两种东西之间的差别只是一个存在、另一个不存在而已。我能很轻松地想象出一个微巨，但是我能想象

北欧神话中的雷神托尔（Thor）曾经因为他的臭脾气恶名远扬。因此上帝就不是上帝，除非他改掉托尔的臭脾气而变完美。

出一个沃巨吗？当然，如果微巨不存在，在我努力去想象一个沃巨的时候，我其实只是想象出了一个微巨。因为我想象的事物并不存在，当然它就不可能是一个沃巨。同理，这种担忧也适用于圣安瑟伦的本体论论证。他的第一个前提假设我能够想象出那一个"无法设想比它更伟大或更完美的存在者"，即上帝。但是这个我想象出来的存在是上帝吗？如果上帝不存在，那么它就不是。因此这个论证以未证明的假定为依据：它以上帝是存在的为前提条件。

康德的反对

康德（见294—297页）被认为是至少将这种形式下的本体论论证完全打败了。康德认为，这个论证错误地假设存在是一种性质。但是事物并不是像"拥有"其他品质一样"拥有"存在这种性质。想一想"上帝存在"这一论断是分析性的还是综合性的（见67页）。圣安瑟伦认为它肯定是分析性的。"上帝"这一概念本身就包含存在的意思，所以"上帝不存在"是"上帝"这一概念在术语上的对立面。但是，康德也说了，"存在"并不能定义或者补充说明某一概念。说"某物存在"只意味着有某种事物与"某物"这一概念相对应。

康德最后总结，存在不是任何概念的组成部分，甚至也不是"上帝"的一部分。因此，"上帝存在"必然是真的这一说法是不正确的。

万物的起源

宇宙论论证中关于上帝存在的中心问题是"为什么有某种东西存在——有而不是无?"除非上帝存在,否则这个问题就是没有答案的。

宇宙论论证的另一种著名形式,即常说的卡南宇宙论证(Kalam argument),追问起因。任何存在的并且有起源的事物,我们都能追问是什么导致了它的存在。对我们每个人来说,父母直接引起了我们的存在。但是什么引起了他们的存在呢?沿着时间往前追溯,我们就来到了宇宙的起源上,即科学家们所说的大约130亿年以前。但是又是什么引起了宇宙的产生呢?无中不可能生有。我们需要的似乎是一个没有起因的起因,而只有上帝才符合这个要求。

起源和起因

卡南宇宙论证认为每种起源都有一个起因,并且事物不可能凭空产生。大卫·休谟(见290—291页)认为我们不可能知道这两个说法的正确与否,我们只能通过经验来证明它们。虽然经验告诉我们迄今为止万物都有起因,但是这个原则也适用于宇宙的起源吗?我们不能肯定地回答这个问题,因为我们没有足够的关于宇宙起源的经验。

另外,宇宙的起源并不是一次在宇宙范围内发生的事件。它不在时间空间内发生,因为时间和空间都随着宇宙的产生而产生。因此,我们不能把万物都有起因这一原则运用于宇宙的起源上。就像伯特兰·罗素(见322—323页)说的那样,"宇宙本来就在那儿,一直都在"。

是否可能我们这个宇宙是由先前存在的某个宇宙(或者现在依然存在的另一个宇宙),直至无穷个之前的宇宙产生的呢?换句话说,我们不再把宇宙的起源看作是上帝的某种创造性行为,而是假设存在着无数的可追溯的(见213页)起因。

某物一直就存在着。

无数可追溯的起因这一概念指的是我们不可能把所有事物都归于同一个起点上——没有唯一的起因，永远都没有。这一回应认为，因为宇宙存在，所以某种事实上是无穷无尽的事物（一系列的起因）也存在。

"无穷"这个概念是有道理的，但说某个无穷无尽的事物事实上存在是否有道理呢？也许有无数可追溯的起因（即宇宙之前有无数的宇宙），但是这并不代表之前存在过特定（很大）数量的宇宙，因为"无穷"本身不是一个数字。因此，每个新的起因（即宇宙）不会对本来是无穷的起因数量有所增加，因为 $\infty+1=\infty$。那么，如果之前无穷多的宇宙已经存在过，那么现在这个宇宙怎么会是另一个新的宇宙呢？

"存在过的"宇宙这一概念同样有很多疑问。我们知道，宇宙的起源同样也是时间的起源，那么，说另一个宇宙在现在这个宇宙之前存在过就是不正确的。这一说法看起来是完全自相矛盾的，但如果

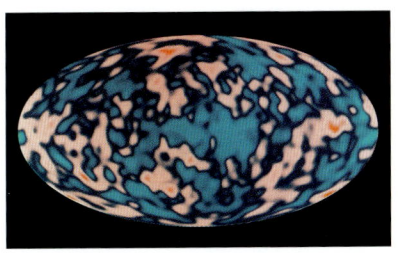

由宇宙背景探测器探测到的源于宇宙大爆炸的**辐射波**产生于约130亿年以前。为了找到宇宙的起源，我们必须向宇宙之"外"寻找。但是在时间本身产生以前没有时间的存在从而使其他任何事物的存在成为可能。

科学是正确的话，应该没有200亿年前这一说法，时间本身是同宇宙一块产生的。

我们提到过宇宙论论证的中心问题是"为什么说有某种东西而不是没有什么东西存在？"如果我们说某物存在是因为某物一直就存在着，我们依然没有回答究竟某物为什么存在。虽然任何事件都能用它的起因加以解释，我们可能还是会问为什么这一系列有限的或者无限的起因存在。

喀拉哈里沙漠（Kalahari）里的**桑人**相信宇宙产生于无。虽然这种解释不科学，但在宇宙论论证看来，这却是一种行得通的解释方法。毕竟，除了无之外，什么能在万物的起源之前存在呢？

上帝必须是完美的吗？一神教的信仰体系常把唯一的、至高无上的上帝的完美当作毫无疑问的，但是在多神的宗教里，人性的缺陷是可以获得宽容的。例如，图上的修女正在膜拜的塑像——耆那教的神巴胡巴利（Bahubali），当初为了获得启示不得不摒弃他的傲慢。

另一种可能性

宗教哲学家理查德·斯温伯恩（Richard Swinburne，生于1934年）认为对宇宙论论证（见142页）的反驳说明上帝的存在还没有从逻辑上被证明。宇宙论论证，他说，应该被看作上帝是解释宇宙存在的最好原因的证明，就像对一幅画的存在的最好解释是一位艺术家创造了它。

个体化的创造

单独看来，"上帝存在"是极不可能的。但是斯温伯恩认为，在宇宙论论证下，这一论断又变得极有可能。当我们同样考虑关于创造（见147—149页）和宗教体验（见150页）这两个说法以后，上帝存在比上帝不存在更具有可能性。

上帝的存在是宇宙存在的最好解释吗？科学描述的问题在于科学必须先假设科学规律和某物的存在然后才能提供解释。但是，科学本身不能完全解释这些基本的科学规律——它们来自哪里，或者它们为什么是这个样子——因为所有的科学解释都提前设定了科学规律的存在。如果我们用另一个宇宙来解释这一个宇宙的话，我们就不得不解释宇宙的存在。斯温伯恩认为我们需要一种不同的解释。

他所说的不同的解释就是一种"个体化"的解释。这种解释基于人们根据自己的信仰、欲念和目的做出的不同行为。我们通过理解制作人的意图来了解人类活动的产物，比如书籍和工艺品。上帝存在并且打算创造宇宙（包括宇宙中的规律）这一假设为宇宙的存在提供了一个个体化的解释。

斯温伯恩说将上帝看作宇宙的创造者是对宇宙存在的最好和最简单的解释。

解释设计和秩序

什么能够解释宇宙中呈现出的秩序和设计呢？上帝存在的目的论论证（teleological argument）认为，只有一个有创造力的头脑，一个设计师，才能解释我们看到的周围的秩序。大卫·休谟创造并且批判了这种论证的一种传统形式。在这种形式里，休谟使用了下面这个类比：在整个自然界，尤其是在整个生物界，手段与目的相辅相成。比如，眼睛的所有组成部分共同配合，让人们拥有视力。这就像人类的设计师通过组装钟表的不同部件让钟表能够计时。但是自然比钟表要雄伟得多，因此自然的设计师在能力和智慧上当然也要比钟表设计师强得多。又因为自然的每个部分各司其职，配合得十分默契，因此我们推断自然只有一个设计师。

进化是自然的设计师？

休谟指出，这个类比是非常无力的。人类的手工艺品，比如说钟表，并不像自然的东西，钟表没有生命，也不能再生。大自然，或者是整个宇宙，就更不像钟表了。由英国博物学家查尔斯·达尔文（1809—1882）在1859年提出的自然选择进化论证明了设计的痕迹是如何自然地发生的。成千上万的偶然变异在有机体内发生。有些变异偶然地帮助有机体生存下来并且繁衍后代，并且还被一代一代地遗传下去，最终它们成了这种有机体的重要组成部分。因此有机体也可能是设计出来的，只不过它们是巧合设计出的结果。

一个拙劣的作品？

休谟说，即使我们能推断出宇宙是设计的结果，我们也不能因此断言这个设计者就是上帝，因为看起来这个设计者还需要一些训练。有些拙劣的设计，比如本性中的恶（见153页），都表明宇宙只是一个学徒的作品。假如恶是设计者故意的创造，而不是拙劣设计的结果，那么我们就不能认为这个设计师是个善良的设计师。同样，我们也不能断言上帝是无限的，因为宇宙不是无限的。最后，我们也不能说是宇宙的设计者创造了宇宙。对于所有这些否定，斯温伯恩（见前页）会说将设计者和传统意义上的上帝相等同是最简单的解决办法。

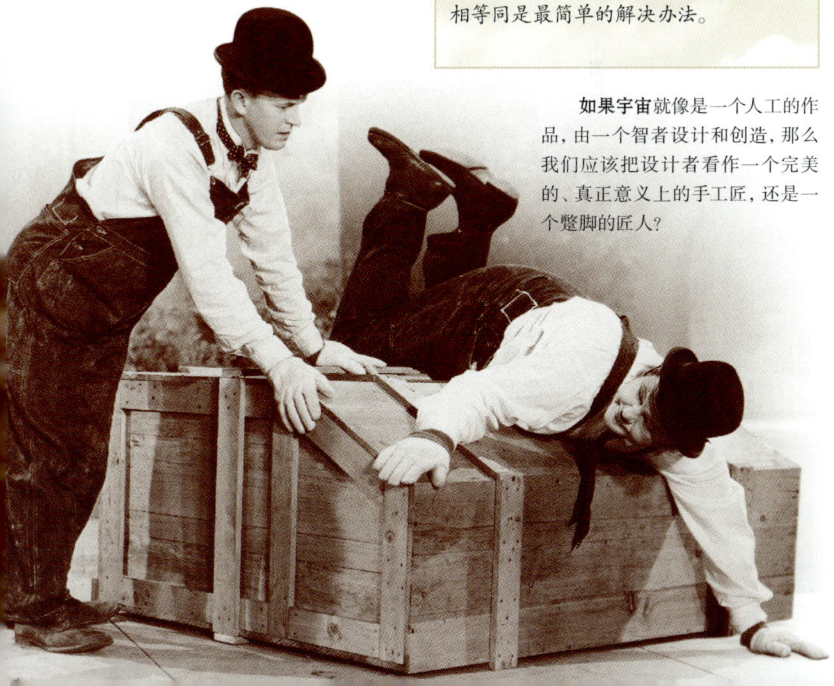

如果宇宙就像是一个人工的作品，由一个智者设计和创造，那么我们应该把设计者看作一个完美的、真正意义上的手工匠，还是一个蹩脚的匠人？

精细的调试和智慧的设计

达尔文的观点（见147页）削弱了基于生物和人类的手工艺品之间类比关系的论点，宇宙学界最近却提出证据证明一个有生命的宇宙事实上是多么不可能的事。宇宙学家们一致认为在宇宙大爆炸时期，原子能量必须要具有精确的质量、密度和初始速度才能够创造出生命演化所需要的环境。

一个注定要出现的宇宙？

理查德·斯温伯恩（见146页）认为，科学不能解释如此精细的调试。但如果是上帝创造了宇宙并且让生命进行演化，那么我们就不能对宇宙内的规律感到惊讶了。

我们是否非要找一个原因来解释为什么宇宙看起来像是设计的？有时候，有些看起来像巧合的事情其实是必然要发生的[见200页，《赌徒的谬误》（*The gambler's fallacy*）]。假设现有或者已经存在过成千上万个宇宙，它们每一个内部都有自己的规律但是几乎没有一个有生命体存在。有了这众多的宇宙，一个像我们现在生活其中的宇宙就注定要出现，同样，生命体的出现也不可避免。它们的出现并不需要什么特殊的原因：这件事必然要发生。

然而，这个论点只有在赌徒的谬误不再是错误的情况下才成立。我们必须先假设有不计其数的宇宙存在，但事实上我们是无法发现这些宇宙存在的，也没有任何证据能证明它们的存在。斯温伯恩认为这样解释会更简单并且更好，即只有一个宇宙存在，并且这个宇宙是由上帝设计出来的。

智慧的设计

美国生物化学家迈克·比希（Michael Behe，生于1952年）质疑进化可以解释生物体不可简化的复杂性这一观点。他将不可简化的复杂性定义为"一个由多

若要形成星球，宇宙大爆炸所产生的能量之间不能有超过$1/60^{10}$的差距。这需要精确到好像朝着宇宙可视范围内的另一头射击一个2.5厘米的靶子一样。

个相互作用的部分组成的系统。这些部分有助于系统基本作用的发挥,缺少了任何一个部分,这个系统就会失去原有的功能,那么这个系统就有不可还原的复杂性"。这怎么可能?整体不是一次完成某种进化,而是分块进行?没有整体,部分也就没有什么用,更谈不上进化。

我们设计的许多东西其实是不可简化地复杂,比如说一个捕鼠器,要不是所有的部件都齐全并且各司其职,你就永远也逮不着老鼠。比希认为不可简化的复杂性就是设计的证明。推动细菌运动的结构就由40个截然不同的部分组成,缺少其中任何一部分,整个结构就不起作用,细菌也没办法运动。

比希的观点将系统中的每部分只看作某一系统的一部分。但事实上通常会有这样的情况,本来进化后负责某种功能的部分却"当选"去完成其他工作。例如,细菌运动系统中的某些部分在其他部分缺失的情况下也能很好地充当细胞泵。然而,它们最初进化的时候,可能跟细胞的运动一点关系都没有。

同样,随着有机体不断进化,最初小的调整最后可能会成为有机体的关键组成部分。比如,充当肺的鳔对需要在岸上做短暂停留的鱼类帮助很大,但它们却不是绝对必要的。这些鱼类进化成陆栖生物之后,肺对它们的生存才起了关键作用。但是,这并不是说肺不能用自然选择来解释。自然选择能够解释不可简化的复杂性。

这种微生物的推进式"尾巴"有许多起作用的部分。比希把这些部分的相互配合看作是智慧设计的表现。

"细胞本身太复杂,复杂到难以随机地进化;这背后需要有无穷的智慧来进行创造。"

——迈克·比希《分子机器》(*Molecular Machines*,1998)

通过宗教体验感知上帝

对哲学上宗教体验的讨论通常集中于个体感觉他们能够直接感知上帝的这些体验。为了证明这些对上帝的感知是真实的,有些哲学家就把这些体验比作感官知觉——即通过感觉官能对其他人或事物的直接感知。除非有很好的理由能够怀疑这些感官知觉,通常我们还是将知觉经验看作是真实的,也就是说它们源于现实并且如实地反映了现实。除此之外,其他人相似的知觉经验也证明了知觉经验准确地反映了现实世界。

同样,各种宗教体验之间也具有惊人的相似之处,尽管它们是在不同的情况下发生在不同的人身上的。对这些宗教体验最好的解释是它们都是真实的,这其实也是它们共同的本质:换句话说,它们是对某种神圣事物的真实体验。因此,说上帝存在也是有道理的。

威廉·詹姆斯(见313页)仔细研究过宗教体验之间的相似之处。他发现就像知觉一样,宗教体验也是经验性的,跟思考上帝大不相同。然而,它们跟任何一种具体的感觉官能(如视力或者听力)都没有任何联系。就算是看到了什么或者是"听到了"什么圣训,这些体验也只是没有实质感官内容的感觉经验的一部分。那些有过宗教体验的人会觉得他们直接感知到了上帝。这种知觉可能会暂时覆盖所有其他事物,有时甚至会使得感知者和感知的内容之间的界限消失,即常说的"神秘的结合"。

詹姆士认为,宗教体验的关键是对"不可见的"的现实存在的直接感知。这种感知可能难以用言语来形容,甚至可能很难用常见的词去想象它。在这种情况

> # "我的灵魂现在只为上帝感到欣喜。"
> ——圣女大德兰(1515—1582)

在宗教体验最专注的时刻,像圣女大德兰(St Theresa of Avila)这样的神秘主义者能够非常清晰地感觉到上帝的存在,甚至会完全觉察不到自我的独立存在。

下，概念化出现了，使得人们能够表达他们所经历的体验。

感官与宗教体验之间的类比性是否强到足以让人们推知宗教体验是真实可信的？感官经验是我们生活的一部分，我们每个人都经历过。它为我们提供了更高层次的信息和细节，就像常说的，"百闻不如一见"。与之相对照的是，只有某些人才会有宗教体验，并且是很少的人。

这又有什么关系呢？如果只有很少的人能看懂一幅未来主义的画，那些人就是错的或者不可信的吗？我们不能根据人数的多少来决定事物的真实性。

稀有的和错误的

然而，有反对意见说因为宗教体验很少见，我们不能只根据这么少的体验就假设他们是真实可信的。我们相信感官的原因之一是因为感官经验广泛存在，很常见，并且提供许多信息。我们还可以用一种感官来检验另一种。比如，我能看见我前面的桌子上有一本书，同时我也能感觉到它在那儿。但是，与之不同的是，宗教体验却不能通过其他的感官来证明。值得注意的是，很多宗教体验都与视觉或其他很明显是"感官的"经验相关。举个例子来说，有的人可能会看见一个天使或者是一丛燃烧着的灌木出现在他们面前。有趣的是，宗教体验在不同的信仰体系里会截然不同。天主教徒看见的常是圣母玛丽亚，古罗马人看见的是宙斯，而古北欧人看见的却是他们的神奥丁。这些不同之处表明宗教体验在很大程度上受到主体期望的限制。一旦我们承认了这些体验至少有一部分是我们自己的编造，那么它就会非常有力地说明所有的宗教体验可能都是我们自己的编造。

文化差异

在认识事物的颜色、大小、硬度等方面，不同的文化基本上都采用了相似的方法。但是宗教体验在不同的文化里却常常产生不同的对神的观点，如基督教里有上帝，佛教里却讲"空"。就算有了这种差异，为什么我们仍会认为所有的宗教体验都是关于上帝的呢？也许宗教体验永远都不能为我们提供一个完整的神学体系。它只能给我们一个关于神灵的存在和本性的暗示。就像法庭上的证人一样，他们经历了同一件事，但他们却可能对此事有不同的看法。

不同的文化对神的描述各不相同。图为印度教的主神之一毗湿奴（Vishnu）。

真正的宗教体验可能完全令人信服。但是难道宗教体验上的巨大差异，以及宗教体验很明显要受到主体愿望的强烈影响这一事实，都不足以促使我们小心翼翼地对待宗教体验这个问题吗？

没有多少人能够确定无疑地认出这把椅子就是路易十五时期的风格，但这并不是说我们一定要怀疑那些能够说出正确答案的人。

弗洛伊德谈宗教体验

奥地利人西格蒙德·弗洛伊德（Sigmund Freud，1856—1936）是精神分析学派的创始人。他认为宗教体验就是如梦境一样的幻觉，由内心深处长久没有得到表达的焦虑和渴望引发。在自然的不可控力量面前我们无能为力，甚至会觉得脆弱和沮丧。就像没有安全感的孩子，我们渴望得到保护，而宗教信仰恰好满足了我们这方面的需要。

梦还是现实？

弗洛伊德主张梦是潜意识中强烈渴望的产物。他认为宗教体验也是由相同的原因引起的。它们是我们清醒时产生的幻觉，源于我们对安全和意义的渴望。这一点恰好能够说明它们的特征。如果它们是幻觉，我们就会把它们理解为体验而不是思想。再考虑到潜意识中渴望的巨大力量，宗教体验也会要求大量的情感投入。因为希望是抽象的，这种体验就不会要求任何一种具体的感官形式。人们会觉得好像还有什么东西正在"那儿"等着我们，它能给我们信心和安慰，并能帮我们理解生命的意义。

有些人反驳说就算宗教体验源于潜意识下的希望，如果我们来自于上帝，那么我们最强烈的渴望也应该是建立与上帝的联系。因此在弗洛伊德的观点中，潜意识下的渴望比恐惧更能够引起人们对宗教的信仰。

> **"宗教信仰'满足了'人类最古老、最强烈并且最迫切的愿望。"**
>
> ——西格蒙德·弗洛伊德《幻象之未来》
> (*The Future of an Illusion*)

正如席里柯（Gericault）在《梅杜萨之筏》（*The Raft of the Medusa*）里所描述的那样，我们在无情的自然面前所表现出来的**脆弱**，让我们对安全无比地渴望。

邪恶问题

上帝通常被描写成完美无瑕,全知全能,并且无所不在的。如果这是真的,那我们就可以认为上帝不仅想要清除恶,而且他还有能力这么做,并且他知道该怎么做。但是这又引起了一个问题:恶为什么会存在?因为上帝不存在吗?

理解这个论点

"恶"在这里指什么?人们通常用这个词指代道德上错误的行为或动机,即我们常说的"道德上的恶"。然而,在这个论点中,恶同样也包括由非道德事件引起的苦难,比如由地震、疾病、动物捕食行为等引起的死亡和伤痛。我们可以把这一类恶称作"自然的恶",它在恶的问题的哲学回答中有很重要的作用。

第二个需要说明的问题是我们的论点如何才能成立。论点的一种称作恶的逻辑问题的形式认为恶在世界上的存在在逻辑上与良善、全知全能、无所不在的上帝的存在不协调。这种观点通过演绎(见195页)的方法来形成自己的论点。

对于恶的存在与上帝的存在不相协调这一说法,我们必须要先假设上帝是良善的,他有除尽世界上的恶的愿望。但如果有些恶的存在有利于某些更大的善的话,这个假设就不能成立。比如,如果没有感觉到痛,我们就永远学不会忍耐;有时为了得到爱,我们不得不放弃我们的所爱作为必需的代价。

就像英国著名诗人丁尼生(Tennyson)

因为动物和人遭受的由自然灾害引起的巨大痛苦和磨难,一个仁慈全能上帝的**存在**受到质疑。

所说的那样,"宁可曾经爱过而失败,也不要从来未曾有过一次爱"。

对恶的逻辑问题持反对意见的人认为,为了让这个世界变得更好,有的恶必须存在。而且,他们还认为除非我们有恶来与善做对比,从而显出善的好处,否则我们就不会欣赏善的事物并且像现在这样渴求善。因此,上帝不希望清除所有的恶。但即使我们接受了这一观点,上帝想要清除所有不必要的恶也是无可争议的。这就将我们引入论点的另一种形式。

像地震、洪水和干旱之类的**自然灾害**常被称作是"**上帝的行为**"。然而,很难想象它们的发生能有利于更大的善。

恶的证据性问题

恶的证据性问题认为恶的数量以及分布与一个善良、全知全能、无所不在上帝的存在不协调。这种观点用归纳(见196—197页)的方法来形成自己的论点。换句话说,恶在这个世界上的存在很好地证明了上帝不存在这个观点。

很明显恶在人类和动物之间都没有均匀地分布。有些人比其他人受到恶的折磨更多,有时无辜的人却要遭受巨大的痛苦和磨难。比如,孩子可能会死于疾病,动物在洪水或干旱时也会遭殃。而这些苦难正是一个全知全能的、无所不在的、善良仁慈的上帝想要清除的。因此,即使恶对某些更大的善来说是必要的,但需要这么多的恶吗?

神义论是一种试图为恶辩护的论点,它想要证明恶的存在与全知全能、无所不在并且良善上帝的存在相容。必要之恶就是一种神义论,同样,那种认为恶是我们自由意志(见下一页)的产物以及恶对我们的道德和精神发展(见156页)必不可少的观点都是神义论。神义论只有在能够证明这个世界在某种程度上是所有可能性中最好的,任何一点恶的减少都会导致某些重要的善的丢失的前提下才能成立。

恶的存在没有好的理由?

对恶的证据性问题依靠直觉:没有好的原因能够为这个世界上恶的数量和分布作出辩护。宗教信仰者可能会说我们还不确定是否有好的原因,也可能所有的恶都有更高级的目的。然而我们不知道也不可能知道那个目的是什么,而恶又怎样达到这个目的。但我们又有什么原因去这样想呢?会不会有这样一个更高级的目的?如果不可能,那么宗教信仰者的回答就十分像怀疑主义了(见50页),它把自己建立在我们还不确定的基础之上。这样一种对未知的依赖需要一个好的原因作为支持。例如,上帝的启示说万物都是向善的就算不上好原因。如果上帝的存在不是真的,那么来自于上帝的启示也不可能是真的。除非我们解决了恶的问题,否则我们将不会知道上帝的存在是否是真的。

自由意志是导致恶的原因吗？

一种神义论主张恶是由我们行使自由意志的方式导致的。上帝给了我们自由意志，这本来是件非常好的事。但是，由于我们在道德上有缺陷，所以我们并不总是用自己的自由意志来做好事，我们有时甚至会用它来作恶。但是，这一论点也认为，拥有自由意志并且因为不当的行使而导致恶仍比没有自由意志要好。

恶与"人类的堕落"

我们提到过的神义论很明显只是在为道德上的恶辩解。但是，基督教的哲学家圣奥古斯丁（见256—257页）却认为自然的恶也源自于道德上的恶——尤其源于《圣经》中描述的一件事。亚当和夏娃选择拒绝顺从上帝，从而导致了"人类的堕落"。这个超自然的从神到人的变化永远改变了自然界和人类。堕落的后果是人与动物之间的敌对，分娩时的痛苦，以及我们为了生存而不得不忍受的磨难（见《创世纪》3：15—19）。因此，所有的恶，不管是自然的还是道德上的，都是由人的选择的自由导致的。

相对来说，很少有人现在相信"人

奥古斯丁认为亚当和夏娃第一次对自由意志的滥用就导致了整个人类与自然界的敌对。

类的堕落"是一个历史事件。科学告诉我们在人类出现很久以前，动物就已经在遭受磨难了，因此，人类的自由意志不可能是自然恶的产生原因。就算是"人类的堕落"引起了自然的恶，那这看起来也太不公平了。为什么因为两个人在很久以前做出的决定，就要使后来的动物和孩子都受罪呢？自由意志的确很好，但这并不是说我们永远都不应该干涉它。我们不能仅仅因为一个谋杀犯的自由意志的价值而不阻止他杀人。但是，为什么上帝就能呢？有人说是因为上帝不得不对很多人的自由意志加以阻止才能杜绝所有由我们引起的恶，但是这样也破坏了自由意志的本质。

由于"人类的堕落"，我们不得不在脚下的土地上卖命劳作，艰难度日。

造灵谷

有的人相信恶对道德和灵魂的发展必不可少。而一个道德和灵魂有所发展的世界当然比一个道德和灵魂没有发展的世界要好。没有恶（包括自然的恶和道德上的恶）来作为参照和纠正的对象，美德就不再是美德。比如，要是没有真正的危险让我们去面对，我们就不可能是勇敢的；同样，要是没有人需要我们的帮助，我们也不可能是慈善的。这就好像诗人约翰·济慈（John Keats, 1795—1821）所描述的那样，这个世界是个"造灵谷"。他问道："你难道还不明白，一个充满痛苦和疑难的世界对锻炼一个人并且将他塑造为一个灵魂高尚的人是多么必需的吗？"

但是难道为了让灵魂变得更加美好，恶的存在就理所当然了吗？难道上帝不能在创造我们之初就让我们拥有高尚的品德吗？美国哲学家约翰·希克（John Hick, 1922—）对此认为，一个通过经历并且战胜恶而变善的人要比一个生来就善的人更加懂得善。就像常言说的，没有播种，就没有收获。这个神义论只有在所有的恶都会促进灵魂的发展时才会成立，但实际上这个前提并不会发生。很多人遭受的痛苦太多以至于他们的信心都被摧毁了，比如那些从来没有走出过被虐待阴影的孩子。而有些人在他们的人生快要走完的时候才遭受重大痛苦，此时他们也没有更多的时间来重新振作。另有一些人灵魂上得到了发展，但却根本没有受到过什么苦。还有一些人年纪轻轻就去世了，他们就没有什么机会来发展自己的灵魂。

一种对这些现象比较积极的看法是，他们的苦难也帮助了我们。理查德·斯温伯恩（见146页）认为如果恶完全符合善的发展需要，并且可以被预测的话，那么有两种重要的美德将尤其不可能得到发展，即信任和希望。这两种美德要求高度的不可预见性，因为如果恶是有理性的，我们就完全不需要它们了。

有人可能依旧会怀疑为什么善不能制约那些小小的恶，而如果动物没有灵魂上的发展的话，那它们遭受了上亿年的苦难又有什么作用呢？

很多人都认为，在真正的危险面前，激发军人和抢险工作者做出勇敢行为的，不仅仅是服从。

信仰和理性

常有人说信仰和理性在本质上是对立的。然而,信仰主义,即那种认为在宗教信仰问题上信仰超越理性的观点,却不相信这种说法。信仰包括信任和忠诚,但(就像它常常暗示的那样)不包括非理性。

真正的选择

英国数学家兼哲学家威廉·克利福德(William Clifford, 1845—1879)认为"无论是谁,无论在哪儿,只要相信没有充分证据的东西,就会大错特错"。信仰必须通过耐心细致的调查才能建立,而不是通过令人窒息的怀疑。把信仰建立在不充分的证据基础上让我们很容易受骗,并且也弱化了我们的认知能力。

威廉·詹姆斯(见150页)却认为虽然没有足够的证据,但为了事物本身的真实而拥有信念有时也是正确甚至合理的。我们可能会面对一个"真正的选项",这个选项不是建立在证据的基础上,我们可以相信两种可能中的任何一种,例如"上帝存在"或者"上帝不存在"。抉择是重要的,但因此风险也高。在这种情况下,如果我们的理智不能做出决定,那么我们的情感和意志力就必须做出选择。在信仰上,我们有两个目标:不仅要避免错误,而且要发现真理。在日常生活中我们常常需要在形成信仰的同时接受一定的犯错误的风险。比如,当我们开始与一个人交朋友的时候我们是信任他们的。这要求我们在有足够的证据证明他们的可信度之前要有这样的"信仰",即他们是值得信任的。因此我们的意志力并不总是错误地影响我们的信仰。

虽然宗教信仰涉及的事情很重要,但是信仰或者不信仰却不是直接就能做出选择的:比如,信仰哪个神?信仰哪个教?但这也不是说选择会带来严重的后果:我们能肯定地说上帝只赐予那些信仰者永恒的生命吗?因此可能宗教信仰问题还不是一个真正的选项。

信仰和理性

有些基督教信仰主义者强调信仰先于理性。他们认为罪恶损坏了我们通向理性的能力,我们认为是"理性的"或者是"合理的"东西可能只是我们的傲慢或者自我中心意识的一种反映。如果我们依靠理性,那么我们就永远不会知道上帝和我们自己的真实情况。而信仰就是对这个问题的弥补:在宗教问题上,只有信仰才值得依靠。然而,天主教却拒绝相信这种观点。

1998年,教皇约翰·保罗二世在他的通谕《信仰和理性》(Fides et Ratio)中说道,理性的知识和哲学性的话语对"信仰上帝"很重要。

> "我们不能寄希望于保持怀疑,或期待将来的揭示来逃避(信仰这个)问题。"
>
> ——威廉·詹姆斯《信仰的意志》(The Will to Belief)

冒险行动

索伦·克尔凯郭尔（Soren Kierkegaard，见310页）认为宗教不是一种哲学系统，因此我们也不应该用哲学的方法来估量宗教信仰。真正的信仰以狂热的忠诚为特点；"理性地"形成的信仰不是真正的信仰，因此也不可能对一个人的生活产生影响。信仰不仅仅是我们相信什么的问题，而且也是我们如何相信的问题。使信仰得以与众据他的说法，我们"不能相信非理性的东西而不相信理性的东西，虽然我们会害怕它，因为理性的东西会看穿非理性的东西并阻止我们去相信它"。

换句话说，宗教信仰之所以不可理解是因为它在理性的范围之外。但是理性能够认识到它自己是有局限的，所以信仰可能存在于这些局限之外就不足为奇了。

"如果我能通过理性的方式理解上帝，我就不会有信仰，但是因为我不能，我就必须有信仰。"

——克尔凯郭尔《哲学片断》（*Philosophical Fragments*）

不同的忠诚要求我们做出一个决定，一种某种意义上的进入未知世界的一次跨越。这个决定不是通过理性就能做出的，事实上，它要求客观不确定性。虽然克尔凯郭尔把信仰看作是不可理解的，他也承认理性——如果理性能够发现自己的局限的话——能够帮助我们理解我们对信仰的忠诚。根为了收获信仰，我们必须跨出这一冒险的一步。克尔凯郭尔说，如果信仰是完全非理智的，那么这就会限制我们冒险的能力。但事实上信仰并不是这样。冒险会有风险，但是这个风险不是完全非理性而不能承担的。

对上帝的信仰不是一般的信仰；它本质上更加深刻。克尔凯郭尔认为对上帝的信仰如果能够通过理性达到，那么这样获得的信仰将不会具有真正的忠诚。

证据的平衡

克尔凯郭尔和威廉·詹姆斯(见313页)都认为理性是有局限性的,有一些问题理性还不能做出回答。理性能够发现它自身的局限,同时它也能够认识到在它自身受到限制时,信仰仍旧能够正常工作。这两个哲学家都不会拒绝理性本身,但是他们拒绝理性能够决定所有关于真理的事物这一观点,同样他们也不认可所有的信仰应该建立在现有的证据基础上这一看法。

冒险还是不冒险?

是不是理性和证据都不能解释上帝存在的问题呢?很多哲学家相信恶的存在这个问题(见153—155页)提供了非常有说服力并且理性的证据证明上帝不存在,虽然他们也承认理性是有局限的。同时他们也相信如果信仰超越了理性的理解范围,那么一个全能的上帝的存在是非常不可能的。

克尔凯郭尔和威廉·詹姆斯相信因为信仰不是非理智的,所以我们能够尝试信仰某种宗教的这一冒险行动。当然,他们假设信仰上帝不是像相信童话或者传说中的妖怪那样非理智。但是或许克尔凯郭尔和威廉·詹姆斯错了。也许信仰是很不理智的。在能够证明信仰上帝是彻底的不理智行为的反对意见面前,那些坚持认为信仰上帝不是非理智的人就得找出证据来支持他们脆弱的立场。光靠强调信仰需要冒险性的跨越是不能解决这个问题的。

> **理性的局限:**
>
> 将信仰建立在理性和证据的基础上真的就那么简单吗?想一想以下这几种可能性吧。
> 1. 信仰上帝跟不信仰上帝一样的理智(证明二者的证据正好平衡);
> 2. 我们不能知道证据的平衡是什么;
> 3. 因为某些原因,我们的信仰需要比二者的证据所能允许的更加坚定,因此我们不能只考虑证据,而且还应该考虑其他东西;
>
> 信仰主义者(见157页)到目前为止还没有坚持可能性1,但是他们的一些论据支持可能性2和3。他们认为虽然理性不能回答我们是否应该相信上帝这个问题,这并不意味着我们没有理由相信上帝。

政治哲学

政治哲学是关于我们如何组织社会的学说。它既讨论我们实际上是如何组织的,也讨论我们如何才能组织得更好。众所周知,政治学的核心观点包括自由、平等、公正、权利等。而政治哲学的挑战正在于如何发现这些核心观点的真正含义,以及如何让它们共同发挥作用。

哲学家们至少从古希腊时代开始就在关注政治。柏拉图的《理想国》(*Republic*)描述了这位伟大的思想家对于一个理想的政治团体应该怎样运作的构想,并且成为一个延续至今的辩论话题的举足轻重同时也充满争议的起点。从柏拉图和亚里士多德直到20世纪的约翰·罗尔斯(John Rawls)和查尔斯·泰勒(Charles Taylor),哲学家们都在试图回答所有政治理论的最基本问题:我们如何在一起生活?

这个问题不可回避,因为人类是社会性的动物,天性就是群居的。我们的生活与无数其他人的生活紧密交织在一起。这些人当中有一些我们非常了解,有一些我们只是模糊地知道,但是大多数我们永远也不会认识。因此我们必须关注如何与这些人一起生活,而这就是政治的核心。

这是一幅**很强政治性的宣传画,**意在扩大非西方国家人民的选举权。政治关注的是我们怎样一起生活,政治上的变动会影响到我们所有人。

毫无疑问,我们需要与政治打交道。政治牵涉我们所有人,比如,法律应该公平;任何一个阶级或阶层都不应该压迫我们;政府应该由民主选举产生,因此也应该是负责任的;我们不仅应该知道我们自己的权利,也应该知道我们对他人负有的责任。从暴政到迫害再到种族灭绝,历史上由于政治上的错误——即没有找到正确的在一起生活的方式而导致的严重后果数不胜数。

理解自由

研究政治哲学就是尝试将这种思考方式向更高级的阶段发展,就是追问形成并且塑造我们政治生活的核心观点,比如公正、平等和自由。在现代政治哲学中,这些观点中最重要的是自由。理解这一概念所起的作用本身很重要,但是它在政治领域也阐释了许多其他问题。其中最值得一提的是,它把我们带到了政治哲学最具争议性的问题之一:为什么要服从国家?

politics
自由理想

个人自由是自由主义的最高准则。它捍卫着公民按照自己选择的方式行动和言论的权利。自由主义的理想就是一个公民能够自由地追求他/她心目中的美好生活,不管这个生活是怎样的,都不会有来自国家的干涉。

消极自由

任何人,无论他/她是谁,当被问到的时候,都会说自由是个好东西。这其中做缘由不难看出。自由意味着能够为自己做出决定,能够拥有自己的生活,总而言之,能够由自己做主。当代社会的典型特点之一便是这样的自由受到高度重视。

想一想我们拥有的最简单的自由,即想去哪儿就去哪儿的自由。当我们把罪犯关进牢里以示惩罚的时候,我们就剥夺了他们走动的自由。除了走动的自由,毫无疑问还应该有表达言论的自由,信仰任一宗教或不信教的自由,结婚或单身的自由。否定这些自由中的任何一个都会引起公众的愤怒。

自由有没有什么界限呢?同前面一样,人们不必向一个政治哲学家寻求这个问题的答案。大多数人都会认为当人们用他们的自由来伤害其他人时,自由就必须有个界限。自由地驾车当然很好,但是当司机把车开到拥挤的人行道上时这种自由就不好了。我有拿着枪打猎的自由,但我却不能仅仅因为喜欢听打枪的声音就拿着枪在市中心乱扫一通。

自由主义努力想要建立一个多样化和差异性能被容忍甚至赞颂的社会。在这样的社会里,国家的权力是用来保卫个人自由,而不是用来限制个人自由的。

因此，我们可以用"伤害原则"来表述这样的自由，即一个人只要不对其他人造成伤害，那么他就应该能够自由地做他想做的任何事。换句话说，自由的实质就是没有约束。所以，国家的作用就是保证由自由个人组成的社会能够顺利运转，而且国家执行的所有法律都应该以这一目的为目标。

这种对自由的看法一直以来被叫作"消极的自由"。说它消极是因为个人按照自己的意愿做事的自由来自于国家做出的退让，从而让人们自己决定如何过自己的生活。这就好像国家给了公民一张白纸，让他们撰写自己的人生。国家事实上是中立的，它并没有坚持要公民做出特定的某一套选择。国家所要求的只是公民在追求自己的选择的时候不要伤害其他人。

也许对消极自由最广泛也最巧妙的说法存在于约翰·斯图亚特·穆勒写于1859年的《论自由》(*On Liberty*，见308—309页)一书里。同时，这部书还提出了对自由主义的经典理解，即自由主义是消极地理解自由、个人和国家的政治哲学。

在自由的议程表上，**居首位的是**创造一个独立自主的个人能够像浪漫式英雄那样自由地过自己生活的社会。

自由主义与不平等

自由主义的两大关键原则是伤害原则和中立的国家。对自由主义者来说，个人自由选择的权利比选择的内容还要重要。因此即使一个选择看起来是错误的或者愚蠢的，也应该由个体而不是由国家来决定什么是最好的。

这种做法的很明显后果之一是人们会做出不同的选择，采用不同的价值体系，追求不同的目标。承认这一后果就是承认了多元主义。在一个多元的社会，国家充当的是不同生活习惯和价值体系之间的中立裁判员，不偏向任何一方。结果，在公与私之间就划定了一条清晰的分界线，前者包括国家，后者包括社会，即个体以及他们的人际关系、职业等。

这样做的结果是在自由主义、多元的国家中经济会是自由市场式的，即资本主义。这就把我们引入自由主义者接受的第三个概念：不平等。个体在市场上相互竞争的时候总会产生赢家和输家。虽然个体能够自由地做出自己的选择，但并不是所有的选择都是明智或者幸运的，而这就不可避免地在商品占有上产生了不平等。

自由主义

对不平等的态度很清晰地区别出自由主义的两大主要派别——自由意志主义和社会民主主义（见170—171页）。自由意志主义对不平等更加宽容。它努力想要争取个体在自由市场上的"个人"空间内的无限自由。自由意志主义者想要让国家退回到保障安全的核心功能上，即保护公民不受来自内部（即法律约束）和外部（即武装力量）的伤害。这种做法还能将税额保持在尽可能低的水平上，让人们拥有最大的随意支配自己的金钱的自由。

国家的义务只是组织、侦查，并且逮捕那些将要做出伤害行为的人。"伤害"在这里主要指的是对个人的损伤以及对财产的盗窃和损害。因此如果公民生病了，失业了，或者需要教育他们的子女，国家也没有义务提供帮助。如果公民不能支付自己需要的商品和服务，他/她必须依靠其他人的施舍，而其他人也能自由地选择帮助还是不帮助他/她。

在这种对社会的观点下，市场是全能的。如果没有人想要购买你出售的商品，比如，你的劳动力，那么你会发现要得到你想要的或需要的会很难甚至不可能。有了市场作为最强大的表达选择和配置资源的工具，富人和穷人之间可能就会产生巨大的差距——这种自由主义就是一种"富人的自由主义"。自由的个体在市场中竞争只是一个神话。事实上，我们看到的不是竞争的个体，而是行使着巨大权力的公司。最自由的恰好是市场中最大的竞争主体。

在转向自由主义的另一个主要派别——社会——之前，我们有必要研究一下自由主义观点的另外两个方面——社会契约和权利。这两者都和非自由主义的思想家有联系，但却是自由主义将它们的作用强调得最多。

自由意志主义者承认自由必然会导致不平等，但是难道自由市场不是给了赢家们太多的自由吗？

在实践中的伤害原则

根据伤害原则的精神，法律的目的是阻止人们伤害他人。当没有伤害发生时，法律就不应该介入。因此，如果我，一个成年人，知道抽烟可能会损害我的健康但我还是想抽，那么任何人都没有权利阻止我。但是，如果很明显抽烟产生的烟雾会影响周围的人，那么我在其他人周围抽烟的权利就有理由被限制。这就是最近出台的禁止在封闭的公共场合吸烟的法律法规产生的基础。

自由理想

社会契约

社会契约这一理念试图回答这个问题：为什么要服从国家？因为国家的法律、税务，以及警察都会限制个人的自由。但是再想一想相反的情况。如果没有法律，没有国家，你能想做什么就做什么。当然，其他人也能想对你做什么就对你做什么。这就是托马斯·霍布斯（见275页）所描述的"自然的状态"。托马斯·霍布斯见证了英国在1640至1660年间的内战，因此他有证明这种状态会是多么恐怖的第一手资料。没有主权国家，就不会有安全，就不会有和平。

现在我们也许能够知道人们为什么要组成国家了。人们之所以在法律的约束下生活，是因为这一做法能带来长远利益。他们转让一部分权力给国家同时又失去一部分自由，是为了能够更加安全地生活。这就是立在谎言和压迫的基础上，那么它就不仅仅是什么消极自由的外部保护者，而是全社会理性的真正体现，是"公共意志"。

批评

怀疑论者认为，人类不可能在产生之初脑中就有社会契约的概念。契约暗示了市场的存在，而非野外。社会契约理论一直以来都受到批评。人们只把它看作一个神圣化主权个人自由决定国家权力的自由主义幻想。但是要想成为这样的一个主权个体，人们必须是国家制度的产物，而非建立者。契约和制定契约的人都是复杂的创造。就像黑格尔（见302—303页）说的，国家塑造个人，而非个人塑造国家。

对这种批评的最好回应是不把社会契约当成某个假想的历史事件，或者当成

社会契约这个观念提醒统治者们要为了人民的利益而统治，否则，他们就要像英格兰的查理一世一样被推翻。

> **"……自由状态下人们的生活……卑劣、粗暴而且短暂。"**
>
> ——托马斯·霍布斯《利维坦》（*Leviathan*）

契约：国家可以命令公民，只要他/她是在国家法律的保护范围之内的。约翰·洛克（见282—283页）断言当国家变得暴虐时，它就破坏了与人民之间的社会契约。一个欺压人民的国家就像一头处于"自然状态"下的野兽，没有资格再进行统治。人民也就有义务推翻这样的政府。

根据卢梭（见292—293页）的观点，如果社会契约是基于双方自愿而非建我们个体必须要签署的某种东西，而是应该像自由主义哲学家约翰·罗尔斯（John Rawls，见340页）所说的那样，把社会契约看成一种思想实验——一种帮助我们思考国家的目的、国家对公民的责任以及国家对自身责任的方法。换句话说，社会契约是一种我们自己草拟出来捍卫我们在一个公正的社会里的（消极的）自由契约。

法国妇女参政权论者踢翻投票箱,扰乱选举现场。图的上方放置着一尊玛丽安的半身塑像;在法国大革命期间,妇女的共和组织请求给予妇女投票权,但是在新的民法《拿破仑法典》里她们的请求却遭到了拒绝。

权利

政治的自由主义主张的另一个关键点是权利。简单地说，权利就是一个不可转让的声明。如果你有权利拥有某物或做某事，那么没有什么能阻止你拥有它或者做这件事；而且，其他人还有不可推卸的义务要允许甚至帮助你行使这项权利。权利可以看作是一种捍卫我们的某些自由的手段，它能保护这些自由不受政府权力的侵犯，阻止其他不想承认我们自由的人。

18世纪的**美国和**法国革命充分运用了权利的语言——这里是美国宪法——来挑战国家力量。

权利历来被看作是不可侵犯的，而且还有点儿"前政治"。换句话说，通常政治的程序包括公民之间或公民与政府之间的申诉与反诉，但权利就像一张王牌——一个要求承认某种要求有效的绝对声明，即使这项权利的实现会违背大多数人的利益。

当然，声明某种要求是一种权利是一回事，让其他人承认这项权利又是另一回事。事实上，大多数权利只有经过了那些提出要求的人的不懈斗争才会得到认可。例如，在西方，许多被排除在民主进程之外的群体都为能得到投票权斗争过，包括妇女、工人阶级和黑人。

权利的基础

权利这个想法很吸引人，因为它制衡了社会契约（见167页）。社会契约为国家对公民行使的权力辩护，而权利则限制了国家的作为，并且明确指出哪些自由是国家有义务捍卫的。

有人认为权利的享有源于我们作为人的天性，是由上帝或天性赋予我们的。这种观点将权利看作是我们人性本质的一部分。权利被置于政客或者绝大多数人的影响力之外。但是，这种"自然权利"的缺点在于它没有说清楚我们怎么知道我们有这些权利（难道是凭直觉感知到的吗？），也没有说清楚我们到底可以享有多少权利（还有我们没有发现的权利吗？）同样，这种观点也没有解释为什么在权利的构成问题上人们会有分歧。另外一种看待权利的观点是把权利看作人类的发明——看作政治决定、风俗习惯，或常规惯例的产物。但是，这种观点也存在问题，因为由人类发明的权利不具有自然权利那种强大的前政治力量。毕竟，如果我们可以发明权利，那我们当然也能够改变权利，甚至废除它们。

定义权利

另外一个充满争议的方面是什么能或者不能被当作一种权利。生命、行动自由、言论自由，以及宗教信仰自由都可以算作一种权利。虽然这些权利并没有时时处处得到尊重，但至少它们看起来确实像重要的自由，值得我们为了防止它们受到强权的压制而去捍卫。当然，前面所举出的例子并没有完全包括人们声称自己应该享有的所有权利。如果真把这些权利都列出来那就太多了，还得包括投票权，财产权，雇佣权，以及享受经济资助的权利。这里存在的困难在于能够算作权利的自由越多，留给政治活动的空间也就越少，因为权利就是至高无上的声明，其他的因素，不管有多重要，都不得违背。

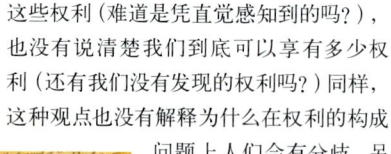

自由主义的理想

这么说来,难道像言论自由这样的权利就应该凌驾于基于礼貌、对宗教或种族的尊重以及公共利益而提出的反对意见之上了吗?当两种权利发生冲突的时候该怎么办?在一些国家,对人工流产的争议就存在支持生命权和妇女选择权两种不同的看法。

尽管有这么荒谬的问题,权利还是要存在。支持革命者就常常利用权利来表达他们对一个更加公正社会的强烈企盼。这部分是由于权利除了限制统治者的权力以外,还给政治增加了一个道德层面,即一个对所有人都要肯定和尊重的要求。这个要求变得越来越强烈,甚至超出了国家的界限,被庄严地写入许多文件,如《联合国人权宣言》。

玛丽·沃斯通克拉夫特

英国作家、女权主义积极活动家玛丽·沃斯通克拉夫特是一个坚持不懈的斗争者。她为了建立一个基于理性、没有产生于偏见和迷信的压迫和偏执的社会而不断奋斗。她有一部叫作《男权辩护》(*A Vindication of the Rights of Men*, 1790)的书。这是一部回击保守主义的爱尔兰哲学家和政治家埃德蒙·伯克(Edmund Burke,见299页)对法国大革命攻击的著作。她最著名的著作是《女权辩护》(*A Vindication of the Rights of Woman*, 1792)。在这部书里她认为女性并非天生就比男人低贱,而是因为男人们剥夺了女人接受良好教育的权利。玛丽·沃斯通克拉夫特还是小说《弗兰肯斯坦》(*Frankenstein*)的作者玛丽·雪莱(Mary Shelley)的母亲。

1957年,美国阿肯色州小石城的黑人学生决定维护自己与白人学生同等的受教育权时,不得不由联邦军队护送着去学校。

社会民主主义

社会契约和权利这两个概念共同搭建起了公正社会——一个深受社会民主主义者推崇的理论框架。

社会主义民主高度重视自由。它与自由意志主义的不同之处在于国家在推广自由上所发挥的作用不同。自由意志主义追求在自由市场上个人自由的最大化和国家作用的最小化。这么一来,自由意志主义可能会加剧不平等,从而引起侵犯穷人自由的连锁反应。比如,要是你没有什么钱,那么疾病、失业以及教育的缺失会使你享有的自由不如你的富裕同胞多。

为了得到自由,你必须要行使选择权,但选择权是建立在财富的基础上的,因此穷人常常就不能享受这种机会。既然贫穷常是一种不幸而非一种选择,那为什么贫穷的人要独自承担战胜贫困的责任呢?

在生活的赛场上,社会民主主义者想要提供平等的机遇,而不是平等的结果。他们的目标是消除不公平,而不是不平等。

一个公正平等的社会

社会民主主义很重视社会的公正与平等。它指责自由意志主义缺乏公正,并且主张所有人的平等,进而消除非正义的不平等。因此国家不得不介入以保证人人享有平等的机遇,减少自由市场上粗暴的不平等。这些干预措施常以使教育、医疗和社会福利系统免费或者在人民的支付能力范围之内为目的,以此提高享受生活机会的平等性。

这种观点仍是自由意志主义的一种变化形式,因为社会民主主义者容忍不平等的存在。国家努力想要保证的是机遇的平等,而非结果的平等,这就好像在田径比赛的起跑点上,外道选手的起跑点要比内道选手的起跑点更往前,以保证所有参赛选手机会均等——但就算这样也不是每个人都会赢。

建立一个社会民主主义国家要比建一个自由意志主义下的最小国家成本更高。额外的支出部分只能来自税收,而税收主要由富人缴纳。就算像这样向富人征税是公平的,这种"机会均等"模式仍有值得批判之处。社会民主主义者好像在极力支持消极自由以及与之伴随的不同结果,同时,他们又在试图进行干预以便把最坏的影响降到最少。

《第四个庄园》(*The Fourth Estate*)是意大利工人运动中的标志性人物朱塞佩·达·沃尔佩多(Giuseppe da Volpedo)的作品。该画生动地描绘了一个团结的谋求社会公平的下层阶级。

自由理想

积极的行动

与真正的田径比赛不同,社会民主主义者要做的不仅仅是保证每个人都有一个公平的起点,他们还要不停地进行干预以修正这个如果放任不管便会导致阶级分化的体制。

举个例子来说,假设有两个家庭,其中一个的主要收入者是工资很高的律师,而另一个的主要收入者则从事低收入的职业,比如清扫大街。律师的总收入是扫大街的好几倍。虽然国家会为贫穷人家的孩子提供教育,但是律师更丰厚的收入将能够让他们的孩子享受与众不同的人生机遇,而他们的孩子还会将这种不同传给自己的后代。

国家既要进行干预以保证机会均等,又要为了个人的自由不做干涉。这样的结果是刺激了向上的社会迁移,同时又牢牢地保护了一个受惠于父母的财富和人际关系的阶层。

定义公正

公正是在理论上所有人都支持但在实践中却很少有人赞同的某种东西。它最初关注的是公平,是人与人之间的好与坏在道德上的正确分布。一种观点认为"每个人都应该受到相同的对待,除非他们之间有一个相对的差异"。换句话说,如果有一块蛋糕和两个完全相同的人,那么给他们每个人等份的蛋糕就是公平和公正的。但现实中没有两个人是一样的,因此什么是可能影响你分蛋糕方式的相对的差异呢?你可能想把更大的那一份给一个营养不良的人(以需要为标准),或者是给那个帮你烤蛋糕的人(以功劳为标准)。而这些只是可以作为分蛋糕标准的众多差异中的两个。公正以及相对差异都不容易判定,并且这其中还常常充满激烈的竞争。

公共利益

自由主义强调个体选择的重要性。它把国家看作是捍卫个体选择权同时又不干涉什么是好的选择的机构。对这种观点的挑战之一来自于那些被广泛称作社群主义者的哲学家。

从权利到责任

"社群"在政治哲学中是个有点模糊的概念,但它的应用正标志着政治哲学强调的重点从个体向公民的重要转移。社群主义者强调公共利益,而不是个人的权利和自由。他们认为发展个人的选择权常常损害了公共利益。就拿城市的交通来说。人们行使他们开车到市中心工作、购物和娱乐的自由权利,其结果就是交通拥堵、事故和污染。社群主义者对此做出的回答是限制甚至禁止城市的汽车使用,并且鼓励其他交通手段的发展。社群主义者的这种解决办法表明,为了整个社群的利益而限制个人的自由是完全可以的。社群主义者指责自由主义者以公共利益为代价,只自私地关注个人的权利和利益。个人主义只是一种想要顺从个人意愿的单方面要求,它忽视了对一个繁荣社会的发展至关重要的职责和义务。但是,如果人们想要公平的审判,那他们就得参与陪审团的工作;如果想要为人父母,他们就必须要承担责任;如果想要社会安定,他们就必须要在社群中发挥作用。

自由主义的批评家们想要把政治辩论和集体决议还原为公民生活的中心部分,就好像前几个世纪一样。

社会性的动物

社群主义者的观点能够一直上溯到亚里士多德(见248—249页),他提出"人是一种政治动物"——一种特殊的既非神也非兽的动物,一种社会性动物。这种政治性的动物是由社会塑造出来的。

只关注个人的自由忽视了所有那些塑造我们的东西,这些东西几乎都不是有意识

团结

社群主义者强调好的社会需要提供给个人的不仅仅是权利和自由——它还需要给个人与同胞联系的纽带。团结关注的就是加强组织和社群的联系。一个工会或者福利国家是团结在组织上的一种表现形式。工会增进工人之间的团结,让他们能够一起努力,改善工作环境。而一个福利国家则代表了这样一种观念,即所有的公民都是社会的一分子,都要承担对他人的责任。

在20世纪80年代的波兰,工会组织团结各方力量,促进了民主选举的产生。

选择的结果。我们生于某个家庭,学习一门语言,而且接受了社会的价值体系、风俗习惯和常规惯例。生活于社会的统一体中,我们通过广大的关系网与他人联系起来,随之而来就产生了关爱、依赖、义务等。

自由主义者要么强调单一的个人和他或她的权利,要么关注像普遍"人性"这样的抽象概念。然而,自由主义的观点没有考虑到塑造真正的人的特定社群。"妇女"一般来说是一个抽象的概念,但住在这个村庄里的有这样的家庭、历史、语言、宗教、困惑和渴望的这个伊拉克妇女,却是一个活生生的人。

社群主义者将政治这个概念扩展到国家对个体的约束之外并一直上升到某种我们为了发现自己的人性而必须要关注的东西。他们将使个体能够自由参与到国家的政治生活中去的社会契约(见165页)看作是一种神话。他们相信人们之所以有政治行为是因为人们就是由一个复杂的社会塑造出来的。换句话说,做出理性的选择之前,我必须要具备能够使这些选择得以实现和有意义的态度、能力和目标,而这些需要具备的东西是随着我在某个特定社会中的发展慢慢形成的。所以完全把个

社群主义者认为公民应该积极地参与到社群的决策中去,而不应该让他人为自己做决定。

人的利益和公共利益分别开来是没有道理的。因此,如果我想让那些使我成为自由公民的事物发展得更好,我必须在享受自由的同时承担责任。我必须为了更多人的利益去奋斗。

异议的问题

人们可能接受社群主义的观点但仍旧存有异议。在一个走社群主义路线的国家,持异议者或者不受欢迎的少数分子的命运又会怎样呢?如果我们"活生生的"伊拉克妇女想要反叛她身处的那个文化和社群,那又会怎样呢?社群主义能导致保守或压迫性的实际后果。社群会强迫人们在如何生活以及信仰什么上持统一的观点,并且还压制不同或反对意见,这样,社群有时就会很残酷地对待那些与多数人持不同意见的人。

社群主义者对此回应说他们在某种程度上不反对权利或异议。他们认为,公共利益来自于一个积极的擅长辩论的公民全体,但即使这样,公民也要关心集体,而不能只关注个人选择的狭隘政治。

积极的自由

公共利益和个人自由之间的敌对与其说是真的,还不如说是表面存在的。一些批评家说自由主义者对自由的看法太狭隘。自由不仅仅意味着拥有实现欲望的机会。理解这些欲望的本质也同样重要。有些欲望不受欢迎,比如难以抑制的购物冲动或者对赌博的沉迷。批评家认为,屈服于这些欲望有悖于自由的宗旨。我们需要以旁观者的姿态来审视我们的欲望,以辨明什么欲望才是我们真正认同的。如果我们并不认同某种欲望,那我们就在受它的役使,而非自由地行动,尽管我们并没有受到任何人的控制。

我们每个人的自我,以及自我所有的欲望,都部分地是我们作为个体无法选择的社会力量的产物。因此按照我们的欲望去行动根本算不上自由。根据这种推理,真正的自由必须包含另一个评估的层面,即选择

积极自由的**拥护者**想要社会提供一种公共自由——一种公民和体制之间的永久和谐。

或成为什么最好。这才是走向"积极"自由之路。

在这里有两点很重要。第一,欲望受到社会的强烈影响。我们欲望产生的原因既是政治的也是心理的。

"在义务中个人得到解放而达到了实体性的自由。"

——黑格尔(Georg Hegel)《法哲学原理》(*The Philosophy of Right*)

例如，消费主义者的那一套"购物到腿软"的理论，就受到了一种产业的操控，让你买你并不想要或并不需要甚至付不起的东西。

第二，理性也有社会的层面，并不能完全公正地判断什么是好的。因此，第二个，或者"更高级的"评判人的欲望的层面就是让他人来进行评价。个体并不总是知道什么是最好的，这就是我们为什么要讨论问题并采纳他人建议的原因。另外，我们的判断过程常常是模式化了的，不可避免地会包含一些充满评价性的术语，像"公平""不公正""值得""虚伪"等。这些术语也产生于我们生活的这个社会。

社会自由

消极自由重视个人享有多少机遇，积极自由的拥护者们却想要改变阻止人们享受自由的那些社会现象，包括贫穷、无知、消费主义以及自由市场带来的不平等。

对积极自由持反对观点的人认为事实上只有一种自由，即个体选择，并且认为一个能够做出合理判断的人应该想要什么这一观点也是令人疑惑的。这是否会导致以

> **查尔斯·泰勒（1931— ）**
>
> 加拿大人查尔斯·泰勒是自由主义和社群主义之争的关键人物。虽然泰勒不喜欢人们把自己叫作"社群主义者"，他还是指责自由主义对自我的看法太浅薄、太抽象。他认为我们应该从"意义的视界"来理解自由主义，即从他人的关系网的角度，因为这个角度提供给个人稳定的认识世界的背景。没有意义的视界，选择将会变得随意并且最终也没有任何意义。他的著作包括《黑格尔》（*Hegel*, 1975）、《自我的根源》（*The Sources of the Self*, 1989）及《真实性的伦理》（*The Ethics of Authenticity*, 1992）。

令人压抑的集体"自由"为名义对个人的胁迫？这些批评家不赞成这一观点，即个人并不能最好地判断什么有利于他/她，而另外一些力量，比如国家、社群、政党或者领导，则可能会知道得更清楚并替他/她做决定。如果这就是积极自由发展的方向的话，那么这个方向就像一个死胡同。

积极自由的支持者，比如查尔斯·泰勒（Charles Taylor，见本页），认为这些担忧都是没有根据的。在他们看来，真正的自由指的是履行个人对社群的义务，这其中也包括当社群否认了个人的自由时变革这个社群的义务。因此，一个真正称得上自由的社会应该是公民主动承担责任、保护和维持所有能推动社会自由的东西的社会。这种观点有一些非常有力的拥护者，包括罗素、黑格尔和卡尔·马克思。

尽管积极自由有这么强大的支持，反对这种观点的自由主义者仍坚持认为积极自由是一个危险的幻想，而真正的自由存在于个体和他们的选择之中，不管他们的选择是什么。

积极自由的批评者们断言比个人自由"更高级的"自由这一观点在实践中将导致国家的暴政。

自由的未来

"自由就是选择"这一观点不完整甚至还具有误导性。我们的选择和我们对选择的思考都根源于社会和历史的情境,就像激励我们去做出改变的目标和欲望一样。然而,任何一个想要让公民拥有做出自己决定的自由的社会必须对思想观念、生活方式以及宗教归属采取自由主义的立场。自由主义与人们日益强烈的过自己生活的欲望相呼应,即使这些生活在他人看来是错误的或者奇怪的。一个自由的社会是一个即使不受欢迎也很安全的社会。但是,那种让自由市场在塑造社会中起中心作用的自由主义却不能承担自由这一项事业。这就是为什么社会民主主义者努力地想要限制市场的权力。鼓励高效的经济(产生财富)和将财富再次分配给穷人(限制不平等)之间的困难平衡能否在全球化带来的强大跨国力量面前得以保持还有待证明。随着竞争日益激烈,政治想要朝着更加自由意志主义的方向发展也会越来越吃力。

自由主义遭到了很多批评,但是其他主义是不是就更好呢?自由主义者提醒人们不要忘了革命和信仰比自由主义的民主更高级自由的国家的悲惨下场。

虽然积极自由的拥护者们,比如卢梭(见292—293页)和

只有那些曾经被剥夺过**政治自由**的人才会真正珍惜它。纳尔逊·曼德拉(Nelson Mandela,见下图)曾经被南非的种族隔离政府囚禁过27年。

汉娜·阿伦特 （1906—1975）

德国哲学家汉娜·阿伦特认为政治需要一个自由空间，在这个空间内，人们能够自由行动，并且通过他们的一言一行向他人展示自己。在她那个时代，阿伦特发现政治的自由空间不仅受到了纳粹主义和斯大林极权主义的威胁，而且还受到了正在进行的现代自由主义民主进程的威胁。她的著作包括《极权主义的起源》（*The Origins of Totalitarianism*）、《人的境况》（*The Human Condition*）和《纳粹战犯艾克曼在耶路撒冷——关于平庸无奇的罪恶的报道》（*Eichmann in Jerusalem：A Report on the Banality of Evil*, 1963）

马克思（见311—312页），都不用对斯大林（Stalin）时期的苏联或者波尔布特（Pol Pot）时期的柬埔寨的过分做法负有个人责任。

趋于灭亡的政治？

有些现代哲学家为政治的未来，进而也是为自由本身感到担忧。汉娜·阿伦特（Hannah Arendt）相信最大的危险来自于我们这个完全规范化的社会。在这个社会里，再也没有留给人们辩论并发现公共利益需要的公共空间。但是，就像查尔斯·泰勒（见175页）说的，批评家常常很轻易地就分裂成现代性的"吹毛求疵者"或者"支持者"这两大阵营。未来，在他看来，比那些过分简单的态度所显示的还要复杂和有趣。

因为21世纪的真正挑战在本质上将会是全球性的，所以政治哲学家找到国家以外的思考方式就非常重要。乐观主义也有存在的根据，而这根据就在于阿伦特指出的另外一种自由，即人类这种政治动物重新构划，创造与过去不同的未来的自由。政治的未来就是自由的未来。

科学哲学

科学哲学是哲学最古老的分支之一,至少可以追溯到亚里士多德时代。20世纪科技的飞速发展,让哲学家更深入地思考"科学是什么",促使科学哲学迅猛发展,甚至也有助于塑造其未来。

科学哲学是哲学对科学这一现象的研究或反思。科学哲学家不会提出科学问题——那是科学家的工作;而科学哲学家探讨科学的哲学理论。例如,科学是什么?什么能区分科学与非科学?科学观察有何作用?以及科学是怎样进步的?其他问题主要是有关科学的概念,像自然法则是什么?另外哲学还关注我们在假设不曾看到的实物是真实时的合理程度,比如,我们是假设电子真的存在呢?还是把它们当作"有用的虚构"?

证据平衡

科学哲学家提出的一些最核心最重要的问题就是证实。科学家通过观察构建他们相信的理论。然而,那些证实有程度的区别。某个理论也许会有一条证据稍稍证实,或许有十分强有力的证据。我们认为一个科学理论有越有力的证据证明,就越应该去相信它。我们也许会问关于证实的问题:是什么使一个理论比另一个理论的证明更有力?另外一个更基本的问题是我们的科学理论是否都得到证明。18世纪哲学家大卫·休谟认为:尽管我们假设到目前为止我们的观察能够证明科学理论,但事实上那些观察根本就不能证明什么(见90—93页)。如果休谟是对的,那么无论是"地球绕着太阳转"还是"地球的核心是奶酪"都是合理的。休谟提出的这个问题就是"归纳问题",也是许多思想家试图通过哲学去解决的那个问题。

DNA的发现是由威尔金斯·华生(Wilkins Watson)(如图)和克里克(Crick)做出的巨大突破,标志着科学思维的"范式改变"。哲学家认为这意味着新的思维方式。

归纳问题

我们都非常需要归纳推理。我们想到因为在过去太阳每天都升起,我们有理由相信明天它还要升起。但如果哲学家大卫·休谟(见290—291页)是正确的,过去根本没有任何证据证明将会发生什么。

厚望

论证最可靠的形式是演绎。在有效的演绎论证中(见195页),前提逻辑上要导出结论。举一个简单的例子:

苏格拉底是人。
所有人都是要死的。
因此苏格拉底是要死的。

如果你认为前提是正确的,而结论是错误的,那么你将陷入逻辑矛盾之中。

相反,在归纳论证中(见196—197页),前提并不一定保证结论肯定是正确的,前提只是提供证据来证明结论是正确的。例如:

我们目前所看到的每只天鹅都是白色,并不能保证所有的天鹅都是白色的。

第一只天鹅是白色的。
第二只天鹅是白色的。
第三只天鹅是白色的……
第一千只天鹅是白色的。
因此,所有的天鹅都是白色的。

如果我们看到1000只天鹅,它们都是白色的,那么我们就认为所有的天鹅都是白色的。

过去的经验似乎让我们相信一些事将会发生,谁会怀疑明天太阳将要升起?

是白色的。我们相信,论证的前提有理由得出那个结论。但是,即使我们看到的前面1000只天鹅都是白色的,但是下一只就不一定是白色的。这个假设当然没有逻辑矛盾。

我们一直在使用归纳推理。每当我们预测在我们还没有看到的宇宙的其他地方即将发生,正在发生或已经发生的事情的时候,我们就是依靠归纳推理来证明的。

举例来说,我设想我将坐的椅子能支撑我的体重。什么使我相信这点?是,椅子在过去一直都撑起了我的体重,所以我得出结论,它现在也能做到。诚然,椅子在过去撑起了我的体重的事实在逻辑上并不能保证现在也能;椅子可能会塌。不过,我们还是会认为既然椅子以前都撑起了我,它就会继续这样。

科学家也经常运用归纳推理。他们提出的理论都应该适用于所有地点和时间,包括未来。他们通过指出他们所看到的来证明其理论是正确的。但是,现在所看到的东西并不能在逻辑上就推断出未来也是如此。因此,如果科学家要证明理论的正确性,使用演绎论证是做不到的,而必须依靠归纳推理。

自然界是统一的吗?

哲学家大卫·休谟问到我们是否曾经去证明对未观察到的事物得出的结论。休谟说每当我们归纳推理时,我们就做了

"因此,在所有情况下,不是推理(生活的指南)而是习惯决定心智,按照过去来设想未来。"

——大卫·休谟《人性论》(*A Treatise of Human Nature*)

假设。我们假设自然界是统一的,我们假设整个自然界都有相同的基本模式。我们不这样假设又会如何呢?那么我们就不会得出我们该得出的结论。我不会断定说以前总能支撑我的椅子,它现在也会支撑我。这仅仅因为我相信相同的基本规律延展到整个自然界,包括未来,我想这椅子下一次照样能支撑我。但是,休谟就是在这儿发现了一个问题。每当我们归纳推理时,我们都假设自然界是统一的,但是如果我们要证明我们的归纳是一种可靠的得出正确结论的方法时,我们需要证明这个假设。

证明我们的信念

休谟指出有两种可能性。我们也许会试图用经验来证明自然界是统一的断言。或者,我们可能通过指明断言是逻辑真理的一部分,而不是靠经验,来证明这一点。后者的问题是显而易见的。"自然界是统一的"这一断言很清楚不是逻辑真理。尽管我们假设虽然这里的自然界目前是统一的,它不会因为事情的不可预知而突然变得混乱不堪,但是这没有逻辑矛盾。

这样只留下一个可能性证明自然界是统一的假设。我们得靠经验来证明它。我们能够做这个的一个办法就是如果我们能够直接去观察整个自然界,这样我们就

我们怎么知道我们在本地观察到的物理定律将延展到整个宇宙?它可能是拼凑而成的。

可以看到它整个是统一的,但是我们当然不能这样做。我们只能直接地观察到宇宙的一小部分。当然,我们也不能直接观察到未来。

在这种情况下,我们的证明将必须通过以直接观察为基础的推理方法。那么为什么目前我们不能在这里来观察自然界是统一的,并得出"自然界整个也是统一的"结论呢?

当然,问题是这种推理本身是归纳推理。我们将依靠归纳推理。我们将依靠归纳推理来试图表明归纳推理是可靠的。然而,这肯定是一个令人无法接受的循环证明方式,就像相信算命先生那些宣称自己可信的鬼话。这根本不是论证。

当然,休谟的结论听起来很疯狂。我们

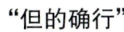

休谟认为,用归纳的手法来证明归纳没有用。这就像相信算命的一样,因为他自称是可信的。休谟的结论是,虽然我们做归纳推理,但我们真的没有证明来设想归纳推理很可能是引导我们得出正确结论的。我们没有理由来设想事情将会按照它过去发展的方式继续发展。虽然我相信当我下次坐在那把椅子上它能撑起我,明天太阳将会一如既往地升起,但令人惊讶的事实是,我一样有理由相信钢笔会慢慢上升到空中,明天早晨1万多公里肩宽的发光充气熊猫会出现在地平线上。

通常认为相信一个1万多公里肩宽的大熊猫将取代太阳的人是疯了。但是,如果休谟是正确的,这种"疯狂"的信念反而会比我们自己相信太阳会升起更加合乎情理。疯子的预言与我们伟大的科学家的一样不合理。

"但的确行"

通过指出归纳推理已经取得了很大的成功来回答休谟的归纳推理问题是非常恰当的。通过归纳推理,科学家已经取得了非凡的成就,包括电灯泡、计算机以及太空旅行和转基因。这些高端科技的成功都取决于归纳推理。难道这还不足以证明归纳推理是实现真理的一个有效的方法吗?

归纳证明的问题,还在于它本身是归纳推理。它指出归纳到现在为止是很成功的,并且

> **"未来类似于过去的假设并没有任何形式的论证基础,而是完全出自习惯。"**
> ——大卫·休谟《人性论》(*A Treatise of Human Nature*)

将来有可能继续成功。但是，我们再次遇到了循环问题：使用归纳来证明归纳就像信任广告说它信得过。

呼吁理性

虽然我们相信我们有理由对未来得出结论，我们最伟大的科学家的预测比一个疯子的话更正确，但是，休谟却似乎惊奇地表明这些信念是完全不合理的。哲学家继续埋头处理这个棘手的问题。有人认为"理性的"这个词的含义是：演绎或归纳推理，因此，我们不需要理由宣称"归纳是理性的"，不必证明我们的信念——所有的单身汉是未婚的，或所有的母亲是女性。不管怎样，这些断言是需要分析的（见66—67页），或"忠实于定义"。

这种看法的问题在于即使我们接

如果休谟是正确的，那么就可能见到马的躯体戏耍人体躯干，或者相反。

通过运用归纳推理，科学家取得了惊人的成果。人类在月球上行走，难道不能表明归纳是可靠的吗？

受"归纳是理性的"属于"忠实于定义"的说法，其问题只是往后推延了。休谟问我们如何才能知道归纳就一定让我们相信真正的未来。如果我们坚持认为"归纳是理性的"属于"忠实于定义"，那就又产生另一个问题：我们凭什么认为"理性"就一定让我们相信真正的未来？为什么我们认为"理性"是对未来的可靠的指南，而不指疯子的猜测？

归纳问题促使一些思想家去寻求建立科学真理的其他途径。

休谟的理论究竟有多激进？

对于那些刚入门哲学的人来说很容易低估休谟对归纳的激进的立场。他的结论初看起来并不是说我们完全不能肯定将来会发生什么。我们都一致认为，当谈到预测未来时至少还有出现错误的空间。相反，休谟的观点是我们没有任何理由相信事物将继续以现有的方式发展。如果休谟是正确的，那么科学就是完全不理性的活动，和科学家的预测与疯子的一样不可信。

"疯子科学家" 只出现于小说，但是休谟认为，所有科学家使用的归纳推理的行为多少有点疯狂，因为它还没有合理的依据。

证伪主义

哲学家卡尔·波普尔（Karl Popper）（见332页）为休谟的"归纳问题"提供了一个激进的解决方案（见180—185页），也留下了对科学理论的疑问。波普尔认为，科学不依赖归纳，但它的发展却是通过理论的"证伪"。

排除错误

假设我相信所有的天鹅都是白色的。然而在新西兰访问期间，我看到了一只黑天鹅，我的观测有黑天鹅就证明了我原来的想法，所有的天鹅都是白色的，是不真实的。

注意，这里使用的推理是演绎，而不是归纳（见194—197页）：

我观察到以下情况是真实的：有一只不是白色的天鹅。

这个说法的真实性就表明我的"所有的天鹅都是白色的"理论是错误的。

波普尔的观点是科学进步不是通过归纳推理来证明其理论，而是通过演绎推理证伪其理论。科学家建构理论并推导出可测试的结果。那些没有得到证伪的理论被保留，那些得到证伪的就被丢弃。他们也还要进行测试，那些被发现是错误的理论被抛弃，如此类推。请注意，由于证伪不含归纳推理，休谟的归纳问题只是衍生的。波普尔对科学进步的解释是试图避免而不是解决归纳问题。

找到正确的理论

波普尔的理论并没有说所有还有待证伪的理论都是正确的。某个理论会比别的更好，其原因是它更容易得到证伪。但为什么某个理论会比另一个更容易得到伪造呢？原因之一就是如果一种理论更宽泛它就可能更易得到证伪。看看有关引力的两个理论：

所有物体朝地球的中心落下。

伦敦的所有物体朝地球的中心落下。

通过望远镜观察月球山脉，伽利略证伪了亚里士多德的理论——所有天体都是完美的球形。

卡尔·波普尔论真正意义上的科学

波普尔认为任何真正科学的理论是可证伪的。这就是说，一些观测有可能证伪它。他还认为，一个科学的声明对世界的未来作出积极的断言。这是有风险的——这个断言是假的，世界的发展可能并不是断言的那样。无证伪性的声明没有提出如此的断言。无论世界将如何发展，他们是一致的，但他们缺乏真正的经验内容。例如，说"宝石是绿色的"，或者"宝石不是绿色的"是一个无证伪性的声明——无论我们观察到的是什么总符合事实。所以这不是真正的科学。波普尔认为，这正是区别一个理论是真正的科学或伪科学的方法。真正科学的理论是可证伪的。声称是科学的但无可证伪性的理论是伪科学。根据波普尔的观点，弗洛伊德的潜意识理论不能接受证伪性考验。波普尔认为，无论我们会找到什么样的针对弗洛伊德的理论的反证据，总会有适合该理论的方法。波普尔认为他的理论不是"错误"的科学理论，其实根本不算科学理论。

弗洛伊德的沙发是现代心理学的圣像。但是波普尔认为弗洛伊德的理论是不科学的。

第一个理论更宽泛，它能预测第二个理论所预测的一切，它还能预测更多。因为它预测得更多，就比第二个理论更容易得到证伪。

某个理论比另一个更容易得到证伪的另一个原因是看它是否能更精确地预测。看看下面这个说法：

幸福的人都穿着色彩鲜艳的衣服。

这是一个比较模糊的说法。准确地说，什么是幸福？我们如何来衡量？幸福与不幸福之间的界限在哪儿？什么是鲜艳？只要我们想验证那句话，这些问题立即就会出现。当然，由于这种含糊不清，坚决维护这种说法的人总能自圆其说，"啊，但那不是我所说的'鲜艳'"，或"但此人不是我所指的'幸福'的人"。这就使得这句话更难证伪了。

对可量化的现象做出准确的预测的理论更容易得到证伪。例如，每块石头重500克（17.6盎司），这个说法用一台天平可以很容易地证伪。当科学家在试验他们理论的时候，诸如压力表和温度计之类的测量仪器是有效的工具。

避免特设

假设我相信"所有木材能燃烧"。后来我得到一些原木，可全烧不着。这个结果证伪了我的想法：所有木材能燃烧。我该怎么办？我会把原来的想法改成：

除了上周日运来的木材外，所有木材都能燃烧。

理论越可证伪越好。 一个作出精确、可量化预测的非证伪理论比作出模糊预测的要好。校准仪器能帮助我们证伪一些理论。

不像我原先的想法,这个新的想法就没有被上周日送来的那批木材证伪。但是,证伪确定这样的修改不可取,原因是这种修改是完全特设的(来自拉丁语"为此目的")。这是不可接受的,因为在更多可检验的结果方面,它没有对原来的想法增加点什么。毕竟,我不能再安排对上周日送来的另一批木材进行测试。

但并不是所有的修改都要有特设。假设我观察到没有燃烧的木材是湿的,然后我会修改为:

除了湿的木头外所有木头能燃烧。

这个修改不是特设的,因为将会有进一步的测试。我现在可以开始测试干或湿木材样品,看看我的新说法是否正确。

亚里士多德关于所有天体都是完美球体的理论就是这样一个真实的特设例子。伽利略发明的望远镜观察到月球的山和谷,这似乎证伪了亚里士多德的理论,月球绝对不是完美的球体。但是一些人试图保卫亚里士多德的理论,就对其理论稍加修改:一定有一种无形物质填充了月球的山谷直至山顶,所以月亮是完美的球体。对亚里士多德原理论的这种发展是特设的,因为它在可进一步的测试结果方面对该理论没有任何作用,任何人都无法再去测试这样的无形物质是否真实存在。稍带讽刺性的是,伽利略后来宣称这种无形的物质的确存在,只是它也被堆放在山上,使得月球比平常看起来更显起伏不平。

伪证失灵之处

关于伪证可能引起的一个明显担忧是人们已经接受了我们没有理由假设科学理论是真的说法,它最起码违反了直觉。如果我们能想出一些解决归纳问题的方案,使我们避免得出奇异的结论,难道不可取吗?当然,作为回应,伪证坚称没有更好的方法。

有用的工具

无论伪证对科学该如何发展的描述是否准确,对伪证的验证仍很重要。许多自称是"科学"的理论仍然很难得到伪证,因为它们未能准确地作出预测。因此无论发生什么,该理论的保护者总能说没有被证伪。例如,占星家通常坚持认为他们的预测会"成真"。

占星不是一门科学,因为它的说法是含糊不清的和不可证伪的。

哥白尼精确预测到了视差现象,但无法验证它。现代天文仪器也确认行星是如此遥远以至于尽管视差存在但很难发现它。

> "科学声明只要是关于现实的,它必须是可证伪的;到目前为止它不可证伪,所以它不涉及现实。"
>
> ——卡尔·波普尔(Karl Popper)《科学发现逻辑》
> (*The Logic of Scientific Discovery*)

另一个方面的担忧是证伪对科学该如何发展无法提供准确的描述。就拿哥白尼的地球围绕太阳转的原理来说,当它第一次被提出时,批评者就指出两个观测结果似乎就可以证伪哥白尼的理论。首先,如果地球在移动,那么从高塔扔下的物体会以一定的角度下降,而不是垂直向下,因为在该物体下降过程中如果地球移动了一段距离,物体落地时就会与其直接放下处有一段距离;然而,当物品从高塔下降时总是垂直落下。这个观察结果显然证伪了哥白尼理论。

其次,如果地球围绕太阳旋转,那么恒星就会在一年之内在我们眼前来回移动(同样,如果你围着灯柱走,看着正北方,马路对面的房子会在你的眼前来回移动),但没有观察到明显的移动,或者"视差",这似乎也证伪了哥白尼理论。

一些试图保卫哥白尼理论的人会坚持认为星星之间的距离太远,计时仪器检测不到视差(事实如此)。但是这是一个特设。在那个时候没法对伪证恒星的距离这个新说法进行确认。

然而,尽管有这些或那些人的反对,哥白尼的理论还是没有被拒绝,理当如此。在以后的日子里,科学家证实了哥白尼是正确的,上述两个异议都站不住脚。既然证伪主义认为他的理论应该被摒弃,那么该证伪主义理论本身似乎是错误的,因为它未能准确地描述科学应该怎样发展。

当哥白尼宣称地球绕太阳旋转时,那些批评家坚称物体下落的方式就证明了它是错误的。但是随着科技的发展,他的理论最终得到了证实。

第四章
哲学工具箱

哲学家提出的理论，有的是匪夷所思的，有的是令人兴奋的，但有时简直是令人感到不安的。当然，这不是他们工作的主要目的。他们最想知道的是什么是正确的。推理是帮助他们实现这一目标的工具。

哲学家希望他们的理论和解决方案至少是相当正确的。他们试图通过推理来实现这一目标。他们让他们的理论接受吹毛求疵的严格审查，并试图力求保证他们是正确的。

人们很容易想到用我们能力中的"推理的能力"去把在逻辑上非常严谨的推理串联起来，并像计算机编程那样能识别在哪个地方某个链包含了错误链接。毫无疑问，有能力建立复杂的逻辑推理链并从中发现缺陷，是任何一位哲学家所具有的核心技术。但是，术语"推理的能力"真正指的是比这些更广泛的，能随机应变的一套心理能力。要想成为一名优秀的哲学家，就要培养自己一系列的思维技能和品德，这其中也包括有能力提出自己独到的见解，并且

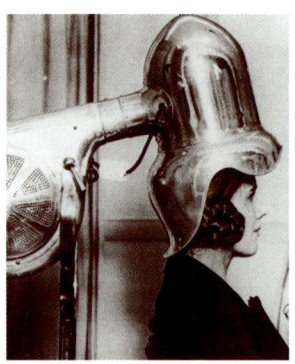

给头发塑形**很简单**，但是给你大脑内部的东西塑形呢？不幸的是，没有让你成为优秀思想者的捷径——你必须练习。

这些见解是清晰的、准确的和具有相关性的。

哲学家们也需要这样一种能力，去坚持研究某个问题并且在研究过程中展现出耐心和解决问题的决心。除了有顽强的意志力外，他们应该能够回过头来想象性地和创造性地进行思维——注意到在某个领域可行的解决方案也可能在另一个领域里有用。其他一些宝贵的哲学心理技能包括能够权衡可能性和可靠证据的能力，能够识别（和反驳）自己的偏见的能力，能够识别自己或他人的推理谬误的能力。

一旦熟练掌握了任何一位优秀的哲学家所必备的这些思维技巧——智能"工具包"，你就可以更有效地对付各种各样的问题和争论。

哲学对决需要精神的敏捷性。只要受过一点点基本思维技巧的培训，你就有能力驳斥各种荒谬的论据，提升你的推理能力。

论证

在哲学中，我们经常想找到一个合理的例子去让我们相信一些事情，或者我们想发现某个人的做法在哪些地方站不住脚。有一种办法可以让我们证明某个结论是否正确，那就是用演绎法或归纳法进行推理论证。

运用推理的方法之一就是过滤法。你可以把你的思想想象成一个篮子，各种各样的信仰可能都会坠落到里边——这些信仰既有合乎情理的，如地球是圆的；也有滑稽可笑的，如地球的核心是由奶酪组成的。通过运用你的推理能力到这些信仰中——通过对它们进行仔细的审核——你就可以对它们进行筛选，只留下那些至少看来是正确的信仰。那么，用什么标准进行筛选呢？笛卡儿很著名的决定就是让他所有的信仰接受严格的检验，只留下那些丝毫不被怀疑的信仰。一种比较宽松的但却十分有说服力的标准就是：只让那些可能正确的信仰通过。

演绎推理

表明一个主张是合理的最明显的方法可能就是提出一个充足的论据(见下框)来支持它。这个论据是一种推论,它包含一个或多个的前提和一个结论,而且这些前提都能合理地支持这个结论。

一个简单的论证

这里有一个演绎推理得很直接的例子:

前提1: 汤姆是人。
前提2: 所有的人都有脑袋。
结论: 汤姆有脑袋。

在任何演绎论证中,如果前提合乎逻辑地包含结论,我们就说那个论证是有效的。如果推论的前提是正确的,那么结论也必定是正确的。任何人如果断言前提是正确的,但是却否认结论的正确性,他就在逻辑上犯了自相矛盾的错误。

我们认为推理具有强大的探索真理

"华生,你可以看见所有的东西。你却没有全部看见,无论如何,那就从你所看见的东西来判断。"

——夏洛克·福尔摩斯《蓝宝石历险记》(*The Adventure of the Blue Carbuncle*)

的力量。然而,你可以创立一个演绎论证,它是完全有效的——也就是说,它是非常合乎逻辑的——但得出的结论却是错误的,因为,创立它的一个或多个前提是不正确的。例如:

前提1: 猫王活着。
前提2: 万物住在巴西。
结论: 猫王住在巴西。

就像第一个例子那样,这个论证是合理的。在给定两个前提的条件下,结论却是错误的——因为前提是错误的。所以,为了保证我们得出一个正确的结论,我们必须确保两件事——所有的推论是合理的,并且所有的前提都是正确的。

论证是什么?

当哲学家谈到论证时,他们往往指的不是争论,而是一系列的一个或多个前提和一个结论。这些前提都能合理地支撑结论。这些论证可以是非常简单的——也有可能是高度复杂的。一本哲学书或专著常常包含一个大的论点,这个大的论点又是由许多小的论点组成的。每个论点都需要检查,以确保结论的正确性。

归纳推理

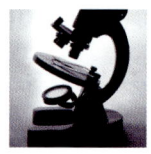

演绎论证法（见195页）并不是唯一合理的论证方法。在归纳推理中，人们也可以通过某些前提条件推出结论。但这些前提没有，也没有必要一定包含有结论；它们只要求给结论提供合理的支撑。

归纳

我想确认是否所有的桃子都有桃核。倘若我没有办法去得到所有的桃子，我该如何去做？我也许可以试着切1000个桃子去确认，并把我的推理过程展示为（如右）：

> 第一个桃子有核。
> 第二个桃子有核。
> 第三个桃子有核。
> ……
> 第一千个桃子有核。
> 结论：所有桃子都有核。

这个结论包含不少于1000个前提和一

我切开的**桃子越多**，我就越有理由得出结论，我要切的下一个桃子也有核。

个结论，但这些前提在逻辑上不包含有结论——很有可能第一千零一个桃子没有核。尽管推论不是完全有效，但我们可以认为，这种归纳论证法可以为我们提供充分的理由来假定他们的结论是正确的。当然，发现越多的桃子有核，我就越有理由相信所有的桃子都有核。这种形式的推理被称为列举归纳法：我们发现大量X是Y的例子，然后我们可以归纳出结论：所有的X都是Y（或者下一个X将会是Y）。

归纳与经验科学

科学家建立理论并假定它们适合任何地点和任何时间，包括遥远的未来和过去。但科学家并不能随时随地地亲身去观察。所以他们必须依靠他们所能观察到的东西来证明他们的主张。归纳推理法为他们提供了这种可能性。例如，科学家可能注意到，他们观察到每一个行动都伴随着一个相等而方向相反的反应。或者他们可能对某些实验结果进行观察，注意到一个理论上的实体，如黑洞的存在，提供了对这些结果的最好的解释，并得出黑洞存在的结论。那就是科学运用"最佳说明推理"的结果。

解谜

列举归纳法并不是归纳推理的唯一形式:另一种类型的推理叫作"最佳说明推理"。在这里,某些事的存在也许被假定为对其他事情的有效解释:

X被观察到了。
Y的存在是对X的最佳解释。
结论:Y也存在。

例如,假设我正在对一宗刚发生的谋杀案进行调查,我观察到一双鞋子从摆动的窗帘里露了出来。逻辑上并不能确定窗帘后是否有人,当然——也许这双鞋子是空的,窗帘是被风吹动的。仍然,窗帘后面有一个人可能是对我所观察到的情况的最有效的解释。在这个案例中,我有理由得出有一个人藏在后面的结论。这就是"最佳说明推理"在实践中的运用。

理论粒子,如电子是看不到的,但科学家可以推理出它们是存在的,因为这个结论是基于一定观察的最有效的解释。

在一个荒岛上,我看到了一些脚印,那不是我的脚印。由此,我推断出还有别的人在这个岛上,因为这个推断最能说明为什么有脚印在那儿。

"我站在那里,像遭到雷击一样。"

——当看到沙滩上的一串脚印时,鲁滨孙·克鲁索顿时感到血直往头上冲。

谬论

谬论是推理上的错误。这种错误往往不明显,所以,人们很容易被这些推论所欺骗。一些最著名的哲学论证就涉及经典谬论。学会识别这种错误推理是个重要的哲学技能。

说服力强的归纳和演绎推理(见195—197页)具有坚持真理的品质。如果你把正确的前提输入到合理的演绎推理中,你一定可以得出一个正确的结论。如果你把正确的前提输入到合理的归纳推理中,你很有可能得出一个正确的结论。但是,如果推理过程是错误的,前提条件就不能有效地支持结论。这种形式的推理不能坚持真理,尽管它表面上似乎在坚持真理。因此,我们需要小心谨慎,不要被这些谬论所误导而相信谎言。

相对主义谬论

"对我来说它是正确的"通常是那些看到他们在辩论中要输的人的评论。这种评论便于他们利用外卡进行最后一搏。当然,相信什么都是因人而异的。但是,真理可以以同样的方式进行变化吗?

你相信有仙子存在吗?

确切地说,"对我来说它是正确的"这句话到底意味着什么呢?假设你试着去说服那些相信仙子存在的朋友,说在他的饼干盒里很可能没有仙子住在里边。但是他却说,"哦,我相信有"。也许你的朋友的假设是:仙子存不存在只是相对的,他认为并没有独立的、客观的事实来证明仙子的存在或不存在——只是你相信它存在或是不存在。他为什么会那样想呢?

> **"那也许对你来说是谬误——对我而言却是事实。"**

珍妮: 相信仙子的存在显然是错误的。没有证据表明仙子存在,并且大量的证据证明他们并不存在。所以对你来说相信他们的存在是荒谬的。

约翰: 哦,那么相信仙子的存在对于我来说是不正确的!

人们通常把他们的信仰这个事实与他们所相信的事物的真实性加以混淆。我认为德国的首都是巴黎,这是个事实,但这并不是说"巴黎是德国的首都"这句话是正确的。如果是这样,我可以使我所说的任何话成为事实,只要我相信它是正确的:例如,"我能飞"。很显然,大多数事实在这方面并没有相对性。

一些事实看上去是相对的。例如,蛴螬一定是一顿美餐,对某些澳大利亚人来说确实如此,但对于别国的人来说却并非如此。

相对真理

当人们不提供证据来假定"真理"问题实际上具有相对性时,他就犯了这种谬误。当有人尝试用这种策略对付你时,有用的第一步是问他们,他们所提的真理是不是就是他们自认为是正确的事情。如果他们回答"是的",你就能够解释为什么他们是错误的。如果他们回答"不是的",那么他们大概只是想表明他们不同意你的观点,这显然是客观事实,不会损害你的利益。

赌徒谬论

如果站在彩票销售站出口附近一小会儿,你就会听到有人说他们不会再犯几星期前抽相同号码的错误,因为那些号码再出现的可能性变小了。这是某种错误推理的一个实例,这种错误推理俗称"赌徒谬论"。

权衡可能性

在这个经典版谬论中(右),某人首先考虑到事情A在一段时间内发生的可能性。他们注意到,在那段时间的前一个阶段,A的实际发生率比预计的要低得多,于是得出结论就是A因此更有可能在下一阶段发生。他们预测A发生的可能性在短

> 珍妮:还在买那些刮刮卡?
> 约翰:是的。我已经连续买了3年了,还没得过任何奖呢。
> 珍妮:那干吗还要买呢?
> 约翰:嗯,因为我还没有得过任何奖,所以我会马上得到的!

"我的房子遭雷击过,因此它再次发生的概率就小了。"

期内会增加,这样从长远来看就可以使事件发生的概率得到平衡。这种谬论反之也可行——很多人经常不会在彩票销售点挑选前一周出现过的号码。当然,实际情况是,在彩票销售点一个特殊的号码重复地出现,或者很少出现,这会使你猜测号码的出现并不是随机的。又或者有东西让你每次掷骰子的时候都会是6——也许你的骰子加了东西。但是,你没有料到的是,如果你5次都摇的是6,那么你下一次摇6的可能性就没那么大了。

每次做一个游戏

如果你明白概率是如何运作的,你就不会落入赌徒谬论中。每次一个游戏开始,它的结果就不能被先前的游戏结果所左右。好消息是如果你某个星期彩票中了奖,你很有可能会再中一次——即使是买同样的号码。

呼吁权威

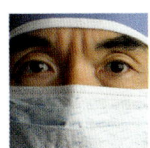

我们经常有理由相信一些事情是对的，是因为有权威说那个事情是对的。如果一个汽车修理工建议在我的汽车散热器里面放一些水而不是油，我会接受他的建议。但是有时"呼吁权威"是值得怀疑的。

相信"权威"合理吗？

举个最简单的例子，有些人相信他们很有可能找到他们理想的伴侣，是因为幸运网络小甜饼告诉他们可以找到，这些人把网络小甜饼看成了一个可靠的信息来源。也许你会觉得这是一个荒谬的例子。但是想想广告商们是多么希望我们去信任一个"名人"的保证。为什么电视人比你和我更了解汽车保险或面膜呢？就算有人获得了专业资格，他们可能与某些知识也是不相关的——某人在某一领域获得了专业技能，人们就常常相信他们是各种学科的权威，尽管他们在那些领域并不是专家。

广告通常借助权威的影响力。在这个插图中，警察的出现增加了品牌标语的庄严性。

"我相信顺势疗法可行。"
"为什么？"
"因为史沫特莱博士这样告诉我的。"
"他是医学专家吗？"
"不，他是数学系教授。"

在左边的例子中，史沫特莱博士的研究领域是数学而不是医学。因此，没有理由认为史沫特莱博士比你或我更了解顺势疗法。我们还要提防隐藏的动机。如超白实验室的科学家告诉我们，他们的牙膏比其他任何牌子的牙膏都洗得白。为某公司工作的科学家能提供关于其产品的公正意见吗？我们可以相信他们吗？或者，当"政府专员"告诉我们说现任政府比其他任何政府都做得好时，他们的话真的可信吗？

奥森·威尔斯于1938年主持的著名广播节目"世界大战"使某些听众惊慌失措，以为外国人真的要入侵了。我们很多人往往对媒体抱有极高的信任度。

问你自己为什么

当面对一个权威的呼吁，多问一下自己：有关人士真的是权威吗？他们是某个学科的权威吗？我有信心相信这个权威是没有偏见的吗？这个权威的看法与大多数这个领域的权威的看法相一致吗？如果任何一个答案是"不是的"，不去相信所谓的权威才是明智的选择。

后此谬误

"后此"(Post hoc)是拉丁语中"这之后"的意思,来源于词组"这之后,为此因为这"。在"后此谬误中,有些人错误地总结为,仅仅因为一件事接着另一件发生,就认为第一件事可能是第二件事的起因。迷信的人往往特别容易犯"后此谬误。

没有理由相信

显然,一件事情接着另一件事情发生并不能给我们足够的理由认为这两个事件存在因果关系。设想我打开烤面包机;紧接着,火星上的火山喷发了。是我的这一举动导致了火山的喷发?当然不是。没有理由去认为这两件事情有因果联系。

> 我很担心我的驾照考试通不过。于是约翰给我带了一条兔腿,祝我好运。我带着兔腿,真的以优异的成绩通过了考试。所以,你瞧,兔腿真的给我带来了好运气。我会带着它参加以后的所有考试,让它也帮我过关。

注意巧合

这里有另一个例子:"约翰的心理治疗师给了他一枝嫩枝咀嚼。然后他好多了!你看,接受心理治疗师的建议真的可以让他好转。"再一次,一件事情接着另一件事情发生的事实成为因果联系的有力证据。当然,可能有这样的情况。或许约翰吃的嫩枝真的使他好转。问题是,单一的"一次性"的观察并不能成为这种断言的合理解释。

泰格·伍兹每次参加高尔夫比赛,到最后一轮总穿着一件红衬衫。"好运"衫可能会增加信心,但是它真的有神奇的魔力吗?

错误联系

为了避免前后关系的谬误,不要贸然下结论。一件事情接着另外一件事情发生可能会给我们提供理由去调查这两件事情是否有关联。但它不是,靠它本身,让人相信它们之间有这种联系。

假两难

常见的争论：A或者B。不是A，所以是B。但是有时候我们面对的是两个相互排斥的选择——A或B——事实上有更多的选择范围。这些都是"假两难"。

不止其中之一

这是一个完全可以接受的论证。除非你有飞行员驾照，否则不准驾机。约翰没有飞行员驾照。因此约翰不能开飞机。然而，下面的论证是人们无法接受的。人们要么是金发，要么是黑发。我不是黑发，因此我是金发。这里的错误很明显：论证中的第一个前提是错的，因为人们可以有许多不同颜色的头发，不仅仅是黑色或金色。再来看看这个陈述，"要么我们把钱捐给慈善机构，要么我们去度假"。这是个"假两难"，因为这两种选择并不互相排斥——也就是说，我们可以两者兼顾。

销售员常常用"假两难"来说服顾客买东西："你的选择是要么买A，要么买劣质产品B。"其实，你可以什么都不买。

政治家有时候也试图用"假两难"来强迫我们做出没必要做出的决定。在下面的例子中，曾达计划去统治全世界可能不是真的。如果真是那样，我们承上的选择是错误的。但是请注意，即使曾达打算统治整个世界，任何用外交途径解决这个问题的选择都没有显示出来。

> 要么我们入侵曾达，要么让曾达统治全世界。
> 我们不想让曾达统治全世界，不是吗？
> 因此，我们应该入侵曾达。

核武器威胁争端也许涉及某种形式的"假两难"：要么我们拥有核武器，要么我们置身于被它袭击的危险中。

我们的选择太简单了

当你不得不二选一时，看看它们是否真的是唯一的可能的选择。你被"假两难"逼迫得仓促行事吗？短语"我们的选择太简单了"是我们始终要敲的警钟。例如，我们的选择太简单了——我们要么把我们的孩子送到让他们接受好的价值观和技能培训的课余培训机构，要么把他们交到杰里·施普林格课余教学机构，看一些暴力视频游戏。

肯定后件

如果A是对的,那么B也是对的;B是对的,故A也是对的。当人们这样进行推论时,就犯了令人迷惑的谬误。这种错误推理相当普遍。最近的一项研究结果表明,超过三分之二的未接受任何非形式逻辑培训的人经常会犯这种错误。

危险的设想

乔正忙着给他的房子重新布线。他正要碰电线,突然想到他是否记得去关闭电源。他抬起头来发现,虽然电灯是开着的,但是并没有发光。于是乔断定电源肯定是关的(见右边)。自信地相信着自己是安全的,但等乔触碰到电线后随之便触电了。为什么

> 如果电源是关着的,
> 那么灯就不会亮。
> 灯没亮,
> 因此,电源必定是关着的。

如果克雷格不想再见到我,他会说他今晚很忙,凯特推论着,随之凯特立即作出结论,如果没有其他理由,那就表明克雷格对她不感兴趣。

会这样呢?原来电源是开着的。乔的触电是由于一个灯泡故障和自己错误的推论引起的。

乔的推论:如果A是对的,那么B也是对的。B是对的,故A也是对的——是毫无道理的。当你推论:如果A成立,则B也成立;A对,故B也正确,你的推论是有道理的。对于这种形式的推理,哲学家们称之为肯定前件。其中,A事件称为前件(发生在前面),B事件称为后件(发生在后面)。当你肯定B事件(后件)再推论出A事件是行不通的。

用正确的方法

极有可能,有时候你会犯与乔同样的错误。为了避免这种类型的错误推理,特别注意"如果……那么……"型的推论,确保逻辑推论是朝着正确的方向发展。那样的话,你就不会像乔一样触电了。

遗传谬论

在遗传谬论中,假设事件B与另一事件A有渊源,那么A的一切特性,B也极有可能有。在下面橡子和橡树的例子中,我们可以清楚地发现事实并非如此。但是为什么这一谬论在宗教与政治领域如此之麻烦呢?

橡树来自橡子,橡子小而亮,因此橡树也小而亮。

邪生邪吗?

鸡蛋有坚硬的壳,鸡生鸡蛋,因此鸡也有坚硬的外壳。这么明智的人怎么会犯下遗传谬误呢?然而哲学家尼采曾因这样做被指责过。尼采对现代基督教道德观的论点是,它植根于古罗马时期的"奴隶道德","奴隶道德"来源于奴隶们对奴隶主与生俱来的愤恨感。奴隶们有效地扭转了奴隶主们所坚信的价值观,将弱的变强,将奴隶主们的武士精神变坏,等等。即使尼采是正确的,但是有必要否定与怀疑基督教道德观吗?尼采似乎以为,指出事物起源中的缺陷便可怀疑与诋毁事物本身。但是,这通常都是歪理邪说。

看看这一谬论在政治辩论中的推论:"弗里多尼

"弗雷德的父亲是纳粹,那么弗雷德必定也是纳粹。"

亚的民主是在暴力与血腥中产生的,因此弗里多尼亚的民主必然是一件坏事。"这里还有一个吸引人的例子——"克林贡恐怖活动是合法申诉的结果。因此,恐怖活动本身也是合法的"。

有其父,必有其子吗?

如果有人怂恿你去相信某事物起源于某一坏(或好的)事物,那么这一事物肯定也是坏的(或好的),这时候这一论点就值得好好地思考一番了。他们或许已经犯了遗传谬误。

当我们发现天行者卢克的父亲并不是像他儿子那样勇敢优秀时,我们感到惊讶,这是否表示**我们犯了遗传谬误**?那么黑暗武士维达是不是也是如此呢?

歪理邪说能产生结论，正如一个破钟，尽管它不准，但是一天之中也会指出两次正确的时间。

蒙面人谬论

德国哲学家莱布尼茨有个定律"相同的事物必须共享相同的属性",这个定律在哲学内外都普遍适用。然而,有不少有影响的例子与本定律不相符。"蒙面人"就是涉及同一性的典型谬论之一。

莱布尼茨定律

哲学家和科学家经常考虑同一性的说法。例如,古代天文学发现黄昏之星长庚星与晨星金星是同一颗星。表面上看起来截然不同的两个物体,竟然是同一个行星——我们现在称之为金星。科学家也认为某些事物的属性是相同的,比如:热量和分子运动是同一件事。

> A山高5000米。
> B山高不是5000米。
> 因此:A山和B山不是同一座山。

如何检验这样的说法呢?莱布尼茨注意到,如果两个物体是相同的,那么一个物体所拥有的任何属性,也会被另一物体所拥有。莱布尼茨定律为我们提供了一个有用的工具。假设一个探险家发现了两座山脉,他确信它们是两座不同的山脉。如上面所提到的例子一样,探险家可能决定系统地运用莱布尼茨定律对其特点和属性加以检验,看他的提法到底对不对。如果相同的事物共享相同的属性,那么一旦探险家发现一座山脉拥有某种属性,而另外一座却没有,这就表明他发现的是两座山脉,而不是一座。

尼泊尔人处于山南——我们俗称的珠穆朗玛峰以南,他们称之为Sagramatha;中国西藏人是从北边(如下图)看到它的,所以叫它Chomolungma。其实,"Sagramatha就是Chomolungma"是同一性的一个真实例子。

谬论

路易斯·莱恩相信超人是一个会飞的人。
路易斯·莱恩不相信克拉克·肯特会飞。
因此，超人不是克拉克·肯特。

走近蒙面人

假设我目睹一个蒙面人抢了银行。接着，侦探们告诉我主要嫌疑人是我的父亲。我很惊恐，我想找出蒙面人有而我父亲没有的特征，以证明我的父亲是无辜的。我相信是蒙面人抢了银行，而不是我父亲。根据莱布尼茨定律，蒙面人不可能是我父

"我不相信是我爸爸干的。因此，不可能是他。"

亲。这一推论的两个前提都是真的。但是很显然，我父亲仍然很有可能是蒙面人。这个推论出错了，但是错在哪里呢？答案是这一定律并不适用于所有属性，如它适用于5000米高山的属性，但它不适用于像"一个我认为抢了银行的人"之类的——或者更概括地说，它不适合涉及某人对某事的心理态度之类的属性。

态度问题

无论什么时候你遇到人们把莱布尼茨定律加以具体运用时，检查这些属性是否涉及某人对某物的心理态度，例如人们对某件事物的相信、恐惧、希望与了解等，这些感受在对另一件事物上却没有。如果涉及了，就像例子：路易斯·莱恩相信超人不是克拉克·肯特一样（如上图所示），这个推论就是错误的。

滑坡谬论

我们经常被警告不要步入"滑坡"——危险的境地。但是也要谨防高估风险:如果滑坡论点的支持者不能提供充分的理由来假定这样的下滑是不可避免的,甚至只是可能不可避免的,那么他们的推论就是荒谬的。

敲警钟

我们都听说过这样一句话,"得寸进尺"。这句话和其他类似的话是用来警告人们不要轻举妄动,因为这将会导致一系列不可阻挡的事件发生。比如说,假定我找你借1镑,你的朋友建议你不借我这笔钱,警告说今天我可能只是借1镑,但我明天就会来借更多的钱,以此类推,直到我使你破产。但显而易见,如果你今天借给我1镑,你仍然可以轻易拒绝明天借我两镑或下周借我10镑。从欠1镑到欠几千镑的过程并不是不可避免的。实际上,这甚至是不可能发生的。如果发生了,这也是滑坡谬论的误用。

有可能这种说法被重提。也许你的朋友可以

> 如果你今天借给史蒂芬1镑,
> 明天可能就是两镑,
> 接着就是10镑。
> 不久,他就会欠你几千镑!

"这仅仅只是冰山一角。"

动物克隆可能只是向人类克隆迈出的第一步?决策者必须在修改法例之前估计到每走一步所面临的困难。

谬 论

显示我是个借钱成瘾的人，而且你会发现一旦你说了"是"就很难再说"不"。在这种情况下，他们的忠告开始看上去更加可信。但是，你的朋友的确需要能够提供些额外的理由。没有这些理由，这些所谓的忠告都是空话。

滑坡谬论的出现常与事物的合法化有关，如娱乐性药物，安乐死，基因工程等。例如，人们常常建议，如果我们让夫妻今天选择孩子的性别，明天我们就可以选择眼睛和头发的颜色，那么很快地，我们将不得不允许有"婴儿设计师"。

当摇滚出现的时候，很多人都提出忠告，这是社会走向道德完全沦丧的第一步。

"婴儿设计师"的争论也犯了滑坡谬误吗？

是的，如果我们没有足够的理由来表明我们不会或不能停止从选择性别到比如全面爆发的人们害怕的弗兰肯斯坦式的实验的话。也许这样的滑坡谬误会再犯。但简单地说："嗯，这有可能发生"，并不是说它就会真的发生。有可能我们所有人明天都出去，开始互相谋杀。我知道你根本不相信这种事情会发生。这种言论的支持者的责任就是要找到比可能如此或也许如此更确切的证据。如果他们找不到，他们也犯了滑坡谬误。

大麻合法化将仅仅只是开始。在我们知道它之前，政府将把海洛因和可卡因合法化。

告知滑坡

留意讲故事时用到的词语，如"开闸门"，那些词意味着对危险的处境要加以警惕。要是危险的、可能无法阻挡的滑坡不可避免，在这种情况下，如果你没有任何理由来支持这个观点，那么它就是荒谬的。

思考工具

哲学思考是一种技能，和大多数技能一样，你训练得越多，运用得就越好。这部分介绍了一些哲学家的"绝招"——思考工具，这种工具一旦掌握，就可以运用到哲学的各个领域。

有许多这样的工具，可以帮助思考——下面这些仅仅是一小部分范例。这里列举的大多数思维方式可以提醒你避免犯一些常规的错误。这里面包含分类错误，即错误地假设：一类事物可以说成是这一类，也可以说成是另外的一类；在类似的调查中给出的解释都是循环的甚至会导致倒退，而且被这种伪理论所诱惑。这些工具也包括如何用特定的方式，如"举反例"，来回答某一类哲学问题的提纲，这种强有力的逆向辩论形式在古希腊时期就已经很受思想家的欢迎了，尽管在近代奥地利哲学家路德维希·维特根斯坦（见326—327页）在他的"家族相似性"理论中指出这种方法也许并不那么流行了。

识别回归

在哲学中我们经常想去解释事情。通过进一步的研究，我们发现，有时我们的解释完全是想当然。如果是这样的话，回归就产生了。找到某种解释或者观点在何处引起回归是一种很重要的哲学技能。

知道停在哪儿

物体没有支撑就会下落。我的杯子不会下落是因有桌子支撑着。桌子不会下落是因为有地球支撑着。那为什么地球不会下落呢？古印度思想家认为地球是坐在一头巨象背上。那又是什么支撑着这只大象呢？哦，一只巨大的海龟。现在你可以在这里看到回归的痕迹了。尽管我们介绍了许多巨型生物，但我们永远不可能成功地解释出为什么所有的物体都不会下落。每一步我们仅仅只能让这个谜延续。

印度人把海龟当作是"物体下落"原则的例外，从而来回避这种回归。即海龟是不需要进一步支撑的动物。但是如果我们要介绍这种规则的特殊情况，那为什么要推算到海龟这一步呢？为什么不直接说地球就不受这种规则的约束呢？我们不能，也没有任何正当的理由来解释任何一个宇宙空间的

套娃行为能够解释我们的行为吗？如果能，这些套娃中还有更小的套娃等之类的吗？

动物的这种支撑现象。

类似的回归问题也出现在哲学中。如果每件事都有原因，那么上帝一定因宇宙而存在。但如果每件事都有原因，那么上帝的存在也是如此。这样看来我们就要引进第二个上帝来解释第一个上帝的存在，第三个上帝来解释第二个上帝的存在，以此类推。当然，就像印度人让海龟成为例外一样，我们也可以坚持上帝并不受"凡事必有因"这个规则的约束。那么我们为什么不说宇宙也是如此呢？我们并没有认定上帝的存在比海龟的存在更有理由。

印度神话把海龟当作规则的一个例外——唯一不需要支撑的物体。但为什么没有更多的宇宙生物来支撑它呢？如果是这样，那谁又来支撑它们呢？

伪理论

地球上,听众围坐在营销专家、生活方式顾问、神秘主义者、邪教领袖以及其他自封的宗师的脚下,期待下一个深刻的见解。这些高尚人士是如何获得智慧的呢?遗憾的是,在很多情况下,听众被伪理论欺骗了。

关键词

听起来很高深的艺术其实是很容易掌握的。只要你遵守了几个简单的原则,你就可以做出意味深长的讲演。首先,尽量陈述得格外清楚。方法是用很慢的语速去表述,并配合以老练的点头动作。如果你的讲演和人生的重大主题有关,如:爱、死亡、金钱,那么这一招尤其奏效。这里有一些例子:"每个人都会死亡";"每个人都需要被爱";"钱是用来买东西的"。你亲自试

专家,准确地说,是一种宗教信仰或精神上的向导。今天,我们看到这个术语运用到任何一种"专家",从"饮食专家"到"个人成长导师"。

试。如果你表情严肃地把这些明显之处陈述出来，接着来一个意味深长的停顿，你可能很快就会发现别人开始赞许地点头，也许还会轻声低语："确实如此啊！"现在你已经兴奋起来了，那就让我们讲讲另一个不同的技巧——行话/隐语的运用。一些长的不容易懂的单词可能会增加讲演的深刻度。要达到这种效果，所需要的就是一点点想象力而已。开始时，尽量把一些熟悉的单词用一些意义相近的术语代替，这些术语和那些词只有微妙的区别。例如，不要说人们高兴或悲伤，而是人们有"积极或者消极的态度取向"，这样听起来就更使人印象深刻。

现在试着用刚发明的语言来翻译一些沉闷的老

现代商业和生活方式"大师"**所使用的精心设计的术语**可以和福音传道士之语一样产生催眠作用。

"生常常是死的一种形式……"

在乔治·奥威尔（George Orwell）的作品《1984年》（*Nineteen Eighty-four*）中**党的口号**神秘地把反义词搭配在一起，如"战争就是和平"——这又是一个导致深奥幻觉的简单方法。

生常谈的东西。例如：快乐的人倾向于使别人快乐可以表述为"积极的人生态度有很强的转换能力"。当然，无论你是一个商业专家、宗教领袖，还是神秘主义者，总会谈到"精力"和"平衡"。好像你已经发现了一些更深层次的机制或能量，并很有可能供别人运用。那将会使人们更加容易地确信，如果他们不采取你的建议，他们就会错失良机。

不幸的是，一些宗教领袖、商业专家和神秘主义者有意利用这些或相近的手段让人们产生错觉，相信他们有更深刻的见解。现在你明白自己制造伪理论有多么容易了吧，我相信下次你听到这些的时候印象就不会这么深了。

举反例法

哲学家们经常以"X是什么?"的形式来提问,但哲学之外,这些问题很少被问到。我们通常以为,我们很容易找到答案,一番尝试之后才知道,其实回答这些问题并不容易。事实上,这些问题确实很难回答。回答这种问题的最古老的方法之一就是举反例法。

没有简单的答案

在柏拉图的对话中,也有很多这样的问题:"X是什么?"柏拉图要苏格拉底问雅典公民诸如"勇气是什么","美是什么"之类的问题。雅典人通常认为他们知道答案,而且提供定义,这些定义乍看起来是很有道理的。但是,苏格拉底很快就能够揭示它们定义的不严谨之处:这个方法,就是举反例。

> 麦克:什么是狗?
> 史蒂芬:会叫的哺乳动物。
> 麦克:海豹是哺乳动物,它也会叫,但它们不是狗。这个罗孚也是狗,它却不会叫。

为了解释这个方法,这里有一个更现实的例子。假如我们问"椅子是什么",这似乎是一个简单的问题,很容易回答。我们可能会说:"椅子是一个给人坐上去的物体。"这听起来非常有道理。但是,有一点头脑的人,就可以想到反例:一个公园的长椅,也是给人坐的,但严格来说它不是一把椅子。或者假设你找到一块大椅子形的巨石,并且放置在你的庭院花园里,作为一件家具。现在大石是一把椅子了,但它肯定不是给人坐的。

面对这些反例,我们可能会对下的定义进行修正,我们可能会试着说"椅子是只给一个人坐的物体"。这一定义得到两个完全的反例:长凳不能再

"什么是公正?"

——苏格拉底

苏格拉底问雅典大将拉凯斯"勇气是什么",并用反例反驳了大将的定义。

思考工具　217

称作椅子了,因为长凳是给多个人坐的。从"被坐的物体"和"用来坐的物体"之间,我们的石椅现在又可以称为椅子了。然而,又有反例来反驳这个新定义:例如自行车座,只用于一个人坐,但自行车座不是椅子。我们可以进一步修正我们的定义,例如:"椅子是一个有脚的给一个人坐的物体。"这一定义排除了自行车座,因为它们没有腿。不幸的是,它也排除了石椅,因为它也没有脚。为了对付这些新的反例,我们不得不努力进一步修正我们的定义。使用这种方法,不断修正定义,不断发现更多反例,然后再提炼,我们可能得到越来越接近令人满意的定义。

椅子是什么? 我们都知道答案——真的知道吗?但的确很难找到一个定义符合所有形状和样式的椅子。

必要或充分?

当哲学家问"X是什么"时,他们显然是在探寻某种特别的定义。例如,三角形可能被如此定义,"只有并且仅仅只有当某物的三条直线边所组成的封闭图形才是三角形"。

三条直线边构成的封闭图形是三角形的必要条件——不是直线边肯定不是三角形。三条直线边构成的封闭图形也足以证明该物为三角形——如果某物是三条直线边构成的封闭图形,那它肯定是三角形。

当哲学家问"X是什么"时,他们显然是在探寻定义"X"的必要和充分条件。定义的反例表明要么此定义没有规定必要条件,要么此定义没有规定充分条件。

保罗的妈妈:如果你不在学校好好学习,你将一事无成。

保罗:妈妈,你说的不完全对。马龙·白兰度呢?他被学校开除了,结果后来成了一位有名的演员。

我们不知道,但我们坚持

苏格拉底经常向那些我们认为也许是最应该知道"X是什么"的人提问:"X是什么?"然后使用反例来看他们回答的局限性。例如,在《拉凯斯篇》(Laches)的对话中,他问雅典大将拉凯斯:"勇气是什么?"拉凯斯说勇气就是战斗中的坚守。但苏格拉底很快又列举了对这一定义的反例:有人可能会在战场上坚守,而只是出于愚蠢的忍耐,把自己和别人陷于危难之中。这就不是勇气,一个真正勇敢的人应该知道什么时候要坚守,什么时候要撤退。

经过拉凯斯对勇气几番定义未果后,苏格拉底得出结论,来解释勇气虽然肯定有一些基本特征,无论这些特征是共同的还是特有的,我们还是不清楚这些基本特征是什么。即使拉凯斯自己是勇敢的,他也无法定义勇气到底是什么。似乎对他来说,勇气的"本质"也是隐藏的。

然而,苏格拉底采用举反例的方法试图证明:在一定程度上,我们确实是有这方面的知识。毕竟,拉凯斯能够意识到,谁愚蠢地坚守在战斗中并不是真正的勇敢。他承认,这种人是对他的定义的反例,因此,必须在一定程度上已经知道勇气是什么。如果拉凯斯不知道勇气是什么,那么,他怎么能够意识到他面对的是反例?

当我们问"X是什么"时,似乎从某种意义上来说,我们所寻求的知识早已是我们已经拥有的。这些知识,像你认为的那样,深埋在我们心底(事实上,苏格拉底认为它是天生的)。我们只是无法让这些知识浮出水面,让它们变得清楚和明确。举反例的方法旨在帮助我们做到这一点。

美在旁观者的眼里吗? 很多东西可以称作美的事物,如艺术作品或音乐作品,古典汽车的曲线,或大自然的简单和复杂——但什么是美本身呢?在柏拉图的对话中,苏格拉底得出的结论是——这些答案是我们不知道的。

"美是什么?"

——苏格拉底

家族相似性

当我们问"艺术是什么?"我们可以假设,艺术有一个共同点——那个"使它们"成为艺术的东西。然而,很难确定这个共同点是什么。也许我们应该质疑这个假设:一定有这样一个共同点。

寻找关联

西方哲学史在很大程度上是在寻找难以捉摸的所谓共同标准,但却没有成功。在柏拉图的对话(见244—247页)中,苏格拉底(见243—244页)假定必然存在某种品质,是所有美好的事物必须共同具备的,这种品质使它们被称作美好的事物;这种品质也是所有的艺术作品之所以成为艺术作品所必备的,并依此类推。苏格拉底然后通过举反例法——推翻了关于这个品质是什么的各种建议(见216—219页)。奥地利哲学家维特根斯坦(见326—327页)提出了比较激进的建议,认为盲目寻找这个共同的品质在很多情况下都是徒劳。他提出,可能用"家族相似性"来进行解释会更有用。如果你看到一个大家庭的聚会照片,你会看到家族的成员之间的各种各样的相似之处:体形、相貌、眼睛的颜色等,也以同样方式互相重叠和交叉。然而,尽管家庭成员有这些重叠的相似之处,但却找不到某个共同的品质,这个品质是所有人都共有的。

"艺术是什么……"

尽管南瓜形状、大小、颜色各不相同,但是它们还是一个可以识别的家族。的确,所有南瓜没有一个显眼的共同点。

留在家族里

维特根斯坦把这种相似性称为"家族相似性"。运用这种理论,我们很容易构建自己的家族相似概念。我们可以把术语"小玩意儿"界定如下:当某样东西且仅当它具备的六大特征中的三个或更多时(如右),它才可称作小玩意儿。下图表示:根据我们的标准,物

小玩意儿的特点:
1. 便携的
2. 价值超过100美元
3. 漏气的
4. 可以发声
5. 长度大于宽度
6. 有孔

小玩意儿
单簧管、数码相机和蟒蛇是小玩意儿。注意:所有部件并不一定要具备同一个特点。

非小玩意儿
风筝、钻石和扶手椅不是小玩意儿,因为它们少于部件必须具备的三个特点。

> "……一定有某种共同的品质存在,没有它,艺术就不可能存在……"
>
> ——克莱夫·贝尔

体是否属于小玩意儿家族。

维特根斯坦表明,许多概念——也许他说的也包含艺术——用"家族相似性"能更好地来刻画这种相似关系。他用游戏的例子来阐释这种理论:"以我们称之为'游戏'的过程为例,"他写道,"这里的游戏指的是棋类游戏、纸牌游戏、球类运动及奥运会等。它们之间的共同特征是什么……如果你仔细研究一下,你会发现它们之间有很多的不同,但在这些不同中,你还是会发现它们之间存在某种相似性,某种联系性以及一系列诸如此类的相关性。"如果维特根斯坦的假设是正确的,那么去找寻所有艺术之间的那个共同属性——这也是困扰艺术哲学家克莱夫·贝尔的一个问题——也许这是个错误的想法。无论什么时候你面临着一个"X是什么"的问题,它总是值得考虑X是否可能具有一个家族相似性。

合理的程度

人们有时认为,如果一个信念既没有被证实,也没有被否定,那么这两种信念必然或多或少同样是合理的或不合理的。然而,这种认识是错误的。不同的信念,其合理性在程度上是有所不同的。

坚定我们的信仰

一些信仰确实是非常合理的。它是合情合理的,而且让我相信,有一个鲜橙就在我面前的桌子上,因为我可以看到它在那里。我房子外的那棵树仍然存在,因为我上次看的时候它在那里,我也没有理由假定有人在此期间砍掉了它。这也是合理的,我相信。同样日本存在于这个世界上也是合理的,虽然我从来没有去过那里。我有许多确凿的证据证明日本的存在,而没有什么证据证明它不存在。

杜鲁门·伯班克(Truman Burbank)是1998年上映的电影《楚门的世界》(*The Truman Show*)中的角色,他相信他所生活的世界是真实的,**这种想法也是非常合理的**。而实际上那个世界几乎在每一个方面都是杜撰的,但这丝毫不会影响到他所认为的那个世界真实存在的合理性。

当然，尽管非常合理，但可以想象这些信念也可能是错误的。我所看到的橙子可能是个幻觉，我花园里的树可能已经被恶作剧地砍掉，在电影《楚门的世界》中，主角误以为他生活在真实的世界中，但事实上，他周围的一切都是电视台为电视节目所精心设计的。我可能也跟他一样，成为类似复杂的阴谋的不知情的受害者，认为日本是存在的，而事实上并非如此。

因此，这让我认识到，我可能会在我的信仰上犯错误，但这并不是说这些信念是不合理的：它们中的大部分是合理的，只是合理性比较小而已，它们处于合理程度的顶端。处于底端的是人们普遍认为比较合理的信仰，比如：这个世界上存在小仙女和小鬼。其实这种信仰是让人难以置信的：没有有力的证据证明这些民间传说中的人物的存在，相

> **"你相信谁，是我还是你自己的眼睛？"**
> ——格劳乔·马克斯（Grucho Marx）

反，有很多证据表明它们只是小说中虚构的人物。处于合理程度中间的是这样一种信仰：它们既不是非常合理，也不是非常不合理。以这种信仰为例：存在某种智能生命形式，它们生活在宇宙中的某个地方。诚然，我们无从证明外星球生命的存在。另外，我们知道智能生命在这个星球上繁衍着，我们也知道，一定有无数的其他与地球相似的星球存在。因此可以推断，有智能生命存在于某个地方不是不可能的。

随着时间的推移，人们对信念的合理性程度也会有所改变。几十年前，相信电子的存在被认为是相当合理的。由于有更多的科学证据支撑，现在这种信仰变得更加合理了。人们曾经相信世界是平的，并且对这种信仰坚定不移，但事实证明这种信仰实际上是不合理的。信仰程度也可能因人而异，因为有的人可以找到证据，而有的人没有证据。

我们可能没有确凿的证据，证明高度合理的信仰是真实的，而古怪的信仰就是不真实的——例如：我们就无从证明仙女是不存在的这个疑问。因为一直以来，人们都相信仙女是存在的，只是相信的程度偏低而已。

高度合理： 橘子在你面前，这是真的。

很合理： 电子是存在的，虽然我们看不到它们。

比较合理： 外星人存在——如果知道宇宙的大小。

比较不合理： 猫王活着，他的"死"是个阴谋。

高度不合理： 小矮妖和小仙女是真的。

有人认为，相信上帝的存在比相信神的存在更没有道理。也有人认为这种信仰是相当合理的——至少和相信外星人的存在一样合理。那些以为亲身见到过上帝的人，或认为有奇迹发生的人等，以为拥有了充分的证据证明上帝的存在，其实，这些信仰只不过是把上帝存在的可信度提高了而已，这些人甚至同时也承认，他们的信仰并没有被"证实"（见下框）。

"天使的确存在。"
"不，天使不存在。"
"请证明这一点。"

有时，当有人被给出了充足的理由假设某个信仰是不真实的时候，他们回应道："但你不能证明B是假的，你能吗？B可能是真的！"他们认为，这表明信仰B还是相当合理的——甚至和相信B是假的一样合理。下面是一个哲学的例子。即使我们不能断然地证明上帝存在，或上帝不存在，这也并不能说明相信上帝存在与相信上帝不存在一样合理或者不合理。如果有很好的理由相信上帝的存在，而没有任何理由相信上帝不存在，那么我们更有理由相信上帝的存在，而不是否认上帝的存在。相反，也许可能会有相当有力的证据证明上帝并不存在，而没有理由相信他的存在，在这种情况下，无神论可能更容易被接受。既然有神和无神都最终没有被证实，我们就不可以抹杀这个事实，那就是：一种信仰比另一种信仰更有其存在的合理性。不幸的是，有神论者（上帝的信徒），有时回应无神论的论点时指出，由于无神论者并不能证明上帝不存在，所以相信上帝的存在必定是合理的。实际上，尽管无神论者不能证明上帝不存在，他们还是可以证明神仙或小矮妖的不存在。指出某种信仰缺乏"证据"并不能提高该信仰的合理程度。

就合理性程度而言， 我们该如何掂量"天使存在"这种信仰的合理性呢？对这种信仰的合理性，人们之间有相当大的分歧存在。

"被证实"的模糊性

人们常常提到某个信仰"被证实"，"未被证实"，"被反驳"，等等。那么，"被证实"在这里是什么意思呢？是证明了所有可能存在的疑问呢？还是证明了所有合情合理的疑问呢？证明了是肯定的呢？还是几乎是肯定的呢？还是很有可能是肯定的呢？人们常常提到"科学证据"，其实大部分的科学主张都是开放性的，都允许或多或少的疑问存在。当用术语"被证实"时，搞清楚你要表达的意思是很重要的。

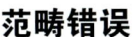
范畴错误

"范畴错误"是由英国哲学家吉尔伯特·赖尔（Gilbert Ryle，见331页）在其著作《心的概念》（*The Concept of Mind*）中提出的一种表达法。当人们错误地以为一类事物可以拥有另一类事物所具有的特征时，他们就犯了范畴错误。

身与心

假设你邀请某人到你家，并带他参观了每一个房间。参观完后，客人要求参观一下你的家。他们误以为你的家和他们参观的每一个房间都同属一个类别。当然，事实是，那一个个房间组成了你的家，而客人犯了"范畴错误"。吉尔伯特·赖尔相信笛卡儿（见276—279页）也犯了同样的错误，因为笛卡儿认为：心智作为一种实体是与物质性实体同属一类的。

> 前锋、中场、后卫和守门员都跑到足球场上去了。
> 但足球队在哪里呢？

游客说："是的，我知道所有的学院在哪里，但是牛津大学在哪里呢？"这时，他犯了一个最基本的范畴错误：大学也是由学院组成的。

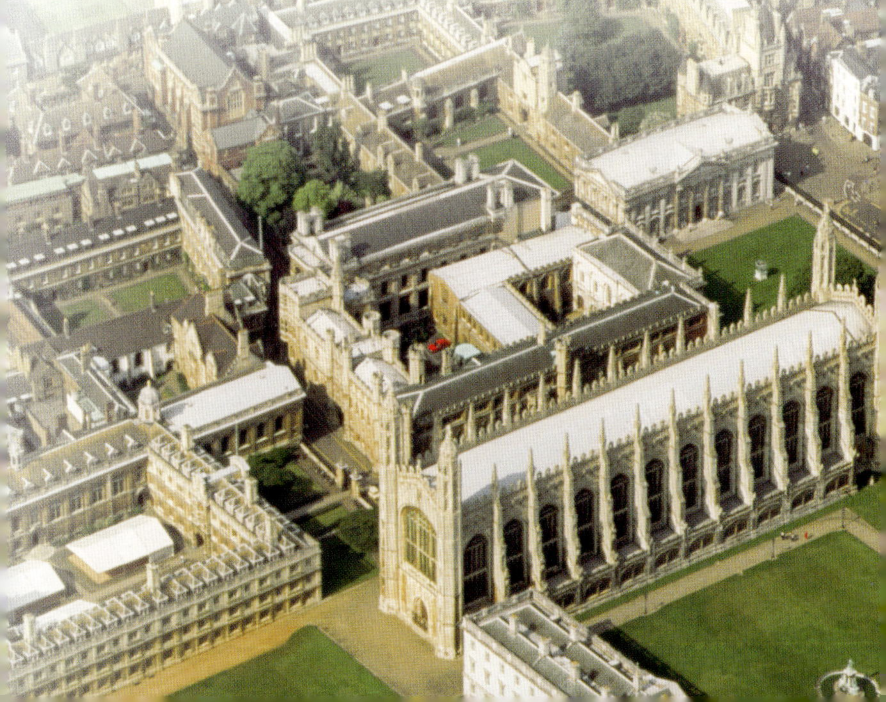

对于笛卡儿而言，心智既然不是物质性的客体，那么必然是非物质性的客体。而事实是，吉尔伯特·赖尔主张：拥有心智就是拥有一整套的行为意向。既然他们是物质性的有机体可以拥有的意向，那么进一步的非物质的"东西"就没有必要了，否则就会犯范畴错误。

第五章
哲学名家

在这最后一章中,我们收集了从约2500年前古希腊米利都的思想家到现代的100多位最重要的哲学家,他们把自己的思想和理论留给了后代。

哲学包括一组渐进的观念,个体思想家的猜测并不孤立,而以对话的形式与传统一起发展。基于这个原因,对某一位思想家个人的生平和作品的分开描述可以提供他的有用的印象,通过探讨相关思想家的观点及该书的主题,当然也包括他们自己的重要作品,将让我们获得关于他们的更全面的印象。

这一章将介绍在哲学进程中最具影响力的哲学家,按他们的出生年份顺序,特别是与第二章中的重要事件的时间表相对照,揭示社会、文化和政治历史间的关系,同时追溯了数个世纪以来哲学思想的发展。凡日期不确定的用"c"(大约)表示,当一个思想家有"活跃期"证据的,用"f"(繁荣)表示。哲学史的一个显著特点是兴趣、目标和方法的显著不同,以及不同的思想家对自己如哲学家一样所做的事情的不同的理念。哲学领域自身的理念是不断变化的。每一代都见证了他们所关心的新问题的出现;在过去曾经是哲学家研究的领域现已发展为独立的学科,如物理学、生物学和心理学。此外,有些问题在这一代看来似乎极为重要,可能会被下一代忽略,而在几个世纪以后又可能得到重视。尽管如此,这些思想家实际上是同一个集体的不同组成部分:他们的工作是带着新奇也是持续的问题去认真研究的。

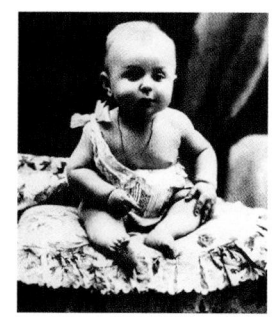

哲学家是天生的还是后天培养的?婴儿时期的萨特就开始了一生的思考:活在世上有何意义?

伟大思想家的半身雕像沿罗马的卡皮托利尼博物馆哲学家大厅的墙壁摆开。我们今天仍然能感觉到他们智慧的影响。

哲学名家

乔达摩·悉达多

- 约公元前563—前483年　印度

在公元前6世纪，一个流浪苦行者坐在菩提树下沉思，直到找到人生真谛。他在那里发现了真理，创立了世界上最伟大的宗教之一，以及一个复杂的哲学体系。

生平与著作

关于悉达多的生活传奇故事在他死后的一个世纪越来越多，他的传记经过精心编写已用于教学中。他出生于现在尼泊尔的喜马拉雅山脚下的台拉低地附近的蓝毗尼。传说他的家人是沙丽亚斯部落的首领。他的家人还担心，他无法推脱他的责任，他的父亲把他关在皇宫里使其免受丑恶和苦难。悉达多16岁结婚并生下一个儿子，名为"罗怙罗"，意思是"束缚"。然而，据说他四次离开皇宫，分别遇到一位老人、一个病人、一具尸体、一位苦行僧——圣人。人类痛苦和死亡的惊人遭遇促使他寻求拯救人类的良方，像一名苦行僧那样进行极端严峻的苦修。此后不久，在他29岁时，他偷偷地离开妻子和儿子，去追求精神的理解。他研究了沉思和苦行，最后在35岁时他彻悟成"佛"，并且做了第一次重要的布道——《转法轮经》（Setting in Motion the Wheel of the Dharma）。他把余生用来做一个巡回教师，他游走在恒河流域的乡村和城市间，传播他的教义。他去世后不久，在他的弟子聚会时，高级僧侣背诵他的教义来纪念他。几个世纪以来，他的教义一直是口头传播，没有文字记载。

转经筒代表着佛法之轮，它的毂代表自律，是禅经的核心。

主要思想

在释迦牟尼的第一次布道中，他把基本教义归纳为"四谛"。第一是"苦谛"，即人生所经历的生老病死等一切皆苦；我们每个人都将在某个时间遭受情绪困扰和悲伤。但是这并不是说生活是不折不扣的痛苦，因为所有的快乐都是短暂的，其本质是不满。此外，痛苦的特点是我们的存在为无数更多的生命，因为我们都生活过，还将在无休止地轮回。

这很悲伤——佛教徒会说很实际——该人生观是参照了"一切事物皆无常"的。佛认为一切都在不断变化之中。然而，我们不愿接受事物的无常性，就会导致沮丧和不安，这也是欲望的起因。无论是事物还是自我，我们渴望永恒，这样才会无止境地去追逐欲望。这就是第二"集谛"，即招来这些"苦"的烦恼主因。

乔达摩·悉达多

达到"涅槃"境界

佛教中有两种涅槃，一种是在本生获得的，是悉达多认为的一种哲学变化状态，悟者在其中经历了充分的精神愉悦，没有担忧。后一种是在悟者死后才能达到的境界，是轮回及苦难的最终结局，那么人死时是怎样的呢？释迦牟尼把轮回比作是从一个蜡烛传到另一个蜡烛的火，没有物质的延续，只有消耗过程的继续。后一种涅槃就像是火被吹灭了：那不是自身的终结，因为根本没有物质的灵魂；而是自身的幻灭，因为一切自身与世界的区别消失了，原本指望自身的渴望与消耗的过程以及引起重生的过程都灭失了。

启蒙之路

在他的自我类比中，前两"谛"构成了佛的身份及对人类本性疾病的诊断，但是对此的反应不是绝望，第三"谛"告诉我们有根治人类痛苦的方法，即根绝一切欲望。第四"谛"告诉我们如何去做，即治疗方法。但是与我们的期望不同的是，治疗不是找到我们欲望的目标。正如我们所见到的，满足了一个愿望只是暂时的，往往还会有新的欲望出现，如此循环，我们就更痛苦。

参阅：古代东方思想（26—27页）、宗教（150—152页）

实际上，第三谛认为要结束痛苦，只有达到"涅"的境界。"涅"指吹灭或消灭欲望，而且必须通过修行，彻底断灭人生各种需要，才能达到。我们没有了本性、自我和灵魂，也就不再有各种精神和生理上的需求。一旦意识到物质的自我是空幻的，我们去实现愿望的努力将消散殆尽，我们就不会再重生。达到"涅"的方法即遵从"八正道"：正见、正思维、正语、正业、正命、正精进、正念和正定。遵守这些从善原则就会让我们消灭欲望，有同情心，思路清晰。据说世界上大约有3.5亿佛教徒。

佛教和尚背着化缘钵走在泥泞的路上。这些和尚的行为是受到严格规定的，他们只能依靠慈善捐献维持生计。

米利都的泰勒斯

● 活跃期大约在公元前585年

泰勒斯通常被认为是西方第一位哲学家和科学之父，他和他的米利都弟子是第一批探索自然现象奥秘的人，而不是在神话中和神化行动中。

生平和作品

泰勒斯的生平很少为人所知，并且没有文字记载，所以我们必须依赖关于他的传说以及其他作家对他的教义的描写来了解他。亚里士多德的《形而上学》（*Metaphysics*）是一个重要来源，但是它是在泰勒斯去世200年之后才写的。另一个来源是生活在公元前3世纪的第欧根尼·拉尔修。我们知道泰勒斯是希腊殖民地的米利都人；也有资料说，在他有生之年他走遍名山大川，收集了多种文化的理念，如巴比伦和埃及。传说他把从埃及那儿学来的几何引入希腊。他的宇宙论当然应归功于那些相信地球是浮在水上的埃及人。据说为了证明他学习的价值，泰勒斯把他的星象知识应用到预测橄榄收

据希罗多德（Herodotus）报道，**著名的天文学家**泰勒斯成功地预测了日食，我们现在才知道的日食在公元前585年就已经发生过。

成将很好，于是他收购了本地所有的橄榄机，并把这些机器回租给那些需要的橄榄种植者，以此获利。

主要思想

泰勒斯最著名的是他认为所有构成物质的最终成分是水，因此，我们观察到的所有明显不同的事物，包括土壤、空气、植物和动物，可以归结为一种物质。这通常被视为探讨万物之本的长期科学研究的开端，并直接导致现代物理学的诞生。水理论和泰勒斯的宇宙论哲学密切相关——地球是浮在广阔的海面上的一个圆盘，且源自凝固过程中的水。通过观察潮湿的物质固化或液化的过程他似乎已经得出了这样的结论，他也注意到，所有植物和动物都吸收水分，所以认为这些都是由水组成的。

然而为泰勒斯赢得伟大的贤哲之名的还是他在天文、几何和工程学方面的能力。第欧根尼·拉尔修（Diogenes Laertius）描述泰勒斯当自己的影子与他的身高相等时是怎么通过测量其阴影从而确定金字塔的高度的。还听说泰勒斯能够在岸边测量海中船之间的距离，还能改变哈利斯河河道流向，让吕底亚军队能过河去攻击波斯人。

参阅：古希腊（24—25页），德谟克利特与原子论（242页）

毕达哥拉斯

- 约公元前570—前495年　🏳 希腊

毕达哥拉斯结合了两种截然不同的思想，二者的影响都很大。他很神秘，甚至自称为神；同时，他发明了数学演绎法，做出了多项重大科学发现。

生平与著作

关于毕达哥拉斯生活的传说既是小说也是历史。他出生在希腊萨莫斯岛，他逃离暴君波利克拉特斯，可能去了埃及，但最终定居在意大利南部的克罗顿。在那里他建立了一个严格的信徒社区，如同住一套房时不准吃豆或大嚼吞咽。他的门徒执着地追求神秘的知识，并且对他们的领导和创建者达到了类似宗教般的尊敬。

毕达哥拉斯的教义是通过他的追随者才为人所知的，因此去辨明哪些理论真正归功于他是不容易的，但是无疑他最重要的贡献在于把数学应用于哲学和科学。宇宙是可以通过数学解释的观点对科学知识的发展是卓有成效的。他也被看作西部哲学传统的祖先，直到18世纪理性主义时代，把数学当成纯粹知识的典范，演绎推理是形而上学的关键。他的想法——智力是获取真正知识的方法，区分物质的与超感觉的——长期以来一直是西方思想的主题。

毕达哥拉斯门徒唱给初升太阳的歌：虔诚的毕达哥拉斯的追随者对着冉冉升起的太阳吟唱，庆祝每一个崭新的日子的开始。

主要思想

毕达哥拉斯的宗教观点似乎包括信奉灵魂不朽以及存在的万物已经或将会有无尽的轮回。他认为在今生的所作所为将在来生得到奖励或惩罚,并且,因为所有生物都要转世,我们应该对待所有动物就像家人。只有通过静心修行才可能逃脱无尽的轮回。

他的思想中神秘的元素似乎与毕们熟知几个世纪时,毕达哥拉斯已经证明其为永恒和必要的真理。

与物理世界真理不同的是,数学真理无论有多久,它是永恒的。而且毕达哥拉斯认为头脑中的数学对象比它们在物理世界中的不完美性要好很多的。所有的圆感觉是近似的,但我们心里能理解一个真正的圆的概念。这就会让我们

"一切皆数字。"

—— 毕达哥拉斯

达哥拉斯的数学与科学发现大相径庭,但实际上他们是紧密相连的。他强调把贤哲的猜想作为揭示费解的世界真相的手段。

毕达哥拉斯最先想到把数字当图形,如骰子上的数字;我们今天仍在讲数的平方和立方。他对数学的迷恋是建立在发现的永恒和普遍性基础上的。因此,当直角三角形的勾股定理(斜边的平方等于另外两边的平方之和)已被人

毕达哥拉斯是第一个发现音阶的间隔可以用算术比率来表示的人。

得出这样的结论,精确推理能够导致超知觉对象的优越世界。

但是数学也有实际的应用。毕达哥拉斯相信晨星和夜星是同一个行星——金星;他也发现音阶的间隔是完全的算术比率;他相信类似的数学递减可能在科学探究的其他方面找到。这就促使毕达哥拉斯的理论去发现在物质世界变化的表面下的数学原则:那就是从根本上来说,现实是可用数字表示的。

参阅:推理与经验(66—73页)

老子

● 活跃于大约公元前6世纪　🏳 中国

老子在中文里是"大师"的意思。但是他是谁,以及他是否真的存在还不能确定。无论如何,他被认为是中国哲学最重要的作品之一的作者,也是道教的始祖。

生平与著作

传说老子是周朝"守藏室之史"。根据公元前4世纪史书的记载,老子周游列国寻找智慧时遇见了孔子,老子说他为孔子感到难过,因为他十分陶醉那些人为的区分,如正误之别。他劝他放弃他的立场和观点,他对礼仪和风俗的尊敬是错误的。据说孔子被老子的智慧所慑服,把他比作是龙。老子在80岁后选择了远离世界而隐居山林。

重要著作:《道德经》(*DaoDe Jing*)

主要思想

《道德经》与孔子的思想是中国思想发展中两种最有影响的思想。它涉及的领域很广:个人灵性、伦理学、政治、形而上学。但是,孔子的《论语》强调社会关系,《道德经》则更多关注个体应该如何接近生活,且它的形式经常是简略的,方法是更神秘的。此书分上、下篇,《道经》涉及政治与伦理学,《德经》是关于形而上学。"道"通常被译为"方式",是生活和宇宙的指导原则,是万物的自然规律。《道德经》说我们无法理解道学的语言,因为一些事物的不可知性很难解释。如果我们试图通过锻炼智力来掌握道学,一定会失败。的确,思考是所有问题的起因,所有的努力将妨碍达到预期的目的。我们不应该只追求目标,而要让道经代替我们的思想。"无为"或"不争斗"的生活是与道经联系的关键。

参阅:孔子(236—237页)

烧香在道教信徒和道教仪式中扮演着重要角色。

孔子

● 公元前551—前479年　🏳 中国

儒学在中国古典时期（公元前550—前200年）开始盛行，在公元前140年曾一度成为汉朝的官方哲学，直至今日它依然是中国思想的主导。它强调正直才是巩固社会凝聚力与和谐的途径。

生平与著作

孔子是贵族出身，但他出生时父亲已70岁高龄了，在他3岁时便辞世，只留下他18岁的母亲与他相依为命。孔子15岁时便决定终生致力于学习，公元前527年，当他母亲去世后他就把家改成了学堂。

孔子是鲁国人，当时新兴封建主控制的政局动荡不安。他为政治生活的道德退化而感到悲哀，并且认为改变这一局面的唯一方法是回归到过去的价值观。基于此，他教授古典作品，据说他还自己吟唱，古筝伴奏。任何虔诚的学生他都教，而不在乎他们的社会地位。在教书的同时，他对政治也很感兴趣，加入了当地政府并担任司寇。据说他推行的改革是如此的成功以至于犯罪都自行终止了。

然而，不断上演的政治动荡迫使孔子在50岁时离开了鲁国，开始为期13年的找寻一个能推行他政治主张的统治者的游历生涯，但以失败告终。

公元前484年，孔子又返回鲁国，余生致力于教育。在此期间，他的弟子在《论语》中记录下他的思想留给后人。孔子的学堂首先被他的弟子继承，其中孟子和荀子是他最出名的两个后学。

寻"道"：为了找到一个能实行他的社会理想的地方，孔子周游列国数年。

重要作品：《论语》(*The Analects*)

孔子论社会

所有民众在运行良好的国家里都应该有各自分配的角色，孔子也强调在其位谋其政的个人职责。孔子十分看重社会传统和经验——即礼仪和音乐——用以促进社会和谐。礼仪有助于凝聚社会地位和阶层，而音乐则能够使人们在互相尊重和分享欢乐中彼此团结。而且，它们能巩固构成社会良好秩序的基本社会角色和关系。因此，孔子认为统治者应该鼓励传统习俗和礼仪的奉行，譬如婚姻。

孔子　237

主要思想

《论语》中记载孔子最初不是思想家，而是一个传统观念的说教者，指导人们在政治生活中要有适当的行为。他倡导回归传统价值和统治方法，以处理社会动荡和封建时代的内部斗争。通过对普通民众时下尊重的习俗的特别重视，对各种古代经典的学习研究，对往昔重大政治事件的关注，他宣称发现了那些反映自然秩序的传统社会结构。对于整个中国而言，顺应这种秩序能使一个普通的政府得以长治久安。

孔子的教育反映了封建社会的传统价值，也许过分强调了传统家庭和社会角色的重要作用。他确定了一种原型从属关系，如丈夫和妻子之间，父母和孩子之间，统治者和臣民之间——以及他们互相之间对彼此所肩负的责任。例如，一个臣民有责任服从统治者，而统治者也有义务从谏如流。

鼓励进步

尽管孔子常常被认为是一个保守的思想家，但其对经典的运用掩盖不了他是一个改革家。例如，他认为挑选统治者应根据其品德而不是其血统；他们应该让臣民看到他们真诚的奉献；他们需要培养高尚的性格以赢得国民的尊敬与赞赏。像过去伟大的领导者一样，统治者需要加强对国民的道德教育，并且保障他们所有的物质需求。政府应该按人们的自然道德宗旨运行——其核心是对待别人就像对自己一样。强迫人们去遵守并不是统治的目的，当权者不履行自己的职责时武力也没有用。孔子认为好的政府必须促进对正确道德行为的发自内心的尊重，而不是因为害怕惩罚。只有那样，社会才能正常运转。

参阅：政治哲学（160—177页）

孔子认为**传统音乐**和庆典仪式有助于团结社会，促进和谐。

赫拉克利特

● 活跃期大约于公元前500年   ▶ 希腊

赫拉克利特的"变化的世界外表下隐藏着永恒秩序"的思想对柏拉图产生过深远影响,再加上赫拉克利特18世纪的发现,他的影响力就越来越大。尼采把赫拉克利特看作是一位超乎寻常的思想家。

生平与著作

赫拉克利特出生在以弗所,现在的土耳其海边。他的著作(现已丢失)在古代因它们的无闻享有盛誉。然而,他的部分思想存在于其他作家的作品中,这些都表明他瞧不起别人,因此他不讨大家的喜欢。他对哲学家米利都,甚至是伟大的诗人很少说客气话,例如,说荷马该受到鞭打。第欧根尼·拉尔修指出,赫拉克利特变得日益厌世,看到社会太过腐败,后来住到山上。后来由于生病,他又回到了以弗所直至死于疾病。

主要作品:《论自然》(*On Nature*)(已丢失)。他现存的作品大多收在第欧根尼·拉尔修的《著名哲学家的人生》(*Lives of the Eminent Philosophers*)。

以弗所古城的宏伟遗址,赫拉克利特的家乡,现在仍可供参观。

主要思想

赫拉克利特的思想仍然能够从仅存于其他作家的作品中的部分著作中体现出来,他把世界比喻成火,即万物都在不断变化之中。柏拉图引述他的话说"你不能两次踏入同一条河",这就意味着任何事物或国家不可能永远不变,那些我们认为是永恒的东西总在变成别的东西。

赫拉克利特强调矛盾是变化过程的驱动力,同时这个持续冲突的背后有统一的逻各斯,"逻各斯"是"法律"或"尺度"的希腊文,赫拉克利特的想法似乎是现实中的矛盾是统一于合理的宇宙和谐中的,由人类理性和逻辑辩论所掌握的。

这种宇宙秩序或法律是对立的统一,紊乱的和谐。赫拉克利特列出了许多矛盾的对立统一的例子来解释这点,如"向上的路和向下的路是同一路"。这说明没有什么是保持不变的,因为宇宙的规则是冲突不断、变化、更新,就像太阳每天早晨重新升起。

参阅:柏拉图(246—247页),尼采(316—317页),黑格尔(302—303页)

巴门尼德

● 大约公元前515—前445年　🏳 希腊

巴门尼德是第一位用严格的论证来支持自己观点的哲学家。他的思想以史诗中女神启示的形式,提出了令人惊奇的观点:除了外表,存在是一个不变的整体。

生平与著作

对巴门尼德的生平,大家只知道他大约公元前515年出生在埃利亚,其他的几乎一无所知。柏拉图说,在他大约65岁时他游历过雅典,并会见了年轻的苏格拉底。显然他很熟悉赫拉克利特,毕达哥拉斯以及米利都派的作品,因为他的著作中似乎有反对前辈的意见。他的观点体现在他的长诗《论自然》中——也许是他年轻的时候写的。这首诗以三部分来呈现,他谈到了有关现实本质的形而上学理性的论据,把他与普通凡人对世界的感觉进行对比。巴门尼德是埃利亚学派的创始人。

主要作品:《论自然》(*On Nature*)

主要思想

在《论自然》的第一部分"真理之路"中,巴门尼德采取对比"存在"和"非存在"来开始他的论证。他认为,既然没有就是非存在,它不能成为思想的对象,他还探讨了存在的本质,它是不生不灭的,因为非存在不能产生非存在,因此存在是永恒的。

他认为所有存在的改变是不可能的,因为这需要从"存在"到"非存在"(即不存在)。此外,改变不只是局限在世俗领域,存在是处处一样,因此物体之间没有差异。

基于这些论证,巴门尼德得出结论,宇宙是不变的、不朽的、无界的和不可分割的。可为什么我们感觉到一个多样性和变化的世界?巴门尼德的回答是,世界感觉是一种幻觉,后来他提出了宇宙学,以对比推理得出的实在。因此,他是第一个提出现象与实在的系统二元论的人。

参阅:推理与实践:认知的两种方式(66页)

"真理之路"是巴门尼德两个调查方法中他更喜欢的那一个。

埃利亚的芝诺

● 活跃期大约于公元前450年　▶ 希腊

芝诺是由巴门尼德创建的埃利亚学派的一名成员,而且他被亚里士多德称为"辩证法之父"。他最著名的学说是他的悖论,这个学说试图证明所有的运动都是不可能的,对希腊思想的发展有着重要的影响。

生平与著作

柏拉图的对话《巴门尼德篇》尽管写于芝诺死后近一个世纪,但它始终是关于芝诺生平的最好信息来源。柏拉图说,芝诺在40岁左右的时候,曾陪同巴门尼德去过雅典,在那里遇到了那时年轻的苏格拉底。据柏拉图所言,芝诺把他的言论收入一本书中,但遗憾的是那本书已经遗失了。由于欣赏芝诺的辩论方法,亚里士多德把他描述为"辩证法之父",我们可以从亚里士多德那里了解到芝诺的运动悖论。关于一个连续统一体的概念,芝诺在他的悖论中提出了一些数学问题,而这些问题至今都没有被充分论证。他的关于无线分割的悖论促进了德谟克利特的原子论的发展(见对页)。

主要思想

巴门尼德曾大胆宣称:真相和我们在周围环境中看到的多样的变化着的世界是不一样的,事实上真相是静止的、统一的、简单的。作为巴门尼德的学生,芝诺是这个言论的维护者。据这个观点所陈述的,运动和"多"是感官所造成的错觉。芝诺很可能是第一个用反证法证实这个观点的人。芝诺从他的对立面出发,也就是承认运动、变化等是真实存在的,那么通过显示随后得出的与之相矛盾的结果就足以驳倒这个观点。据普罗克罗斯(Proclus)所言,芝诺推出了40多个类似的悖论,但其中只有几个留存下来。其中包括"二分法",也就是说在一场赛跑中,一个人是永远不可能到达终点线的,因为他必须首先到达既定路程的中点处,然后是剩下一半路程的中点处,然后是剩下1/4路程的中点处……以此类推,直至无穷。芝诺还设想阿基里斯(Achilles)和乌龟赛跑,他认为阿基里斯是永远都不可能超过乌龟的,因为他必须首先到达乌龟当前所在的位置,而那个时候乌龟将又向前移动了一段距离,以此类推,乌龟将一直领先。

阿基里斯和乌龟赛跑的故事是芝诺的运动悖论中最知名的。

德谟克利特

- 公元前460—前371年　希腊

德谟克利特和让人捉摸不透的人物——留基伯（Leucippus）（在公元前440年时很活跃）——是原子论的共同创始人，但是确切地查明德谟克利特的某个学说是由谁提出的似乎做不到。

德谟克利特和苏格拉底是同一时期的人物，也许因为不喜欢他机械化的思辨哲学，柏拉图竟然从来没有提起过德谟克利特。亚里士多德说原子论发展成了一个巴门尼德的变化与运动悖论的回应。他们的观点是相信物体运动的场所——虚空的存在。这个理论的根本观点是宇宙是由无数个极微小的微粒组成的。而这些微粒本身是不包含虚空的，因此它们是不可分割的，也就是说原子是不可分割的。原子的不同形状和排列解释了物质的物理特性，而它们无规则的运动和碰撞解释了我们所观察到的物体的改变。灵魂也是由微小的原子组成的，因此是物质的，这就排除了来世的存在。

墨子

- 公元前479—前438年　中国

墨子是一个手工艺人，他出身贫寒。他有防御工事的专长，比如他设计梯子来攻坚城墙。尽管他通晓军事理论，但他是一个和平主义者。他周游各战乱国，力劝统治者们不要打仗。

墨子反对孔子对礼仪的重视，并把它视为对墨守成规的一个无益的表现。相反，他强调自我知识和道德真实性的重要性。他也拒绝接受社会应该学习古代先例的观点。他强调组织社会的正确的方法决定于对当代事实给予的理智的、实际的重视。那些可以被证明有利于促进人类诚实的行为才是道德的行为。礼仪没有任何意义，而战争只会导致灾难的降临，这些都是应该被摒弃的。孔子强调人的社会地位，强调人应该承担的特殊的家庭责任。而墨子呼吁对整个人类的公正无私的爱，也就是博爱。仅仅爱自己的家人会导致同他人的矛盾、冲突，最终导致各地区之间的战争。墨子把天堂视为确保人类行为受到奖赏和惩罚的道德力量。他的思想收入了《墨子》，而他精辟的见解后来被中国共产党人和共产主义者再次改进吸收。

孙中山和毛泽东（左图）都认为出身卑微的墨子是真正的人民哲学家。

苏格拉底

● 公元前469—前399年　▣ 希腊

因为苏格拉底自己没有写下什么，所以我们只能通过他的学生柏拉图的作品来看他的思想。虽然这些思想的可靠性是有争议的，但苏格拉底绝对相信没有人故意犯罪，品德本质的重要性对于美好生活是必需的。

生平与著作

对苏格拉底的生平我们知道得很少。他出生在雅典，他的父亲是一名雕刻匠，他的母亲是一名接生婆。年轻时他服兵役在伯罗奔尼撒战争中对抗斯巴达，但还是幸运地留在了雅典。他在那里结婚，有了几个孩子。我们知道些他自己在战争中的事，他表现出了不寻常的刚毅和耐力，在各方面展示了无畏的勇气。他被描述为有一张丑陋如哈巴狗的脸，衣着不整。他可以几个小时站着不动，显然是在沉思，他主张听神的旨意，那会阻止他的冲动行事。虽然他有些怪异，苏格拉底很幽默，他的幽默和个人魅力吸引了许多跟随者。虽然他生活在雅典被斯巴达打败后的三十暴君时代并幸存下来，但是他的批判性提问激怒了一些雅典人，在民主政体恢复后四年他被审判且被判为死刑，因为他的不虔诚，教坏年轻人。虽然他本可以逃走，但苏格拉底选择了接受对他的判决，并自愿喝下置他于死地的毒药。柏拉图参加了这个审判，并用对话的形式保存了对导师的记忆。

主要思想

苏格拉底的主要兴趣在影响我们生活的道德问题上，例如什么是公正、勇气和善良。他把揭露其他人对上述品德本质的无视看作他的使命，他是出了名的揭露当时的智者道德思考上的疑惑让他们感到尴尬。他接近人时先问对方一个问题，例如"什么是勇气"或者"什么是爱"，然后寻找他们回答的局限性。他不是要字典的解释，而是要这些观念的基本性质，换句话说，什么是去让他们勇敢起来的所有勇敢行为的共性。他声称，我们很难发现这些理念的精髓，正好揭示

苏格拉底之死在西方意识界已经是一个标志性的事件。这是一个人把良好品德看得高于身体健康的最终表现，以及他自己的良心是高于权威的要求。

苏格拉底

了我们在生活中对什么是真正重要的还感到迷惑。

对于苏格拉底来说，批判精神是重要的，承认自己的无知是获取知识的决定性的第一步。只有当我们认识到我们不了解那些我们认为自己知道的东西，我们才会开始去搜寻发现它。苏格拉底没有说他自己教这样的知识，而是像一个接生婆一样，他的天赋就在帮别人在大脑中产生天生的智慧。

通过问与答的形式获取思想的方法被称为《问答法》，即辩证法。当他自己无法提供准确的答案时，很明显从他提问的方法可以看出来，苏格拉底确实有自己的一套关于道德伦理的观点。这里面最主要的是品行良好本身是有好报的论点。他认为做坏事对破坏者本人的损害要远远超过那些受害人的损害，因为当外来的灾祸降临的时候，真正的美好生活也会降临到这纯洁的灵魂头上。他相信没有一个人会去做他们知道的坏事，坏事的发生一定是无知的结果，因此我们最有兴趣的应该是学习优良品德，也是我们的目标所在，揭示别人的无知也是在帮助他们。遗憾的是雅典的民主政体没有认识到这个方法，苏格拉底还是被审判并被处死了。

参阅：柏拉图（244—247页），举反例法（214—217页）

"如果我们欲获得纯粹知识,我们必须摆脱躯体并用灵魂来沉思。"

——《斐多篇》66A条

柏拉图

- 公元前427—前347年　希腊

柏拉图是第一位有重要著作保存至今的哲学家，他和亚里士多德一起对西方哲学有非常巨大的影响，以至于哲学家、数学家阿尔弗莱德·诺斯·怀特海发表了著名的评论说：从此整个西方历史不过是"一系列对柏拉图的注解"。

生平与著作

柏拉图出生在雅典的一个贵族家庭，他与那些参与三十暴君时期（公元前404—前403年）贵族统治的那些人有联系，但如果他的家庭背景没有使他厌恶雅典的民主政体，那么他的老师苏格拉底在公元前399年受审并被处决一定影响了他。柏拉图在30岁的时候离开雅典去旅行，可能到过埃及，然后好像是在西西里岛，了解到毕达哥拉斯哲学（见247页）。公元前387年他又回到雅典建立了阿卡德米学园。由于当时这里的学生被教育应该学会批评并要独立思考而不是简单地接受老师的观点，这所学院被公认是第一所大学。很多在那时才智超群的人都在这所学院接受过教育，其中包括亚里士多德。柏拉图第二次造访西西里岛去做狄奥尼王子的导师，希望把他塑造为一位懂哲学的统治者，但没有成功。

柏拉图是苏格拉底的学生。根据他自己的记述，他的老师受审时他在场，处死时他不在。这件事对他的影响非常深刻。

对话

柏拉图大部分作品以对话的形式，按惯例分为早期、中期、晚期对话。在早期对话中苏格拉底是主角，大家认为它合理而准确地描述了柏拉图导师的思想。苏格拉底通常会向他的对话者提出一个有关品德方面的问题，例如勇气或虔诚，然后指出他们对其本质的无知。然而，在这些对话中，他很少探究讨论的事物的积极的本质。在中期的对话中，我们发现柏拉图开始去探讨那些使他出名的积极的信条。晚期对话因它们对柏拉图自己早期的理论做了详细的批评而极富吸引力。

主要作品：《申辩篇》（*Apology*）、《斐多篇》（*Phaedo*）、《理想国》（*Republic*）、《法律篇》（*Laws*）

主要思想

柏拉图注意到客观的物体要具有某一权性,就必须要达到一定标准。例如我们不能说某种物体是绝对美丽的,或者某个人是绝对勇敢的。他们的美丽或勇敢只能表现在某一方面或某种程度上,因此理想的美丽或勇敢一定是没有的。但是,若和"形式"回答了这两个问题,物质以"形式"的现象存在是普遍适用的。比如,橡树之所以为橡木这个特殊物种的一员,是因为它拥有橡木永恒存在的"形式"的特征,自然界的物种都具有"形式"的特征。比如说,美丽的物体都是理

"真正热爱知识的人自然会去热烈而不停地追求真理,直到他掌握了事情的本质。"

——《理想国》490A条

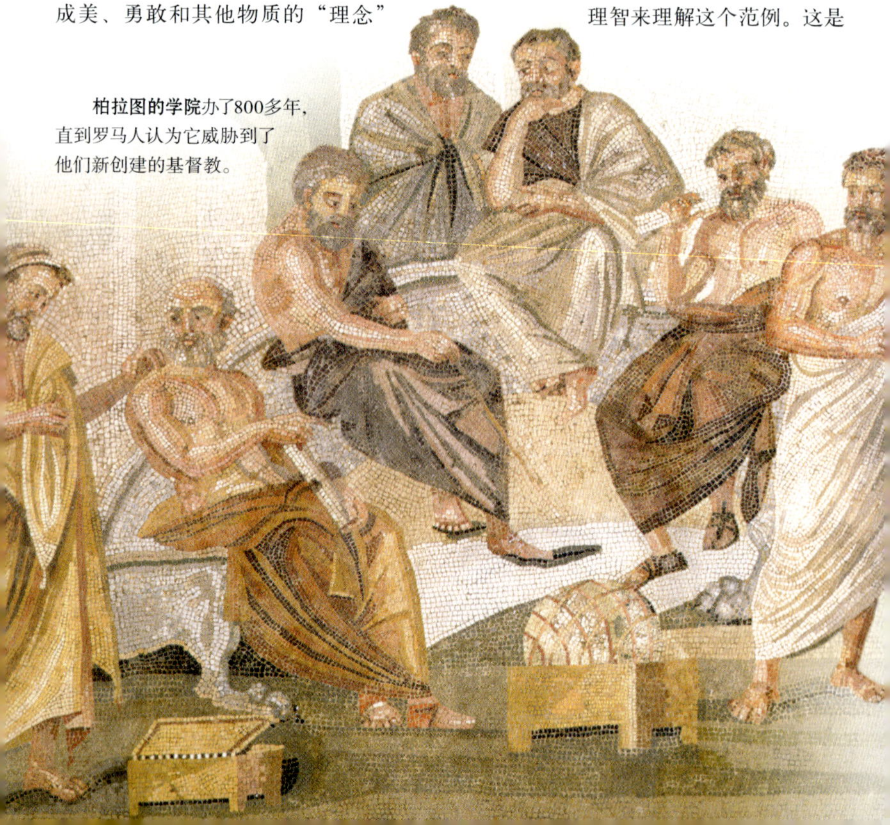

这个世界上真的没有名副其实的美,我们又怎能达到理想的美的境界,而所有的勇敢又有何共同点?柏拉图通过假设存在构成美、勇敢和其他物质的"理念"想形式的摹本,形式是不能被肢体感官所接触的。但在某种程度上,我们有能力通过能使我们认识到感知过程的详细资料的理智来理解这个范例。这是

柏拉图的学院办了800多年,直到罗马人认为它威胁到了他们新创建的基督教。

柏拉图最为著名的《形相论》的核心内容（参阅76—81页）。

知识

柏拉图赞同赫拉克利特的观点（见238页），即世界上所有被感官觉察到的物体都将会以另一种物体的形式存在，无论它是怎样的不朽，事实是它终有一天会消亡。但是柏拉图解释知识是完满的、固定的，我们不能真正了解这个世界的感知。因此知识所考虑和探究的是永不消亡的形式或者那些固定或肯定的物体。基于这个理念，柏拉图把现实世界分为两个区域，演变的客观世界和恒定的理论世界，哲学家的任务是充分理解作为流动的感官世界基础的理论世界。作为苏格拉底的基础理念，可以根据辩证法逐渐分析出其概念，进一步接近事实。但是，若想理解理念则需领会到终极现实，也就是崇高的形式，柏拉图把这当成探索的目标，因为就崇高而言，所有的解释都应当被提供，也就是说，在我们解释任何事情之前，我们需要认识到怎样做才能实现其目标。

柏拉图十分怀疑艺术的意义，包括希腊戏剧（如上），他认为这些是现实的不真实表现。

灵魂的永生

辩证法是我们用以分析虽模糊却已被认知的事物的根本方法。对柏拉图来说，我们只粗略地了解一些"形"的知识而哲学家的任务是使那些潜伏在我们思维里的知识清晰明朗起来。因此确切地说学习不是发现新事情，而是回忆潜伏在我们脑海里的知识。柏拉图认为这类似于数学中的先验推理（见66页）。例如意识到几何证明的真相是有可能，因为我们不是在学习新知识而仅仅是回忆在我们出生之前就已被我们所熟知的知识。而如果真像柏拉图所宣称的那样，我们只是在回忆所有的知识，那么灵魂生存于肉体之外就是可能的了。

柏拉图的乌托邦

《理想国》是柏拉图观念中的第一理想社会轮廓。他拒绝民主为国家政体，因为普通人民还没有足够的能力来治理国家。那些在民主政体中可能掌权的人物并不是想被统治的那些人。他的理想国是一个没有内政纷乱，每一个人都有其独特作用的国度。这就意味着需要建立严格的培训和选拔体制，以产生英明廉洁的掌权人物，而这些卫道者完全值得"哲学家"的封号，因为他们对智慧的执着追求。他们必须拥有崇高的知识来有效地管理整个政体。

对柏拉图的影响

柏拉图的哲学思想深受毕达哥拉斯和苏格拉底的影响，历史学家很难把柏拉图的哲学观点和他老师的想法完全分开。从毕达哥拉斯处柏拉图学到了感知的世界因不稳定而不能成为真正认知的对象，不可思议的思维方式，数学的重要性，以及净化灵魂的哲学推断的想法。从苏格拉底处柏拉图培养了对道德问题的兴趣，认识到通过辩证法获得崇高知识的重要性。

亚里士多德

● 公元前384—前322年　🏳 希腊

亚里士多德的著作涉及领域广泛，他提出的学科分支和名称一直沿用至今：伦理学、逻辑学、形而上学、气象学、物理学、经济学以及心理学。两千多年来，他一直对欧洲思想有着深远的影响。

生平和著作

亚里士多德生于希腊北部的斯塔基拉，他与马其顿皇室有些关系，他父亲是腓力浦国王的御医。在他幼年的时候，父母双亡，17岁时被送到了雅典的柏拉图的阿卡德米学园学习。他在那里生活了20年，直到柏拉图逝世。柏拉图死后，亚里士多德由于之前不认同柏拉图的某些理论，所以他没有被选为下一届的院长，于是离开了雅典。公元前343年，他接受邀请成为国王的儿子——亚历山大的老师。腓力浦去世后，49岁的亚里士多德回到雅典创立了自己的学校——吕克昂学园（也称逍遥学院，因为亚里士多德喜欢在讨论

亚历山大大帝在年轻的时候是亚里士多德的学生，后来他的思想传遍整个帝国，乃至跨过印度洋。

哲学问题的时候来回走动）。然而，不幸的是像他的前辈苏格拉底一样，他被以对神不敬的罪名起诉。公元前323年，他抱着与其"不想让雅典人再犯下第二次毁灭哲学的罪孽"，不如趁早逃离的想法，逃出雅典城，不过在一年之后，他因胃病去世。也有人传说他是因为无法解释潮汐形成的原理投海自尽，这种说法的准确性很可疑。尽管亚里士多德对亚历山大的影响有多大还不是很清楚，但可以肯定是得益于他的学生以及亚历山大时期的图书馆，亚里士多德的思想理论才得以长久保存下来。

重要作品：《形而上学》（Metaphysics）、《尼各马科伦理学》（Nicomochean Ethics）、《政治学》（Politics）、《灵魂论》（On the Soul）

主要思想

虽然亚里士多德深受柏拉图的影响,但是对于老师思想里的超自然原理他还是表示怀疑,特别是认为知识不可以通过感官对世界的感知来获得的观点。为了追求自己的理论观点,他离开了柏拉图的阿卡德米学园,也正体现了他的经验主义和重视不断调查的思想。亚里士多德认为知识不只是单调乏味的推理,而是需要通过亲身的经历来得到。柏拉图把数学看作知识的典范,亚里士多德则重视对世界上各种现象的观察。他在对柏拉图的批评中指出,获取知识的前提是我们可以经历体验,因此哲学的起点是感官。如果我们对感官所不能触及的东西进行猜想,只能陷入神秘主义的误区。

式决定的。不同的橡树实际是一样的,不是因为它们是由相同的物质组成的,也不是因为它们在"形"上相似(与柏拉图的观点相反),而是因为都有相同的结构。无生命的物体也类似,它们的形式决定了它们的独特活动和用途。例如,斧头的组件就决定了它的功能——砍木头。从用途来定义物体使亚里士多德的物质理论"目的化"。他认为世界上所有的物体都可以通过这种方法来定义。他的形式论也使他不认同柏拉图的人类本质的相关理论,他没有看到人类不同于肉体的实质,因此,人死后自我还存在的观点是无稽之谈。

> **"大自然的每个领域是如此的神奇。"**
>
> ——《论动物部分》(Parts of Animals)645A篇

存在是什么?

亚里士多德热衷于"存在"的问题,例如:这里都有些什么样的东西,这些东西存在所依赖的是什么。他对世界的关注必然使他不赞同柏拉图的《理念论》(见76—81页)——宇宙世界独立于其他事物而存在的观点。亚里士多德认为除了我们通常看到的这些样本以外,再没有其他形式的存在。所以,就像是我们常见的生长在我们周围的橡树一样。物体或者物质不仅包含物理成分,也有其表现的形式。植物或者动物不是由它的组成成分决定的,而是由它的形成方

伦理和政治

亚里士多德认为人民是社会的主体,政府是为让人民生活得幸福而建立。因为政府是为了方便人民而不是驾驭人民,所以他不同意柏拉图的哲学家管理政府的观点。他相信只有民主才能更好地实现这一目的。人类追求幸福,而获得幸福则需要通过美德和脑力劳动。他指导人们如何追求幸福,识别我们追求人类幸福的美德——中庸——譬如,慷慨就是吝啬和奢侈两个极端的黄金平衡点等。

参阅:柏拉图(244—247页),柏拉图和形式(76—81页),精神和身体二元论(124—127页)

锡诺帕的第欧根尼

● 约公元前400—前325年　▶ 希腊

第欧根尼人生的大部分时间在希腊教书，并且还是犬儒学派的创始人。他抵制传统束缚和文明的生活，把理性和自然当作更好的行动指南。

第欧根尼跟随与柏拉图同时代的安提西尼。在苏格拉底死后，他放弃了贵族生活，与广大劳苦大众一起到田间耕作。然而第欧根尼远不止如此极端，他教导说能控制人为的欲望就是美德，所以他过着简朴的生活——随身带上他所有的财产，睡在桶里。与他同时代的人觉得他的生活方式很怪异，就叫他"玩世不恭者"，来自"kynikos"，意思是"像狗一样"。还有很多关于他的故事，但是最有名的可能要数亚历山大大帝去拜访他，并问他需要什么恩赐，而第欧根尼却回答说让亚历山大不要挡住他的阳光。

简·维克特的作品**"第欧根尼找一个诚实的人"**：犬儒学派的创始人用令人震惊的方法在雅典宣传他的极端思想。

伊利斯的皮浪

● 公元前360—前227年　▶ 希腊

人们普遍将皮浪划为"怀疑派"，并且常将他的怀疑论称为皮浪主义。尽管他没有留下任何文字，但是他的思想却激励着一个信仰流派。这一学派在哲学史上有着举足轻重的地位——有时是破坏性的。

皮浪是第一个将怀疑论系统地作为自己哲学核心的哲学家。皮浪认为不发表任何意见，不做任何判断不仅是决定我们信什么和不信什么的一种方式，还是对学科误解和看事要一分为二的事实的唯一理性回应。皮浪太过专注于他的怀疑论，通常他需要一个随从不离身地跟着他，以防止他因太投入而坠崖，因为他不确定自己是否知道。另外，如果没有扎实的知识，我们不能只满足于表面现象，所以他推崇按照传统信念来生活，要多实践——至少是断断续续的。

由于在亚历山大大帝竞选宣传活动中对不同文化的信仰和习俗的仔细考察，皮浪得到了他的地位。他的事例启发了古哲学的怀疑学派——对一切都要无动于衷，才能得到灵魂的安宁。

伊壁鸠鲁

● 公元前341—前270年　　🏳 希腊

伊壁鸠鲁继承了德谟克利特的原子论,认为万物都是由看不见的小颗粒构成的。这些原子的形状和运动足以解释宇宙里所有的现象。因此人类以及人类的灵魂只是运动的物质。

生平与著作

伊壁鸠鲁的父亲是殖民地萨摩斯的一名教师。伊壁鸠鲁自己在里斯博执教,随后自己在雅典创立了自己的学校"花园",因为教学在自己家的花园里进行而得名。其教学方法开明,并积极接受妇女和穷人入学。这里也成为宣扬伊壁鸠鲁的哲学思想的中心,倡导节制的生活方式,避开各种宗教信仰和行为。他最有名的门徒是诗人卢克莱修(Lucretius)——其作品《物体的性质》(*The Nature of Things*)将伊壁鸠鲁的思想传入了罗马。

重要作品:尽管伊壁鸠鲁是一名多产的作家,但现存下来的作品极少,主要收录在第欧根尼·拉尔修的《著名哲学家生平》一书中,如"给希罗多德的信"以及"给默纳塞斯的信"。

主要思想

伊壁鸠鲁是个唯物主义者,他主张上帝没有参与人类的活动,人类也像其他物质一样是由原子组成的。因此,我们死后灵魂也随着肉体的死亡而消失,而肉体死亡就是我们的死亡。和我们想象的相反,他却以此来鼓励人们不要害怕死亡,因为每个人都会有那么一天。然而,死亡无法让我们感受快乐或者痛苦,这些我们只有在活着才能体会到。所以我们要在活着的时候尽情享受快乐。不幸的是尽管他本人认为最高的快乐来源于追逐智慧和与朋友交流哲学,但是他的这种快乐主义却被他的反对者丑化成怂恿人们去追求低级趣味。他认为盲目追求快乐并不能扩大人们的幸福感,从长远看,克制物质需求追求简单的快乐才更有意义,也会经久不衰。我们的目的是寻求快乐的平衡点而不是极端,否则必然导致痛苦。

参阅:上帝存在吗?(140—149页),穆勒(308—309页),霍布斯(275页),边沁(300页)

伊壁鸠鲁认为他吃干面包喝白开水得到的快乐与富人吃好吃的美食得到的快乐是一样的。

哲学名家

季蒂昂的芝诺

● 约公元前332—前265年　🏳 希腊

芝诺，作为影响了希腊文化，甚至罗马帝国以及马克·奥列留国王的哲学流派——斯多亚学派的创始人，认为世界是理性发展的，并提出精神的安宁是通过激情的自我控制来实现的。

生平及著作

芝诺原是来自塞浦路斯的希腊殖民地季蒂昂的一个商人，后迁至雅典求学，师从犬儒派哲学家克拉特斯。为了帮助他的学生克服对社会传统的依附，克拉特斯将他手中的罐子摔破，让他满身都是小扁豆来当众羞辱他。无论这些是否达到理想的效果，芝诺继承了犬儒派对社会美好的东西不信任，尽管在他看来是不合理的。

他创立了斯多亚哲学学派，以他在希腊讲学的画廊命名，"画廊（stoa）"在希腊文中叫斯多亚。为了研究哲学，他过着简朴的生活。尽管他在《理想国》里写到乌托邦，但他的著作没有一部留存下来。据说芝诺摔断了一个脚趾，就把它看成是即将死亡的征兆，于是自缢而死。

主要思想

我们得从受他影响的斯多亚学派来了解芝诺的教义。他是一个唯物主义者，赞成赫拉克利特"灵魂由火构成"的观点。同时他提出自然的规律是严格规定好的，所有的成分从火开始，最终又回到火，如此无限循环。斯多亚学派成员都是泛神论者，他们认为宇宙的至高无上的创造力渗透在各个方面，自然世界在神圣的统治者安排下理性地发展。良好的生活是符合自然规律的，因此我们应该接受我们无法改变的，不抱怨命运；禁欲主义只是大家的想象。

芝诺钦佩苏格拉底在面对死亡时的镇定，忍受肉体痛苦的能力，以及对世俗趣味的漠视。他有时也被称作芝诺·阿帕西亚，因为他教"阿帕西亚"——也就是压制激情是通往幸福的路径。

芝诺认为我们应当压制情绪和激情，就像《星际迷航》中的史巴克先生，要有理智。

参阅：赫拉克利特（238页），苏格拉底（242—243页），第欧根尼（250页）

韩非子

● 约公元前280—前233年　🏳 中国

韩非子和李斯一起创立了法家学说，强调施加法律以确保公共秩序。因为它强调的是国家利益而不是个人自由，所以为中国中央集权制提供了哲学理论依据。

生平与著作

韩非子是战国时韩国人，出身于贵族世家。他与李斯同为儒家思想的主要代表人物荀子的学生。为了影响韩国国王，他多次上书韩王变法图强，但韩王置若罔闻，始终都未采纳。尽管如此，他的著作却让邻国秦国的统治者、后来成为中国封建社会第一个帝王的始皇帝慕其名。公元前234年，秦国进攻韩国。作为特使，韩非子见到了秦王。然而韩非子从前的同窗现已是秦国大臣的李斯，在秦王面前诋毁韩非子，让他遭到关押。在狱中，他写信向秦王进谏怎样结束中国战国时期诸侯割据，建立统一集权国家，而他的同窗李斯继续谗害他，派人给韩非子送去毒药，让他自杀。他果然自杀了。尽管如此，法家学说对秦王嬴政有着深远的影响。

重要作品：《韩非子》（Han Feizi）

中国封建社会的第一个皇帝，雄伟长城的建造者，深受韩非子法家学说的影响。

主要思想

韩非子生活在战国时期的末期，许多思想家都认为动乱时期需求社会秩序。在此期间，他的老师荀子与当时著名的儒家学者孟子之间有关人性恶与善的大辩论刚刚结束。孟子提出同情心是与生俱来的，只是要培养。而对方则认为道德教育对社会是必要的。韩非子更偏向于荀子，认为人会被个人利益和不愿受罚所刺激，因此教育和严格的法律及惩罚制度是保证道德行为的关键。韩非子同时也反对儒家对传统的重视，赞成引入新的治国之道。在韩非子看来，统治者也要受到法律约束，但是其他法家，包括李斯，认为只要社会秩序得到了维护，统治者可以不用与普通百姓一样受到约束。这就与马基雅维里的观点一致，被视作为极权主义辩护。

参阅：老子（235页），马基雅维里（270—271页），马克思（311—312页），政治哲学（160—177页）

普罗提诺

● 205—270年　🏛 埃及

生活在罗马帝国大动乱时期的普罗提诺，致力于研究隐藏在世界虚幻表面后的完美世界的知识。他的新柏拉图学派的理论决定了基督教形而上学在中世纪的发展。

生平与著作

我们是通过普罗提诺的学生普菲力欧斯写的传记《九章集》（*Enneades*）的序言才了解他的生平。那时候他在当时的文化之都亚历山大学习了11年，他接受了大量希腊古典哲学的培训，当然，也包括对柏拉图的研究。他参加了罗马皇帝戈尔迪安三世对波斯和印度发动的军事远征，据说是为了学习东方哲学。但不幸的是，皇帝戈尔迪安于244年在美索不达米亚被他的军队谋杀，远征随之停止，普罗提诺也就不得不放弃探索东方思想的想法。当他40岁时来到罗马并设立了一所学校，教授他的拿手学说——柏拉图主义，即著名的新柏拉图哲学。他还试图建立柏拉图式的理想国，取名"柏拉图普里斯"，但是加利努斯国王收回了对这个计划的支持。在罗马教书20年后，他的学生普菲力欧斯鼓励他将自己的思想加以系统化以留给后代，普罗提诺死后普菲力欧斯将他的书写编辑成六本书，每本书都有九章，即著名的《九章集》。

亚历山大图书馆是普罗提诺研究希腊哲学和在那时可能在埃及有所耳闻的佛教的地方，这些也许影响了普罗提诺的思想。

主要思想

普罗提诺非常欣赏柏拉图的作品，他将柏拉图体系系统化并支持其主要的形而上学理论，在此基础上形成了自己的哲学观点。在普罗提诺的哲学里，"至善的理想"变成了"太一"理论，即他的三大"实显"，或者叫做现实世界三个阶段里最高的一个层次，"太一"是他的体系里绝对纯粹的第一原则，这一原则是不能被捕捉的，因为任何对它的预测都是对它的一种限制。与柏拉图的"至善的理想"相比，"太一"超越了生物但同时又从全人类得到并使知识成为可能中获取，它是自我产生并且自我维持的，据说所有的生物都是由它"发散"而来，因此也制造出了另外两个"实显"，也就是思维（精神）和灵魂。这种发散的信念并不涉及一种宇宙的有意识行为——与基督教上帝相比，而是一种本体独立（见140—141页）。精神是柏拉图形式的境界，也是来源于不同物体的存在，它是一种我们通过哲学疑问而忙于了解的世界，但是人类和其他生物也显示出精神

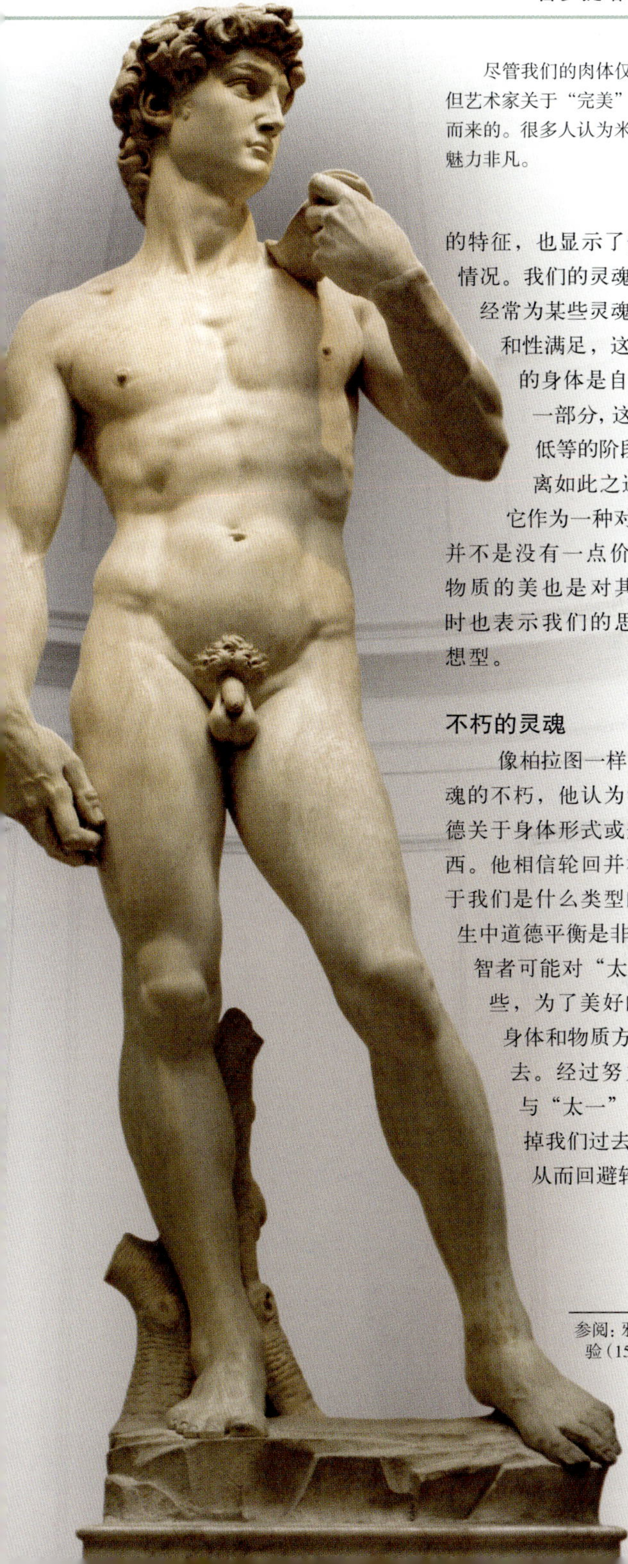

尽管我们的肉体仅仅只是物质的东西，但艺术家关于"完美"的概念是从现实提升而来的。很多人认为米开朗琪罗的《大卫》魅力非凡。

的特征，也显示了作为有欲望的生物的情况。我们的灵魂被具体表现为让我们经常为某些灵魂之外的东西，如食物和性满足，这必须付出努力。我们的身体是自然界，即物质世界的一部分，这是普罗提诺体系里最低等的阶段。物质，与"太一"距离如此之远，是邪恶之源，但是它作为一种对"形式"的模仿来说并不是没有一点价值的，所以认识到物质的美也是对其他方面的认识，同时也表示我们的思想也可以转变成理想型。

不朽的灵魂

像柏拉图一样，普罗提诺也赞成灵魂的不朽，他认为它不可能是亚里士多德关于身体形式或是其他任何物质的东西。他相信轮回并相信轮回的本质取决于我们是什么类型的人，所以在人的一生中道德平衡是非常重要的。然而，明智者可能对"太一"理论理解得更多些，为了美好的生活，把注意力从身体和物质方面转移到哲学研究中去。经过努力学习，我们也许能与"太一"获得神秘的结合，忘掉我们过去的生活和自我意识，从而回避轮回。

参阅：邪恶问题（153页），宗教体验（150—152页）

希坡的奥古斯丁

● 354—430年　📍 北非（现在的阿尔及利亚）

奥古斯丁是天主教信仰的伟大圣人之一。据他自己所说，他竟然令人难以置信地完成了230部著作。其中最著名的当属他的自传《忏悔录》以及《上帝之城》，前者追述了他年轻时放荡的生活和对上帝的发现，而后者描绘了神的国度。

生平和著作

奥古斯丁幼年是在北非度过的，他从小就被母亲灌输基督教义。但到了青年时期，尤其是他在迦太基城学习的那段时间，他开始慢慢变得对基督圣经肤浅单调的思想产生不满。在找寻哲学家的宗教价值中，他逐渐成为摩尼教追随者，摩尼教是由一个名叫马尼的先知创立的，马尼于277年在波斯不幸被钉死在十字架上。

虽然，根据奥古斯丁的《忏悔录》，我们知道，他在迦太基城学习乃至后来教书的那段日子都相当淫乱。他18岁时，就和一位不知姓名的女子同居并育有一个儿子。至于他们为什么没结婚至今仍不清楚。也许她以前是个奴隶，而在罗马法律里与奴隶结婚是被禁止的。384年，他家搬到了意大利，在那儿奥古斯丁接受了新柏拉图主义，并且没费多大周折，他就重新开始了他对基督教的信仰并于386年正式加入基督教。公元391年，他重返北非并准备过单身生活，成了一名牧师，随后，他又升任希坡的大主教。在那里也就是他的出生地努米底亚省的塔加斯特镇，他建立了一个由他的信徒组成的社区。当汪达尔人围攻希坡城，直至其随后沦陷时，他死在那里，享年75岁。

经过了多年的内部斗争和动乱，奥古斯丁接受了他童年时候的信仰，再次皈依基督教。

主要作品：《忏悔录》(*The Confessions*)、《上帝之城》(*The City of God*)

希坡的奥古斯丁

主要思想

奥古斯丁早期放弃信仰基督教，主要是因为他无法理解在这个物质的世界中那个无形的创造者的思想，也由于造物主无法处理邪恶和痛苦这些难题。后面那个难题是来自基督教徒相信创世主"上帝"是提倡博学、仁爱、无所不能的。此人必须清楚他所创造出来的邪恶，并且有心也有能力去消灭它。实际上，他并没有努力去证明他的存在，所以奥古斯丁起初觉得摩尼教更令人满意也就不足为奇了，正是因为摩尼教认为宇宙是在邪恶与正义的斗争中开始形成的。

然而，对于奥古斯丁的追根究底，摩尼教的教义始终给不了一个一劳永逸的解决方案。而他后来碰到的柏拉图和普罗提诺的著作却给他指明了解决难题的出路。新柏拉图学派包含了一个非物质世界中的各种形式与正义，或者万物所接受的首要准则，考虑到了一个创造世间万物的创造者。只有上帝是完全真实的，而这个由上帝创造的世界由于与他相距甚远，却没那么真实了。同时，上帝指明了冥思的对象。因此，尽管感觉是不可靠的知识来源，我们从对自身思想进行内省开始，渐渐地上升到对上帝的冥思有了真正的理解。最终，真正的精神启蒙将通过与上帝的结合实现。

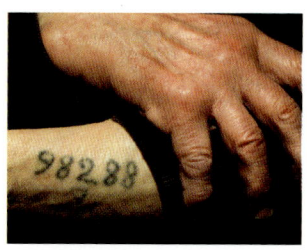

奥古斯丁把自由意志看作人类的罪恶（如大屠杀）的来源，从而赦免了上帝。

> **"上帝不是邪恶的父母……邪恶存在于上帝恩赐的具有自由选择的灵魂的原罪里。"**
>
> ——《反佛图纳的摩尼教》第20章
> （*Contra Fortunatum Manichaeum*, *Acta seu Disputatio* Ch. 20）

命运与原罪

尽管奥古斯丁渴望能在精神上与上帝交流，可他发现他身体中对女性产生的本能的欲望很难克服。但他并没有宣称他完全是靠着意志力才使他最终能够投入信仰的怀抱。奥古斯丁的命运论意味着我们无论是被救赎还是永远在地狱遭受燃烧的痛苦这都是上帝的抉择。奥古斯丁对于原罪的看法是——人类的堕落——痛苦的源泉与创世纪中描述的是一致的，并成为教会的官方观点。亚当的罪，将一代代传下去，使我们受到公正的惩罚。

辩护邪恶

奥古斯丁的神义论仍然是处理关于邪恶问题的最具独创性的方法之一。他通过辩证认为邪恶并不是以它自身的实力而独立存在的，而是因为正义的丧失与缺失而产生的。上帝创造的万物皆是好的，邪恶只有当它的创造物腐朽之后才会产生。因此上帝对于邪恶的产生并不负有责任，邪恶是由于天使和人类的自由散漫造成的。

参阅：邪恶问题（153—154页），自由意志是导致恶的原因吗？（155页）

波伊提乌

⊙ 约480—524/6年　▣ 意大利

波伊提乌，有时被认为是最后一位罗马哲学家和经院哲学的创始人。他在把希腊思想转化成中世纪拉丁传统哲学中，他对中世纪哲学有着深远的影响。

阿尼修斯·马尼利乌斯·塞维里努斯·波伊提乌出生于一个罗马贵族家庭，在雅典和亚历山大学习希腊语。他为意大利的奥斯特洛哥特王狄奥多里克服务，并被提升为所有政府和法院的总管。然而，在公元523年他被指控有背叛罪入监，被施以酷刑，最后被处死。他从财富、声望以及权力的顶峰一落千丈，这为他最为著名的作品《哲学的慰藉》（Consolation of Philosophy）提供了创作背景。他在书中描述了夫人哲学如何使他的不幸得到安慰，并揭露了他深受新柏拉图学说影响的基督教世界观。他的其他作品包括一些关于亚里士多德的作品的拉丁文翻译及评论，以及关于逻辑方面的著作。

波伊提乌在狱中等待行刑的时候，得到了哲学化身的安慰。在《哲学的慰藉》一书中，他详述了他们的对话。

阿尔法拉比

⊙ 870—950年　▣ 波斯

阿尔法拉比是一位新柏拉图主义者，认为真主安拉就是普罗提诺所提出的"救世主"。他也深受亚里士多德的影响，为他的作品写过评论。他的评论也涉及其他主题，包括逻辑学、医学、音乐和自然科学。

历史学家对法拉比的出生地存在争议，不知道是现在伊朗的法里亚布还是哈萨克斯坦的法拉布，但是有一点可以肯定：他于公元901年到过巴格达，并在那里长期从事教学和写作，同时周游各国。他盛名远播，并渐渐地成为继亚里士多德之后最杰出的大师。他的死因不明，有人说他死于自然原因，也有人说他是被土匪谋杀的。

法拉比认为，哲学是真主安拉的召唤，是获得真知的唯一途径。所以尽管《古兰经》的确源于真主安拉，它的主张必须被视为一种符号和文化依存物。例如，法拉比认为在肉体死亡之后灵魂也就不复存在了。因此《古兰经》中关于灵魂不朽的说法不应该认为是完全正确的。尽管这样，他仍然认为追求智慧的哲学生命将得到永生。他认为在现世生活中哲学家有责任引领人们治理国家，在《美德城》（Virtuous City）一书中，他就描述了一个由哲学先知统治的柏拉图式的乌托邦国度。

阿维森纳·伊本·西拿

● 980—1037年　　波斯

阿维森纳的哲学体系是新柏拉图主义和亚里士多德传统哲学与穆斯林神学的综合。作为中世纪一位重要的哲学家，他在科学领域也享有同等重要的地位。他的《医典》是整个欧洲中世纪最主要的医学教科书。

生平与著作

通过他的自传及他的弟子阿尤扎亚尼（Al-Juzajani）提供的残本，我们知道了阿维森纳30岁以前的生活。他出生于布哈拉城附近（今乌兹别克斯坦的首都），幼年聪颖，记忆非凡。10岁时他就能背诵《古兰经》，14岁时对形而上学问题很感兴趣，读了亚里士多德的《形而上学》40遍以后便记住了全部文字，尽管他承认直到他读了法拉比所写的评论后才理解了这本书的内容。他自学过医学，在16岁时开始为人们治病，并治好了布哈拉国王的怪病，因而获准使用布哈拉的王室图书馆，就在那里他花了几年时间从事他的的研究。21岁时，他已成为一名宫廷医生和行政官，但是当这里发生政治动乱时，他迁居别处辅佐其他统治者，他死于为伊斯法罕长官效力期间。关于他所留下的作品，涉及哲学方面的有大约150种，涉及医学方面的有40种。到目前为止，最为著名的是《治疗论》和《医典》，其中《治疗论》号称哲学的百科全书。

重要作品：《治疗论》*The Book of Healing*（kitabal—shifa）、《医典》*Cannon of Medicine*（Al—qanunfil—tibb）

> "在医学领域，我们应该懂得导致疾病和健康的原因。"
>
> ——《医典》（*On Medicine*）

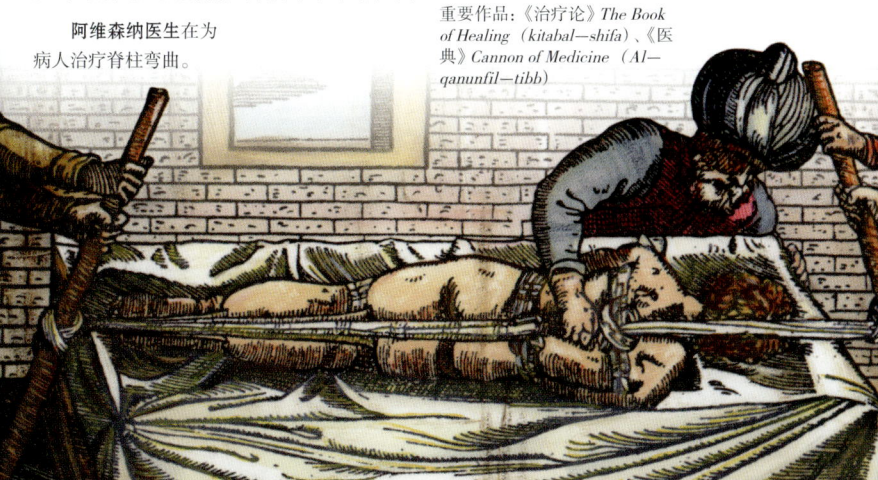

阿维森纳医生在为病人治疗脊柱弯曲。

主要思想

尽管阿维森纳倾向于支持亚里士多德，淡化新柏拉图学派的哲学思想，但他还是进一步完善了法拉比的观点（见258页）。从"太一"，即真主安拉，以及物质世界，发展到普罗提诺的存在的等级观念，阿维森纳认为，所有人的灵魂都是不朽的，理性地追求可知世界才是最终与真主安拉结合并拥有更好来生的途径。

凯拉姆学

阿维森纳和同时期的其他穆斯林哲学家一起提出了关于上帝存在（见142页）的宇宙观，也称为"凯拉姆学"，此名称出自亚里士多德。据阿尔法拉比的观察得知，宇宙中的万物可能存在，这意味着它们原来根本不存在或者将来也未必总存在。因为这种生物的"本质"与它们的"存在"是截然不同的，所以它们存在的事实不是由它们本身决定的。因此，它们必须依靠其他事物并促使其存在。然而，并非所有存在的事物都是这样，否则，万物会无止境地倒退，万物都会失去存在的基础。因此，必然有一种生物存在，它依靠自己并维持其他一切的生存，这就是真主安拉。

作为一个无比重要而且完美的人，

对神学的担忧存在于阿维森纳的哲学思想和《古兰经》的教义之间。

科学家阿维森纳

月球上的一个火山口以阿维森纳的名字命名（拉丁文是IbnSina），以表示对他作为一个天文学家和科学家所做出的杰出成就的认可。

在他已被证实的科学主张里，有一个是，视力不是因为眼睛抓获事物的能力，而是因为光源会发射有亮光的小颗粒，它们以一定速度运行，我们的眼睛便看见了。他还观测了金星在太阳照射下的轮廓，从而准确地推断出金星离太阳比离地球更近。

真主安拉的地位永远不可动摇。安拉肯定没有创造宇宙，因为这会引起改变，所以阿维森纳认为宇宙产生的必然是源于安拉的天性。这一点他相信新柏拉图主义思想，即万物皆因上帝而生。但是这种观点对伊斯兰教和基督教思想家来说，也带来了神学方面的某些问题，因为它与《古兰经》和《圣经》中关于创世的描述相对立。另外，如果上帝创造了宇宙，那么一切都是必然的。这意味着，事件和行动是事先决定了的，道德职责和神圣的正义将会是问题。

参阅：上帝存在吗？（140—149页）

坎特伯雷的安瑟伦

● 1033—1109年　🏳 意大利

天才学者安瑟伦在1078年完成了他的代表作《宣讲》（*Proslogion*），他是坎特伯雷教堂的终身大主教，尽管如此，他在与王权的长期政权斗争中多次被流放。

23岁时希望成为和尚的安瑟伦离开他在皮德蒙特高原上奥斯塔镇的老家，经过几年的漂泊，进入了位于法国诺曼底的贝克的本笃会修道院，在那里他升职很快，并在1077年成为修道院院长。贝克是一个很大的修道院，也是那里主要的学府。安瑟伦作为修道院院长经常出访英国，在1093年，他被任命为坎特伯雷大主教，成为英国宗教的首领。

安瑟伦将他的哲学思想归纳为"我信是为了理解"，这意味着理性通过启示可以加深人们对真理的掌握。为了支持有关基督教信条的一些重要文章，他提出了很多理论，如"三一论"和"原罪论"。但是安瑟伦最著名的是作为"本体论证明"（见140—141页）的作者，这个在《对话》中曾被提到。本体论证明不只是试图证明上帝的存在，它还认为上帝一定是最伟大的：他万能，无所不知，独立存在，等等。尽管遭到像阿奎那、康德等影响力很大的批评家的非议，近年来安瑟伦的证明还是重新露面了。

安萨里

● 1058—1111年　🏳 波斯

安萨里在1092—1096年间在巴格达著名的尼采米亚学校当校长，在此期间，他完成了《哲学家的宗旨》（*The Opinions of the Philosophers*）一书，阐述了包括阿尔法拉比和阿维森纳在内的伊斯兰学者的新柏拉图主义和亚里士多德学派的思想。

安萨里出生于现在伊朗的图斯，在伊斯兰哲学的黄金时期一跃成为最著名的学者之一。他在尼采米亚学校的讲座吸引了成百上千的学者，这为他赢得了巨大的财富和尊重。

最终，他注意到《哲学家的宗旨》一书中有反伊斯兰教的思想，于是写了一本反对其观点的姊妹篇《哲学家的矛盾》（*The Incoherence of the Philosophers*），这本书着重驳斥他们使用哲学证明而不是呼吁他们去信仰它。这种对哲学理性的攻击在阿威罗伊（见263页）看来很有影响力，以至于他认为有必要在《矛盾的矛盾》（*The Incoherence of the Incoherence*）中做进一步的辩护。几年以后，安萨里辞掉了尼采米亚学校的职务，摒弃财富，以苦行僧的身份踏上了圣洁之旅，赴麦加朝觐。他的自传《罪赎》（*The Delivery from Error*）表明这个决定是在他认识到一个问题后做出的，哲学论证是无法揭露其真相的，除非投身于这种神秘的研究。后来他回到家乡图斯教书，在那里度过了他人生最后的时光。

现在人们对安萨里作品的兴趣往往集中在他对因果关系的分析上。他认为因果之间无必然联系，因果规律乃是造物主的"意志"。

比埃尔·阿伯拉尔

● 1079—1142年　▶ 法国

比埃尔·阿伯拉尔最为人所知的是他和他学生埃洛伊斯的悲剧恋情,而不是他的哲学,但是比埃尔·阿伯拉尔是一名伟大的学者和教师。作为一名经院哲学方法的拥护者,他反对继承来自柏拉图学派的占主导地位的现实主义的宇宙论(见244—247页)。

阿伯拉尔读的是巴黎圣母院的教堂学校。他是个聪明的学生,后来又成了一名魅力十足的教师。22岁时,他在巴黎创立了自己的学校,到34岁时就成了巴黎圣母院院长。

阿伯拉尔因精通辩证法而出名,他极力反对当时正流行的现实主义思想,指出那些通用术语,如"橡树",仅仅只是词语而已,它们不会赋予那些现存的各种橡树真正的含义。

1117年阿伯拉尔与年仅16岁的埃洛伊斯相遇,她为他怀孕并且生下一个男孩,取名阿琼拉宝。他们秘密地结了婚,但是当他们的婚姻公布于众的时候,阿伯拉尔将埃洛伊斯送去当了修女。埃洛伊斯的家人为复仇将他阉割,阿伯拉尔于是出家当了修士。两个人来往的信件保存了一些,这也成为欧洲文学伟大的爱情故事之一。

阿伯拉尔继续招致论战,到处树敌,在1121年这种行为被认为是异端而遭到审判,1132年,他出狱并试图好好生活。同年,他在《我的不幸故事》(History of My Misfortunes)中总结了他的一生。最后,他离开修道院,做了一名隐士。

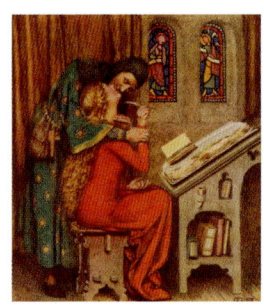

爱情传说中被爱迷惑的埃洛伊斯自己也是一位杰出的学者,她在改变信仰后也成了一个女修道院院长。

摩西·迈蒙尼德

● 1135—1204年　▶ 西班牙

迈蒙尼德不仅著有关于医学的书,也有关于犹太教律法的书,但是,哲学家之所以记得他是因为他的《迷途指津》(Guide for the Perplexed)。该指南对中世纪经院哲学产生了相当大的影响,尤其是对阿奎那和邓斯·司各特。

迈蒙尼德出生于一个犹太学者家庭,在他父亲的影响下学习律法。尽管他们生活在安达卢西亚的一个自由的伊斯兰政体下,1148年,为了征服阿尔摩哈德王朝,他们一家人被迫流亡,先是西班牙,从1158年开始转至摩洛哥,最后他们在埃及定居下来。在那里,迈蒙尼德成为苏丹萨拉丁的元老瓦尔齐的内科医生。

《迷途指津》试图用亚里士多德思想支持犹太神学,但同时他又违背了亚里士多德的思想,与《圣经》相抵触。该指南为上帝的存在提供了很多证据,并确定了上帝的一些特性——比如,上帝不是肉体的。凭借这些证据,迈蒙尼德捍卫了一种"否定神学":即,我们不能公平地对待上帝,用拟人化的术语来描述他,并且因为没有足够的依据,我们只能通过"他不是什么"来间接描绘。

阿威罗伊

● 1126—1198年　▶ 西班牙

阿威罗伊，伊斯兰教黄金时期的最后一位伟大哲学家，是研究亚里士多德最伟大的评论家。他的著作导致中世纪基督教思想家重新研究亚里士多德，正因这点他的作品影响力最大，因为人们从对伊斯兰教宗教的研究转向了哲学。

生平与著作

阿威罗伊生活在伊斯兰统治时期的安达卢西亚，那时知识分子相对自由，没有政治干扰。作为法官家族的后裔，他不仅修了神学和哲学，还学了法律和医学。1169年，他成为塞维利亚和科尔多瓦的一名教法官，后来又做了阿尔莫哈德王朝的宫廷御医。在后面那段时期里，他写了38篇关于亚里士多德的评论。《矛盾的矛盾》是为批驳安萨里为维护正统伊斯兰教教义反对亚里士多德和柏拉图主义的。阿威罗伊为理性哲学的辩护得罪了神职人员，在1195年，他被指控有异端倾向而遭放逐。

主要思想

阿威罗伊的哲学本质上是亚里士多德学派和新柏拉图主义。和同时期的其他伊斯兰思想家一样，他认为宇宙是分等级的，和真主安拉一样，一端是纯形态的，另一端则是无形的。安拉是最善良的，这恰恰是人类心灵渴望获得的品质。然而，与安萨里的观点相反，阿威罗伊认为，获取知识有不同的方法：天启和理性。因此，在《矛盾的矛盾》中，阿威罗伊对安萨里试图表明理性是无法展示形而上学真理的观点进行了反驳，要恢复用哲学思想来裁决神学问题。这不是说天启就没有用处了，而是有了不同的方法以获得真理。阿威罗伊认为人类的不朽是普遍灵魂，大家共享的，所以有万物永恒，没有个人永生，这让人联想到佛教思想，而让后来的基督教思想家难受。

参阅：理性与信仰（157页），安萨里（261页），阿维森纳（259页），普罗提诺（254—255页），柏拉图（244—247页），阿奎那（264—265页）

阿威罗伊（左）想象着在与伟大的3世纪的新柏拉图学派的教师和作家波菲利（Porphyry）交谈。

"有些关于上帝的真理是人无法理解的……但有一些真理人通过本能是可以感受到的,比如上帝的存在。"

——《驳异大全》(*Summa Contra Gentiles*)第一卷

托马斯·阿奎那

● 1225—1274年 ▌意大利

欧洲中世纪（500—1000年）之后，亚里士多德的著作再次被发现，由此在欧洲形成了大量学者文人涌现的新时期，而托马斯·阿奎那就是这个觉醒时代最重要的一位。由于他对形而上学、宇宙论和伦理学的贡献，直到今天他的成就在天主教仍占有十分显著的地位。

生平及著作

托马斯·阿奎那出生于意大利那波利的一个贵族家庭，5岁时在蒙特卡西诺修道院开始接受教育，后来到那波利大学学习，并在这里接触到了亚里士多德理论。大约在1243年，他强烈要求加入道明会。为了劝他回头，他的几个兄弟绑架了他并将他监禁了两年。他们还尝试过用妓女诱惑他，可是他却用火把点燃了门上的十字架将她赶跑了。最后他的兄弟们动了恻隐之心，放他回了道明会，他被送往科隆和法国向亚里士多德学派的老师大阿伯拉尔学习。1257年，他获得了硕士学位和教职，在这之前的很多年一直得到了大阿伯拉尔老师的指导。

托马斯·阿奎那被很多人当作是天主教最伟大的神学家。他的神学著作被称为"托马斯主义"，并一直影响着今天的天主教徒。

阿奎那老师

阿奎那游历欧洲众国，在这些地方的学习中心任教，积极参加当时的神学辩论，同时还写了很多书。在1273年12月6日的一次弥撒仪式中，阿奎那还称自己看见了神迹。事后他停止了写作（这使得他的伟大著作《神学大全》没能完成）。当被问及为何封笔时，阿奎那答道："我写不下去了……与我所见和受到的启示相比，我过去所写的一切犹如草芥。"4个月后，教皇指派阿奎那参加里昂会议，不幸他患病去世了。

尽管阿奎那因为讲话慢、身体矮壮有时被戏称为"笨牛"，但是他的智商和个性却给他身边的每个人都留下了深刻的印象。他的导师大阿伯拉尔早前就预言道："将来，这头牛的吼叫会在世界回荡。"1323年，教皇约翰二十二世正式封阿奎那为圣人。近年来，他的经院哲学观点再次受到人们的关注。

主要作品：《驳异大全》（Summa Contra Gentiles）、《神学大全》（Summa Theologiae）、《亚里士多德评论》（Commentaries On Aristotle）

主要思想

阿奎那坚信人在出生时,脑袋里是一片空白,因此,我们所有的知识都来自感官与经历。他告知我们获取知识的两条不同的途径:一是通过收集我们身边的零碎的证据来推理获得,二是根据启示来获得。但是他却一面将神学按"自然"和"启示"做了明确区分,另一方面又认为两种发现是可以兼容的,因为二者代表了上帝赐予的发现同一种现实的不同方法。所以他把伟大的异教徒哲学家亚里士多德的著作与基督教教义等同看待,这就不奇怪了。这也是他为什么投入大量精力来建设这两个思想体系并存的问题。

实质和存在

阿奎那从亚里士多德那里继承了对"存在"的兴趣,并且坚持认为每一个事物都有其实质或决定性特征,使其区别于其他事物。但是某物的实质问题是不同于它的存在问题的,例如,独角兽的定义:长着一只角的马。这就是它的实质,但是懂得这些并没有告诉我们到底存在

> **"人类解放不可缺少的三样东西:信仰、希望和慈善。"**
> ——《慈善二原则》(*Two Precepts of Charity*)

与否。在被创造的世界里所有事物都是实质先于存在的,也是说上帝是先在脑海里有了要造的物质的形象后再造出来的。上帝是唯一实质并不先于存在的,因此他是唯一实质和存在完全相同的。

上帝存在吗?

虽然上帝的存在已经在《圣经》里提到并且也能从信仰上被我们接受,但是阿奎那相信上帝的存在是可以证明的。然而他不认同安瑟伦的本体论论证(见140—141页),并且声称"上帝的存在"并非可以

委拉斯开兹的画"圣·托马斯·阿奎那的诱惑"表明:阿奎那努力忠于他的职守是有据可查的。

托马斯·阿奎那

不证自明的。"上帝的存在"不是单靠逻辑推理可以证明的，而是要通过搜集自然界的证据来论证。他轰动地提出了"五个证明的方法"，其中前三个是宇宙论论证，第四个是道德论证，第五个是目的论论证（见147—149页）。

怎样感知上帝

尽管我们可以通过推理来论证上帝的存在，但是仅通过人类有限的思维是无法抓住上帝的本质的。语言可以指代这个以经验为基础的世界，因此不能准确描述超出经验之外的生物。同样当我们在用明智或者富有同情心等词汇谈论上帝时，我们的描述明显会缺少事实的依据，但是这也并不意味着我们的描述就是错的，是没有任何意义的；相反，我们可以通过类比将这类词用在他的身上。我们认为这些品质是以一种优于我们通过经历所能了解的方式存在于他的身上。

灵魂

与亚里士多德一样，阿奎那相信每一种生物都有灵魂，是肉体的形式和结合的原则，人类有一个心理物理结构体。我们之所以和动物不同，是因为我们是具有理性的精神生物。智力和心灵是不朽的，因此，与亚里士多德不同的是阿奎那认为身体死亡并不代表着我们真正的死了。然而，想要获得永生，就得让之前与肉体结合的灵魂在复活时再次结合。

自然定律伦理学

阿奎那的伦理学最初来源于亚里士多德，所有创造出来的物质都是有用的，而它们用途的实现就是它们的善。对于基督教徒来说，这就很有道理，因为宇宙的本性是任何东西都是神授的，任何按照本身的用途来设计的物质有最适合它的构成。虽然人类也不例外，但是不同于其他生物的是作为理性的生物，我们知道我们的目的并能自觉地向那个目的靠近。阿奎那指出理智告诉我们财富或幸福是我们的善，幸福则包括对生存的基本需求的满足，例如食物和生殖；但是这也并不是说幸福就等于健康、财富、快乐或任何其他世俗的东西。精确地说，幸福包括过着高尚的生活，追求智慧以及对上帝本质的冥思。

但丁和阿奎那

但丁的宇宙论印证了阿奎那的宇宙学说，一系列的同轴体通过重要推动者上帝"第一原则"所维系。在《神曲》中但丁在地狱遭遇了异教徒的哲学家柏拉图和苏格拉底，但当他进入天堂时，他看见了很荣耀的阿奎那的灵魂。但丁十分赞赏阿奎那，以至于人们往往把《神曲》当作诗歌中的《神学大全》；和阿奎那一样，但丁认为对智慧的追求是过上美好生活的全部。

但丁和维吉尔在窥探已接收希腊古代哲学家灵魂的圆形地狱里，而阿奎那住在天堂。

参阅：上帝存在吗？（140—149页）

拉曼·卢尔

● 1232—1316年　▥ 西班牙

卢尔是在马略卡岛的宫廷里接受的教育，他创建了一种神秘的新柏拉图主义。在对基督有所了解后，他加入了方济会并且在北非从事传教工作。由于他深信合理的论点能说服穆斯林和犹太人皈依基督教，所以他写了伟大的著作《大衍术》（Arts Magna）。该书试图从所有一神论者所接受的基本概念来证明基督教的真理。他利用复杂技术把不同的基本概念进行组合统一，希望将所有的理论，也包括人类知识，都归结到一个系统中去。

大师爱克哈特

● 约1260—1327年　▥ 德国

爱克哈特的早年生活鲜为人知。他参加了爱尔福特的道明会，担任各种行政职务并在欧洲各地讲学。作为阿奎那（见264—265页）的学生，他的思想偏离主流经院哲学，正如同他的散文的神秘意象。他以"上帝存在于人的心灵之中"的观点（以方言的形式）而闻名遐迩，由于被谴责为异端，他为自己辩护说，那些激励听众行善的华丽言辞已经让他偏离了正教。为了不被烧死，他最终放弃了自己的信仰。

约翰·邓斯·司各特

● 约1266—1308年　▥ 英国

邓斯·司各特在1281年加入方济会并在10年后被任命为牧师。在中世纪最有影响力的形而上学哲学家和逻辑学家当中，他创建了一种复杂的上帝存在宇宙论（见142—143页）。

邓斯·司各特曾在牛津大学求学和任教，之后辗转去了巴黎，在那里他因为和罗马教皇一起反对国王而被驱逐。

与阿奎那（见264—265页）相反，他主张谓述在涉及上帝和普通客体时应该保持一致。在共相问题上，他是一个实在论者，与此同时他主张我们通过知觉就能直接理解个别，而不必依赖普遍概念的媒介作用；他提出了术语"存在的个体性"，意思是"'此'性"，即每个事物有它自己的特征，并且这些特征使它成为独特的个体。在天赋才能方面他还反对怀疑论，声称人们只要正确利用这些能力就能获取知识，并不需要神的"启发"。

因为邓斯·司各特处理这些问题和其他问题时论证严密而复杂，他被称做"精明博士"。后来的哲学家则没有那样称赞他，因为他的许多言论都难以理解，一些诽谤者诋毁他的信徒，称他们"邓斯门徒"——即贬义"蠢材"。

邓斯·司各特给他的学生上课时说的话，他的学生在他死后将他的作品进行了大幅修订。

奥卡姆的威廉

● 约1285—1347年　▣ 英国

> 奥卡姆是方济各会修道士，在牛津求学并任教于牛津，很可能也在阿维尼翁任教过。在阿维尼翁时，他与教廷的争执导致他被逐出教会，不过他的哲学思想从未被谴责过。

在中世纪的共相大辩论中（见柏拉图，244—247页），奥卡姆不认同"实在主义"，他认为共性是指独立于个体的存在。在"唯名论"中他称共性是从我们的具体经历中的抽象化，他往往被认为是现代英国经验主义的先驱。哲学专业的学生都熟悉以他的名字命名的方法论"奥卡姆剃刀"——如无必要，勿增实体。换句话说，每个人都应该用最少的语言去解释任何事情。

大多数家长跟奥卡姆一样，认为对事件最简单的解释通常是正确的。

库萨的尼古拉

● 1401—1464年　▣ 德国

库萨的尼古拉于1423年在帕多瓦大学获得教会法博士学位，随后做了教廷特使。1450年，他被任命为布里克森主教。然而一场与奥地利西吉斯蒙德公爵的争论使得他被短暂的囚禁，使得他在1460年后无法完成他的使命。他在《论有学识的无知》（On Learned Ignorance）（1440）一书中认为，由于我们智力的局限性就不能积极地理解上帝。人的理性受到非矛盾律的约束，而上帝集中了很多我们还无法掌握的东西，因为宇宙反映出上帝的无限，深不可测。在天文学方面，尼古拉先于哥白尼提出：地球是球形并围绕太阳运转。

伊拉斯谟

● 约1466—1536年　▣ 荷兰

伊拉斯谟是北欧文艺复兴时期人文主义的重要代表。1492年，他成为神父，并在巴黎求学，他的一生都在欧洲各地的学术中心进行独立的研究。伊拉斯谟是一个正统天主教的尖刻批评家，并将宗教改革视为其使命。他的《愚人颂》（In Praise of Folly）（1509）讽刺了宗教习俗并且提倡信仰要从墨守成规的神学禁锢中分离出来。虽然他的表达与路德的有很多相似之处，但是伊拉斯谟却不同意他对自由意愿的看法。

哲学名家

尼克罗·马基雅维里

● 1469—1527年　📍 意大利

马基雅维里的关于君主为达目的而应如何执政的主张，使得他的名字成为那些无耻交易的代名词，而《君王论》也被人们指责为邪恶的作品。他认为，一种行为的正义与否，取决于它所要达到的目的。

生平与著作

马基雅维里一生都在佛罗伦萨度过。他在佛罗伦萨共和国（1494年梅迪奇下台后成立）做外交官从事与意大利、法国及德国之间交往的任务。在这个过程中，他会见了许多重要的政治名人，像法国国王路易十二世，教皇，还有值得一提的凯萨·波吉亚（《君王论》（The Prince）被认为是仿效他的）。1512年，当梅迪奇重新执政时，他被指控密谋反对梅迪奇，因此遭到监禁和酷刑。但他坚称自己无罪，最终在1513年，他被新的教皇释放，并被强迫退出政坛而回到他的庄园。他仍继续他的政治写作生涯，并把《君王论》献给了梅迪奇以此希望能够重返政坛。他的《李维语录》（Discourses On livy）（1517）对罗马共和国的李维进行分析，书中对共产主义的支持可能与他的真实观点更为接近。马基雅维里的臭名终其一生都广为人知，甚至发展到"马基雅维里主义"这个词成了奸诈残暴的权术的代名词。

参阅：《君王论》（The Prince）、《论战争艺术》（The Art of War）、《论李维著罗马史前十书》（Discourses On the First Ten Books of Livy）

主要思想

在马基雅维里时代之前，政治理论家描述理想国家的组织形式和勾勒统治者所需美德是司空见惯的事。通过这样的讨论，人们可以感觉到要学习统治艺术的人将会得到他们所渴望的范例。然而这些思想家可能忽略的是国家实际上是如何构成的，以及现实中政治法规如何维系的。在马基雅维里完成其成名之作《君王论》前，他开始将大量现实主义融入政治哲学，这本著作作为君主政治理论实践手册被赠送给君主，它以一种从容而煽动性的方式书写，讨论关于怎样去赢得和维持政权，并用历史典故来支持他所阐述的观点。他认为，有一个品德高尚的君王固然好，但在事实中那是不现实的。而

文艺复兴时期的佛罗伦萨贵族们惯用的**阴谋诡计**，在让马基雅维里的声名狼藉的作品《君王论》中被他变成政治理论。

且，依赖于普通的道德标准不能实现有效统治，因此不道德的行为对于达到政治目的显然是必需的。一个成功的君主在他准备实行残酷的手段去达到目的时，也必须求有价值的目标时，采取善意的邪恶行为时在所难免的。在马基雅维里心中，有价值的目标就是避免群众骚乱、外国侵略，在他有了佛罗伦萨变化无常的政治经历之

> "有一句名言说得好，本应受谴责的行为或许会因他们的作用而变得合理，如果作用是正面的，那它常常被认为是对的。"
>
> ——《李维语录》1.9

擅长塑造完美的道德形象。马基雅维里对于暴力、伪装、失信等作用的分析，作为他达到政治目的的手段，让他获得一个永久的冷酷无情的名声。《君王论》已经被解释为建议统治者忽视在政治活动中的道德关注，它也可以被认为马基雅维里让人遗憾的真实目的就是追后敏锐地认识到的恶行。他的另一部杰作《语录》（*Discourses*）论述了有效的共和法规，需要对内部异议的容忍及对政府的公开支持。

参阅：政治哲学（160—177页），道德价值观是不是事实？（118—119页）

弗朗西斯科·德·维多利亚

● 1480—1546年　▣ 西班牙

德·维多利亚是一位有名的神学家和托马斯主义者（见阿奎那，264—267页），也是经院主义运动的创始人。他让人最先想到的是"正义的战争"理论和以国际法为基础建立一整套国际关系的方案。

弗朗西斯科·德·维多利亚成长在西班牙政治统一和发现并征占美洲时期。1504年，他加入了道明会，1515—1523年间在巴黎任教。回到西班牙后，他就接任了萨拉曼卡大学神学院院长的职位。作为西班牙文艺复兴的关键人物，尽管他认为西班牙有权建立一个帝国，但是他指出基督教信仰不应该强加在南美的土著居民身上，他们应该有得到财产并享有自治的权利。

弗朗西斯科·德·维多利亚生活在西班牙占领与殖民时期，对自己国家的行为有几分愧疚。

米歇尔·德·蒙田

● 1533—1592年　▣ 法国

米歇尔·德·蒙田是法国文艺复兴时重要的人文主义作家，以开创了随笔作品之先河而闻名于世。1580年他的重要作品《随笔集》（Essais）（法语"尝试"的意思）出版了，该书主要是对多种话题的简洁探讨。在他的随笔中，他强调信仰会误导人，并重新使用和更新了古怀疑论。他的座右铭是"我知道什么？"其作品对笛卡儿（见276—279页）和休谟（见290—291页）的怀疑论产生了影响。他信奉上帝，从没有动摇过，也没有因为其信仰而导致杀身之祸。

乔达诺·布鲁诺

● 1548—1600年　▣ 意大利

布鲁诺是个非传统的思想家，深受库萨的尼古拉斯（见269页）和《赫尔默斯著作集》（Corpus Hermeticum）——在当时被认为先于古希腊哲学的秘密条例——的影响。从尼古拉斯那里，他学到了宇宙在空间上是无限的，我们的太阳系只是依附在宇宙里的众多智能生物的一种，还有宇宙里是相反物质和谐共存的概念。他的体系是泛神论的、万物有灵论的——上帝在有单细胞生物和有生命的原子的世界里无处不在。这一点早于斯宾诺莎和莱布尼茨。他的这些观点以及对魔术和占星术的兴趣被教堂的人认为是异教邪说，因此他被判刑并在火刑柱上活活烧死。他拒绝撤回他的言论使它成为自由思想的殉道者。

弗朗西斯科·苏阿雷茨

● 1548—1617年　▣ 西班牙

弗朗西斯科·苏阿雷茨是最后一位经院哲学的拥护者,也是主要的基督神学的倡导人。他被誉为继托马斯·阿奎那之后最伟大的经院哲学家。他反对君权神授,还被认为是国际法的精神创始人。

生平和著作

苏阿雷茨出生在格拉纳达,于1564年加入耶稣会。他在萨拉曼卡学习哲学和神学,于1570年毕业。职业生涯中,他在伊比利亚和罗马多处有名的教育岗位任过职。他是一位多产的作家,并且声誉与日俱增。很快,他就被称为最伟大的在世哲学家,也称杰出博士。据说教皇格雷戈里十三世还在罗马听过他讲课。他写过很多作品,但是最有名的还是有关法律的《法律及神作为立法者》(*De legibus ac Deo legislatore*)(1612)和有关形而上学的《形而上学争辩》(*Disputations Metaphysicae*)(1597)。在他1613年的著作《强力的辩护》(*De Defensione Fidei*)里,他提出人们有权废除暴君。他的临终遗言是"我从未想到死亡也是如此的甜美"。

重要思想

苏阿雷茨的形而上学见解基本上来源于亚里士多德学派,但是他的《形而上学争辩》是从整体上解决"实在科学"的尝试。尽管他是一个托马斯主义者,但却在几个关键问题上和阿奎那的观点有冲突。在对统治着经院主义思想的宇宙理论的争议上,他始终坚持只有特定的世界的存在。他也质疑阿奎那提出的那两个关于神授的知识——什么是真实的,什么是可能的,他认为还有中间的情况,如果情况不同,什么也是正确的。他相信上帝知道一半我们的行动,这并不是说这些是上帝指使的,或这些是必然的。

参阅:柏拉图(244—247页),阿奎那(264—267页),德·维多利亚(对面页),亚里士多德(248—249页)

苏阿雷茨的著作因它们对国王绝对权力的批判而被王室的军队在伦敦公开焚烧。

弗朗西斯·培根

● 1561—1626年　🏳 英国

虽然在官场上培根官至英国法院大法官，但他主要是因为在哲学上的造诣而闻名于世。他意识到科学技术能为人类带来改造自然的力量，是人类走向社会繁荣、进步和人类健康的必经之路。

生平与著作

他的父亲尼古拉·培根是伊丽莎白女王的掌玺大臣。培根曾在剑桥大学攻读法律，然后进入英国议会。1618年被委任为大法官，后又被指控受贿而入狱。他被革去爵位和职位，关在伦敦塔里。被禁止在公共单位任职后，他开始投身写作。在此期间，他提出了创立致力于科学研究的大学的建议，并促使英国皇家协会于1660年建立。1620年创作的《新工具》是号召人们采用实验调查法进行科学研究并从始至终都遵循这个原则。他在验证了雪可以保存鸡肉的理论后因肺炎逝世。

主要作品：《新工具》（*Novum Organum*）

重要思想

培根强烈地意识到，我们都存在幻想的毛病，而这也是科学研究所忌讳的。特借此提出了著名的"四假象说"：第一种是"种族的假象"，这是由于人的天性而引起的认识错误；第二种是"洞穴的假象"，是个人由于性格、爱好、教育、环境而产生的认识中片面性的错误；第三种是"市场的假象"，即由于人们交往时语言概念的不确定产生的思维混乱；第四种是"剧场的假象"这是指由于盲目迷信权威和传统而造成的错误认识，譬如亚里士多德的经院主义跟随者所捏造的哲学体系。

他将经验主义形而上学者比作是用仅能在他们头脑里编制好理论的蜘蛛。我们需要对事实进行仔细考量。他还将没有经过思考的实践比作是蚂蚁，指出他们漫无目的地收集信息，却不能将信息提炼成理论。科学家应该是像蜜蜂一样通过实验和观察获取数据，然后寻找规律，最后按照自然定律归纳成理论。这些理论必须是建立在反复试验和检验基础上并得到确认为准。这一"归纳"体系通常被称为培根方法，它激励并指导了17世纪的新科学的出现。

参阅：归纳问题（180—181页），证伪主义（186—187页），波普尔（332页）

培根认为形而上学家们所创立的错综复杂的问题与现实没有关系。

托马斯·霍布斯

- 1588—1679年　　英国

霍布斯是第一位现代唯物主义者。在一个宗教深入人心毫无精神物质的时代里，他独善其身。他最有名的就是他的政治哲学：个人应该服从强大的君主政权，以维持秩序与和平。

生平与著作

从牛津大学毕业后，霍布斯做过德文郡伯爵儿子的辅导老师，还周游欧洲各国，广结当时的学者文人，例如笛卡儿、伽利略、伽桑迪等。霍布斯回到伦敦后，因为支持保皇主义者，在1640年英国内战爆发前夕逃到法国。在这一时期，他辅导流亡的后来的国王查尔斯二世，同时还完成了对笛卡儿《形而上学的沉思》一书的第三组批评，并开始着手他的哲学三部曲《论公民》（1642）。他的名作《利维坦》出版于1651年，但是招来了法国当局的不满，他只得重返英国，像奥利弗·克伦威尔建立的英联邦一样走到了终点。霍布斯还是继续写作，思想活跃，直到他去世，享年91岁。

霍布斯的《利维坦》卷首语：确保治安与稳定的统治。

主要作品：《论公民》（*The Citizen*）、《论物体》（*On Matter*）、《论人》（*On Man*）、《利维坦》（*Leviathan*）

主要思想

与古代的原子论学家一样，霍布斯认为世界是由运动着的粒子组成的，传统观念里的上帝和人类的灵魂是非物质是自相矛盾的。因此整个宇宙的运动变化包括人类的活动都是用机械原理可以解释的。这也就是说，我们的思维可以通过身体里特别是大脑的运动变化来解释的。感觉、想象甚至抽象思维都能以物质的方式进行还原的：所有的动机、反感、食欲都最终由运动的粒子产生的推拉作用来控制。

从对人类个性的唯物主义观的表述中，霍布斯演绎出了自己的政治哲学。因为在一个资源有限的世界里，具有相似需求的人们必然会发生冲突。在《利维坦》一书中，霍布斯描述了一种在社会形成前的自然状态：人人都追逐各自的利益，并与其他所有人发生战斗。但是如果彼此相互合作，所有的人就会很富足，所以我们要纪守法，削减自由，只有这样其他人才能循规蹈矩。霍布斯指出，通过社会合同将权力交给能使人们遵守法律的君王可以实现上述的理想。

参阅：人道主义与科学的崛起（34—36页），马基雅维里（270—271页），社会合约（165页）

 哲学名家

"我不仅仅寄宿在我的身体里,就像领航员在他的船上,但是……与我的身体紧密相连,确切地说是与它融为一体了,以至于我在身体内部形成了一个独立的整体。"

——《沉思集》(*Meditations*)

勒奈·笛卡儿

● 1596—1650年　▶ 法国

笛卡儿散文的雄辩与通俗易懂揭开了"现代"哲学的序幕。笛卡儿为用系统的方法获得知识奠定了的基础，以测量和数学推理为依据，这仍然是现代科学的根本之所在，同时大大削弱了中世纪传统经院哲学的影响力。

生平与著作

笛卡儿出生在法国图阳郡附近的一个小村庄，他在耶稣会学院学习时就展现出了对数学极大的天赋。1617年，他开始了他的军旅生涯，在30年的战争期间他在欧洲大地广泛游历，直到1621年他从军队退役。他继续周游列国直到1629年在荷兰定居下来，在这里他开始写作《论世界》——描述自然和物质世界运行。

笛卡儿认为，我们必须依靠智慧去揭露无法感知的事物本质。

1633年，当笛卡儿听说罗马教廷因为伽利略捍卫哥白尼的理论体系而要被定罪时，他撤回了对《论世界》这本书的出版。他的第一本出版物《方法论》，介绍了他对世间万物形而上学的观点，同时也用自传的形式描述了他自身的心路发展历程并简要表达了他对如何正确合理地获取知识的观点。

名声日增

由于还不满《方法论》所受到的欢迎度，1641年，笛卡儿写了《第一哲学沉思集》，试图让更多的人去了解他的哲学思想。1644年，他出版了《哲学原理》，在这本书中他重申自己的哲学观点，以及早期未出版的《论世界》中所讨论的物理学和宇宙学。

随着他的名声快速地传遍欧洲，在1649年，他受邀去做瑞典女王克里斯蒂娜的哲学老师。克里斯蒂娜女王，这位要求极为严格的学生，期望在早上5点就开始上课，每星期3天，每次持续5个小时。由于对这个新政体的不习惯以及瑞典寒冷的冬天，笛卡儿感染上了肺炎并在任命的几个月里不幸逝世。

主要作品：《方法论》（*Discourse on Method*）、《第一哲学沉思集》（*Meditations on First Philosophy*）、《哲学原理》（*Principles of Philosophy*）、《论世界》（*Treatise on the World*）

主要思想

笛卡儿不仅仅是一位一流的哲学家,还是一位才华横溢的数学家。他发明了数学一个分支,即我们所知的几何坐标,以及以他的名字命名的笛卡儿坐标图,其中包括x轴和y轴。事实上正是笛卡儿对数学的迷恋使我们能理解他哲学中的方法论与志向。在数学研究领域得出的结论具有确定性和普遍性特征这样一个事实给笛卡儿留下了很深印象。尽管在一开始这些结论通常比较复杂且很隐晦,但是我们可以通过简单明了的初级原理一步一步地得出这些结论,就犹如球体有一个曲面,或二乘二得四那样简单。

在年轻时候笛卡儿就意识到他被灌输的传统哲学具有很多值得怀疑与争议的地方。他认为,要是数学模型可以应用于哲学和科学上,我们就有希望建立世界上无可争议的不朽的知识。因此笛卡儿确立了他的志向——为全人类的知识建立基础和框架,因此把科学统一在一个单独的系统内。

怀疑的方法

笛卡儿相信,为了发现"科学中的稳定而恒定"要遵循数学模型,首先要建立确定无疑的基础理论。为了发现这些理论,他决定把他先前所有的观点都要经过他所收集来的最极端的怀疑论的考验。如果任何信仰都能经得起火的洗礼,他认为,那么它们就有资格成为他新知识体系的基础。最后,笛卡儿开始怀疑起他感觉的可靠性,因为它们肯定具有欺骗性。他怀疑他是不是在做梦,他所有的见解极有可能被某种强大而又恶毒的幽灵所欺骗了。这种幽灵可能会拿正方形有四条边和

笛卡儿花了四年时间完成他的著作《论世界》,它和他的其他作品对欧洲的智力发展有着持久的影响。

他拥有一个肉体等最简单确信的事实来欺骗他。笛卡儿最极端的怀疑论的成果是他对他新的知识体系有了最初的肯定和他最著名的发现：无论他被欺骗与否，他确实存在，这一点是不容置疑的。他自己本身的意识和他直接意识到的事物是确信无疑的，即使是邪恶的幽灵也不能消除的——我思，故我在。

上帝的存在

尽管有了初步的成功，而要想在此基础上更进一步，笛卡儿仍需消除怀疑的幽灵。只有一个不撒谎的上帝的存在才有可能消灭邪恶的幽灵，在重建新的知识体系上取得进步。所以为了保证人类认知的可靠性，笛卡儿提供了两个关于上帝存在的论据。一个是由安瑟伦最初阐明的实体论的观点（见261页），另一个是"商标论"（见68—69页），

了，只要他细心地前进，就不会做出任何轻率的判断，他就可以建立起一个没有错误的知识体系。笛卡儿发展的那个体系认为尽管感觉可能会误导人，但通过准确仔细地使用推理，科学可以步入正轨。长度、深度和宽度是物质的本质，自然科学应该坚定地立足于几何学和数学。

二元论

甚至当笛卡儿可能怀疑任何事物包括他自己的存在时，他也能直接意识到他自身的思想意识，这个事实使他认为他的本质在于是一个纯粹的思考者。

尽管是个独特的物质，可这个非物质的自我使笛卡儿与他的肉身紧密结合在了一起，至少在他还活着的时候当物质世界，包括身体，在数学上是可描述的并严谨地遵守自然定律时，精神世界能自由地

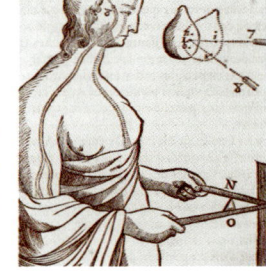

笛卡儿的图表论，用图表来概括脉波往返大脑的可能的路线是超越那个时代的。

"无论我是醒着还是睡着，二加三总等于五……"

——《沉思集》（*Meditations*）

该观点认为我们理念中的完美之人是不可能被任何没有上帝完美的物质制造出来，因此上帝肯定已经将他移植到我们脑中，使我们知道我们的造物者，并使我们逐步意识到我们可以通过合理地使用推理来获得真知。有了神圣的保证，笛卡儿可以使他最初的理论得到发展

追求它自己的思想。通过我们使用语言和随机应变的能力可以表明我们的思维还不够坚定，这种能力不能简单地概括为机械原理，因此当物质世界被概括为数学科学时，人类的灵魂需要自己的科学。

参阅：理性与经验（66—73页）

巴鲁赫·斯宾诺莎

1632—1677年　荷兰

斯宾诺莎是最激进的早期近代思想家，他把数学方法运用到哲学中并按照合理的原则建立了详尽的形而上学思想体系。他对有组织宗教的批判以及提倡自由主义政治的观点使他树了许多敌人。

生平与著作

被宗教法庭驱逐出西班牙后，斯宾诺莎全家到阿姆斯特丹定居，这里是巴鲁赫(本尼迪提斯)诞生的地方。在这里，他受到了正统的犹太人的教育并且成为一名有天赋的学生，但是他在17岁时放弃了学业开始和家人一起经商。

1656年，斯宾诺莎的一些观点使他在犹太社会中无立足之地。那些观点后来出现在他的作品中，比如否认犹太人是上帝精选的，抵制有人性上帝和《圣经》揭示真理的观点，以及否认灵魂不灭。他还把名字改成了拉丁文形式并离开了阿姆斯特丹，当了一名镜片工匠。他的工作是磨光和润饰用于望远镜、显微镜和其他光学仪器的镜片。

1663年，斯宾诺莎完成了一部带有批判性的说明文《论笛卡儿的哲学原理》，这是他唯一的一部在生前出版并署自己名字的作品。在那时，他也在写《神学政治论》，这部作品后来在1670年为了掩饰他的恶名而匿名出版，在他死后他的作品《伦理学》也出版了。斯宾诺莎很年轻就死于痨病，很可能由于在磨光镜片时吸入了玻璃粉末而得病。

主要作品：《论笛卡儿的哲学原理》（Descartes's Principles of Philosophy）、《神学政治论》（Theological-Political Treatise）、《伦理学》（Ethics）

斯宾诺莎以为光学仪器磨镜片为生，用于新时期的科学研究，如这台显微镜。

主要思想

斯宾诺莎的杰作《伦理学》用几何书的结构来呈现。以原理和定义开头，比如"物质"和"属性"。他演绎了一系列原理，最终建立了一个复杂的体系；包含形而上学，伦理学和心理学。这些观点都是以不带偏见的态度来阐述的，就好像研究直线、平面、立方体一样。

在第一部分，斯宾诺莎表明了物质的唯一性，所以在自然界之外不存在任何事物。由于这种物质是存在的任何事物，它与我们通常所指的词"自然"和"上帝"相符，这意味着它们是一种物质并且是一样的。虽然斯宾诺莎展开了多次论证来表明上帝的存在，但是关于上帝具有有形实体的清楚的论证似乎相当于无神论。于是这些观点成为让他作为一名叛教者而受到斥责和作为一名敢于挑战的、危险的激进分子而臭名昭著的理由。

两种认识论

虽然只存在一种物质,但它具有不同的形式,并且其中有两种我们可以认知,即精神和实体。换句话说,我们所意识到的唯一的物质是由精神和实体的两种方式构成的。这种对于笛卡儿的关于思想与躯体的二元论的发展观点似乎表明了所有实体性的事物,不仅仅是人的躯体在某种程度上都是有感觉力的。另一种暗示是躯体的瓦解与人的死亡直接有关。因此,有关来世报答与惩罚的观点没有存在的余地。

神学与政治

在《神学政治论》中,斯宾诺莎第一个将《圣经》和其他经典作为有关历史而并非揭示真理的文献来进行考查,并且得出它们是在多年前被一些作者写出来的结论。他否认《旧约全书》中神学理论具有人性的观点,并且争辩其中的神话和故事并不确实。《圣经》的重要性在于其中的道德启示;他还表示,严密的文本分析,揭示了他支持对不同宗教观点的包容。

就像在他之前的思想家霍布斯一样,斯宾诺莎在他的政治思想中运用了自然原始状态的观点,但是他用这种观点来表明政府所行使权力的扩大只有取决于民众的团结。而且政府应当把允许言论和宗教习俗的自由作为最好的维持公共秩序的方法。

斯宾诺莎推崇民主为最稳固的政府形式和最能促进个体发展的体系,即某种只有通过解除对个人财产和宗教迷信热爱的思想束缚和不断追求知识中获得的事物。

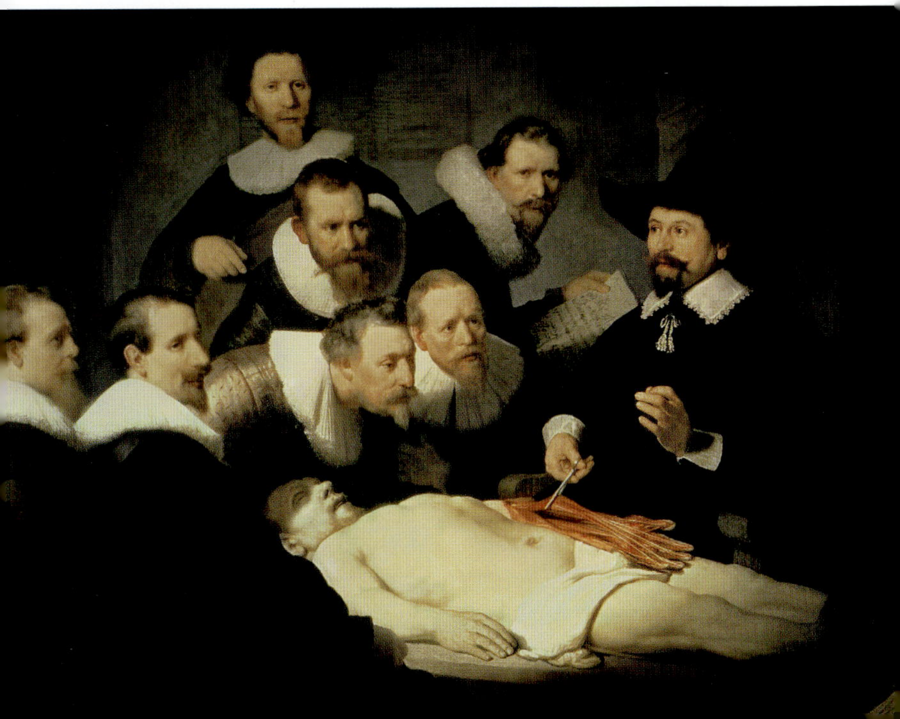

17世纪的荷兰是一个自由主义思想泛滥、思想不断革新的社会。许多科学的哲学问题层出不穷。——具体可以参阅伦勃朗的画作《蒂尔普教授的解剖课》(*The Anatomy Lesson of Dr Nicolaes Tulp*)。

参阅:意识之谜(124—127页),宗教哲学(138—159页),理性道德基础(105页),自由理想(162—171页),笛卡儿(276—279页)

约翰·洛克

● 1632—1704年　▶ 英国

作为第一个伟大的英国经验主义哲学家，洛克的课题是要确定人类知识的局限性。由于这些来自感觉，所以它的收获一定都是零散的，并且被我们的自然经验所限制，于是留下了一些超出了我们理解范围之外的问题。

生平与著作

在英国内战中洛克的父亲站在议员一方，并且洛克极力维护是人民而不是君主拥有最终主权这一观点。他曾就读于惠灵顿学校和牛津大学，在牛津大学他从事过教学，获得了医学学位。在此期间，他接触了亚里士多德的经院哲学但并未迷恋上哲学。然而，1675年之后他在法国生活了几年，在这里他学习笛卡儿哲学，并给他带来了深远的影响。1683年，他的赞助人沙夫茨伯里伯爵因叛国罪受到审判，不久后，洛克离开英格兰前往荷兰，在那里他继续创作《人类理解论》一书。洛克大力支持奥兰治·威廉继位，并且在1688年的光荣革命结束后，他回到英国。1690年，他发表了《人类理解论》和《政府论》，这些著作成就了他的声誉，随后他更加热心参政。

主要作品：《人类理解论》（*Essay Concerning Human Understanding*）、《政府论》（*Two Treatises of Government*）

主要思想

洛克深受罗伯特·波义耳（Robert Boyle）的"微粒"理论的影响，这是古代原子论思想的复兴，该观点认为宇宙是由小得无法看见的粒子组成，而一切物质的内在变化和外在形状都可以在粒子层面得到解释。这些几何术语所说的固体微粒——它们有自己的位置、大小、形状以及在周围的空间移动，但我们对颜色、气味和声音这些性质的感知，是通过我们体内粒子的未知排列而产生的。因此，洛克对现实事物的描述是彻底的机械论。

洛克遵行"典型"感觉理论，认为感觉是由一个物理对象对我们的感觉器官影响而产生的结果，感觉就像是现实的画面。我们不仅要直接接触到自己的

洛 克　　283

感觉，还要从另一个世界的本质中推断出相应的感觉。他认为，知识极可能仅是观察到物体的特点，而不是它们的本质。这样，他给了怀疑论者一些质疑我们现实知识的空间。

政治

洛克的政治哲学与他在认识论上的成就齐名。按照霍布斯的说法（见275页），洛克利用自然状态策略来证明政治的权威性。世界政治化之前，在内部冲突中人类本会联合起来，找到一个公正的法官来裁决。法官将需要整个社会的支持。每个人必须承认法律的最高权威性。因此，就有了国民与统治者之间不言而喻的共识：统治者的权力并不是绝对的，而是最终要对大多数人负责。如果统治者违反了共识，国民就有造反的权利。

洛克反对君权神授，上帝的代表在加冕时承认君主是亚当的直接后裔。

参阅：心灵依赖（82—99页），自由理想（162—171页）

戈特弗里德·威廉·莱布尼茨

● 1646—1716年　📍 德国

莱布尼茨和斯宾诺莎一起作为先时代最重要的唯物理论者哲学家，他创作了相互结合的哲学理论体系论文，致使这篇论文可以随意地从任何一个角度切入，因为每一个观点都可以产生另一个观点。

生平与著作

在莱布尼茨的职业生涯中，他先为波音伯格男爵工作，而后又以多种身份为汉诺威公爵效力，包括秘书、顾问、外交官和图书馆馆长。并且他仍在自己的空闲时间进行学术上的研究。他因法律、地质学、物理学和机械学的著作而声名远播，就如同他在哲学方面一样。在一次对英国的外交活动中，他受到了英国皇室的礼遇并向皇室展示了他的工作成果——一个计算器，这是第一个可以进行四则运算的机器。

1767年，在他从英国回国的路上，他拜访了荷兰的斯宾诺莎，顺便拜读了斯宾诺莎的一些未出版的作品。他对洛克《人类理解论》逐页做了评论，但是当他听到洛克的死讯后他决定不出版这个作品了。终其一生，莱布尼茨作为数学家而最为出名。他独立发现了牛顿微积分学。

然而就在1711年，英国王室控告他剽窃，很明显由于有了牛顿的保佑，剽窃的罪名直到莱布尼茨去世也未成立，然而莱布尼茨在英法两国的名声却已经削减了。伏尔泰在他的小说《老实人》（Candide）中以邦葛罗斯天真乐观的形象极好地描述了莱布尼茨；从18世纪流行的经验主义精神中看到了莱布尼茨的地位进一步下降。然而德国的哲学教师仍对莱布尼茨非常有兴趣，而且自从18世纪后期他们对这位复杂而又心灵手巧的思想家的尊敬日渐加深。他现在仍然是欧洲最杰出的思想家之一。

主要作品：《形而上学篇》（Discourse on Metaphysics）、《人类理解论》（The New Essays on Human Understanding）、《神义论》（Theodicy）、《单子论》（Monadology）

莱布尼茨

莱布尼茨论心灵和身体

莱布尼茨否认任何两个物质,如心灵和身体,可以相互作用。但是经验似乎告诉我们脚受伤了会引起感觉上的疼痛。莱布尼茨认为这个表象是由各个物质按其已设置的程序在发展而导致的。身体的伤害与感觉上的疼痛是一致的,因为两者都遵循一种命中注定的路线。

莱布尼茨把思想和身体的同步性比作两个独立工作却被设置好的同时工作的钟。

主要思想

在《单子论》里,莱布尼茨体系以物质本质的分析报告入手,他分析说,由于某种原因而被其他物体影响的将会改变它作为个体的地位,因此,一个真正的物质一定是完全独立于其他事物之外的。紧接着说,一个物体内部的任何变化肯定是它先前状态的简单延续,因此它的整个发展过程必须根据其内部动态变化而做相应表现。莱布尼茨认为,宇宙是由无数此类物质构成的,即"单子"。既然各个单子作为个体,那就必须"简单",也就是说,没有部分。莱布尼茨认为单子是精神性的而不是物理原子。所以,他的实体观是泛心理的和泛有机的,最近显微镜的发现似乎证实了他的观点,每一个单子是一个包裹,体内还有更小的有机物,永无休止。

上帝的旨意

莱布尼茨明白他的形而上学的推论很难与宇宙是由延伸相互联系的物质构成的这一普遍观点达成一致。他的回答是空间和因果性仅是外在的,仅仅存在于每个人的头脑或生物的感知能力上。上帝为整个系统打下了基础,因为他在开天辟地时创造了单子。结果它们根据内在的动态扩展了它们的本质,也验证了它们拥有的感知是它们因果作用的观念。因此各个单子反射了在宇宙中其他所有单子所发生的事情,意味着所有被创造的物质中存在着一种预先设定的和谐,上帝所赋予的本质是极好的和极有力量的。它遵循的是一切可能的世界中最好的世界:一切都在根据上帝的旨意发生并且毫无例外。

> "事物的每一部分都可以被视作一池塘的鱼。但是每条鱼,以及它的每一滴体液,也是一个池塘。"
>
> ——《单子论》(*Monadology*) 67节

柏拉图和亚里士多德在拉斐尔的壁画《雅典学院》(*The School of Athens*)(见22—23页)中占了主要地位。他们的影响延续了几个世纪,到文艺复兴时期,那时古异教被"重新发现",这幅画也完成了,直到最后影响到启蒙运动的哲学家。

乔治·贝克莱

● 1685—1753年　🏴 英国

贝克莱宣称"存在即被感知",按此理论宇宙本质上是意识的而不是物质存在的。但贝克莱认为,这也并不意味着在我们感知范围之外没有任何东西,因为上帝能觉察到一切事物。因此上帝用这种方式维系着一切事物的存在。

生平与著作

贝克莱在都柏林的三一学院受过教育,在那里他开始熟知笛卡儿和洛克的著作。1709年,他被任命为英国国教教堂牧师,并开始出版以《视觉新论》和《人类知识原理》为开端的一系列作品,这也使得他在年仅20多岁的时候就享誉盛名。《人类知识原理》涉及的是解决物质存在的问题,而涉及关于解决思想或灵魂存在的第二部分书稿却在一次去意大利的旅程中遗失,之后再也没有被重写。贝克莱去过伦敦,在那里他出版了名为《海拉斯和斐洛诺斯的对话三篇》的作品,紧接着他又前往巴黎与笛卡儿哲学的哲学家马勒伯朗士展开交流。随后他以伦敦为根基,并在百慕大一所传教士学院的机构里任职。在此期间,他又于1728年前往罗德岛传播他的思想,在那里他创作了《阿尔西弗朗或渺小的哲学家》(Alciphron or the Minute Philosopher)(1732年)。在为学校筹资失败后,他回到了爱尔兰,于1734年成为克洛因地区主教。他最后的作品《赛里斯》(Siris)(1744年),也仅仅在促进含有焦油冷浸剂的药用方面给人留下了印象。

主要作品:《视觉新论》(Essay Towards a New Theory of Vision)、《人类知识原理》(A Treatise Concerning the Principles of Human Knowledge)、《海拉斯和斐洛诺斯的对话三篇》(Three Dialogues between Hylas and Philonous)

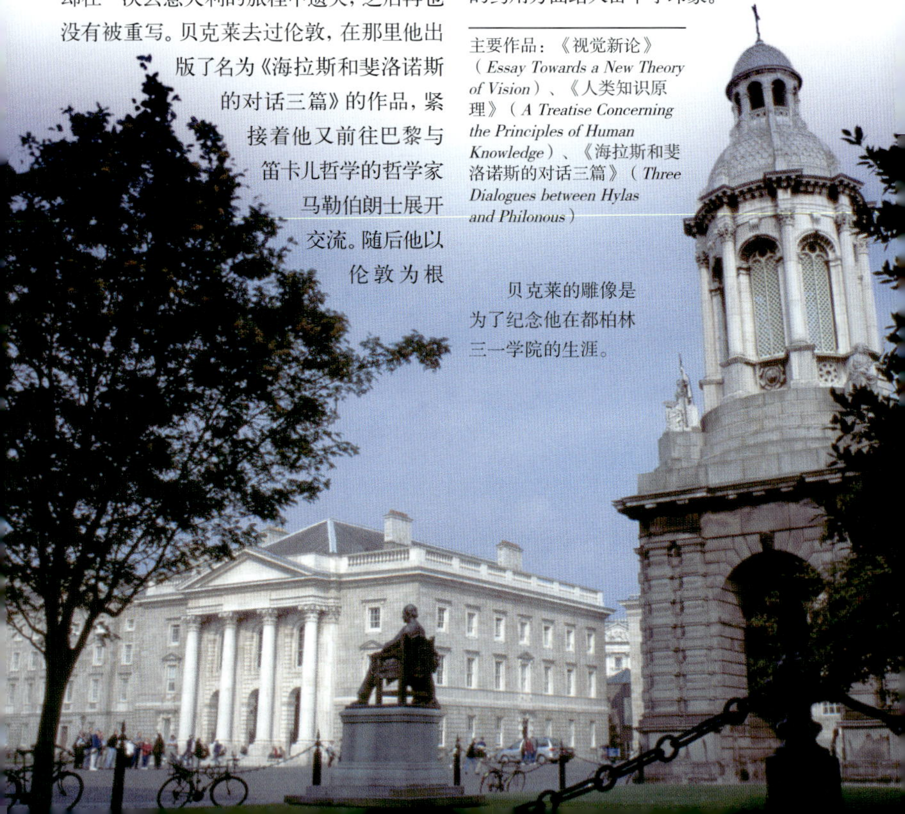

贝克莱的雕像是为了纪念他在都柏林三一学院的生涯。

主要思想

贝克莱的哲学体系源于对经验主义信条的信奉，而这些思想只被洛克（见282—283页）接受，也就是任何存在于思想中的东西首先都是通过感官来传达的。像洛克一样，贝克莱相信我们所有的思想观念都类似于感官体验的副本，而且也正是这些副本让我们去思考什么是我们现有实践经历中没有的。因此，我可以想到狗，因为我曾经见过狗，我的脑海中留下了狗这一事物的概念。相反，如果我们没有感官体验过一个事物，那么我们就无法在脑海中形成一个关于这个事物的清晰观

贝克莱认为，我们感知的连贯性和可预测性表明感知实实在在地存在着，上帝的存在以此为基础。

> "简而言之，如果有外在的躯体，我们也不可能完全知晓它；如果没有的话，我们也许应该有着同样的理由去考虑我们到底拥有的。"
> ——《人类知识原理》（*Principles*）第一章，58页

念。打个比方，除非我曾经见过红色，否则我是不会有红色这个概念的。

心智和物质

在这种想法的支配下，贝克莱决定求助于洛克的物质观。作为一个具有代表性的现实主义者，洛克宣称物质是构成我们感知基础的东西，让我们有所感觉，但是这点我们却无法直接领会认识到。用一个通俗的比喻来解释，那就是我们和世界之间隔着一层纱帐，因此我们永远也无法感知面纱下的真实状况。但这也导致了一种矛盾的局面，贝克莱说，如果所有的观念都来自于经历与实践的话，那我们就不可能对我们无法经历的事物合有合乎逻辑的看法和观念。因此，这位现实主义代表关于物质的思想本身就是一个哲学混沌。

贝克莱由此得出了引人注目的结论，物质是不存在的，所有我们知道了解的都是我们意识经历下的内容。他坚信我们可以知晓物质的存在，洛克打破了经验主义的基本信条，那就是人类的知识认知度是受实践和人身阅历的局限的。如果我们无法进入到感知面纱的内部，我们就没有理由去想当然地假设任何附着于其中的事物。实际上，根据贝克莱的理论，我们根本无法弄懂我们的经历是现实下的相似，但我们却无法深入其中。我们能够理解一种感知经历可以与另一种有怎样的相似，原因在于两者都是意识的。但是我们不能够说一种经历可以与一些无感觉的无意义的东西相似。秉持着这些论据，贝克莱立足一种观点那就是鲍斯韦尔在他的作品《塞缪尔·约翰生的生活》中提到的"独创性的诡辩"。然而理想者的偏好仍将以各种形式持续至今。

参阅：哲学问题的奇特性（50—51页），心灵依赖（82—89页）

大卫·休谟

● 1711—1776年　英国

大卫·休谟大概是英语著述者中最伟大的哲学家，他作为一名历史学家而闻名于所生活的时代。而他之所以成为启蒙运动的主要人物之一并因此至今为人们所铭记，是因为他对认识论问题开创了具有革命性的道路。

生平与著作

休谟出生于苏格兰边境一个拥有土地的普通家庭，在爱丁堡大学学习法律。他摆脱了成长环境中的基督教长老会观念，并且在毕业以后移居法国北部的拉弗莱舍，那里是笛卡儿曾经接受教育的地方。在拉弗莱舍，休谟专注于写作，并且在1739年出版了他的《人性论》。他回到爱丁堡，并在1742年写就了《道德和政治论文集》。休谟对这两部著作的遭遇感到失望，认为它们的出版过早，随后他出版了两部著作《人类理解论》和《道德原理研究》，以更通俗易懂的方式阐述了《人性论》中同样的思想。休谟的六卷本《英格兰史》为他赢得了声誉，并且为此后的生活确保了良好的收入。他申请爱丁堡大学和格拉斯哥大学的哲学教授席位未果，这无疑是因为他的出了名的、尤其是在宗教方面的怀疑论思想。休谟的《自然宗教对话录》堪称哲学元典中对宗教信仰最具破坏力的批评之一，直到他逝世后才得以发表。

主要作品：《人性论》（*A Treatise of Human Nature*）、《人类理解研究》（*Enquiry Concerning Human Understanding*）、《道德原理研究》（*Enquiry Concerning the Principles of Morals*）、《英格兰史》（*History of England*）、《自然宗教对话录》（*Dialogues Concerning Natural Religion*）

"我用餐，我玩一局十五子棋游戏，我和朋友们快乐地在一起"，这是休谟为驱散"哲学忧郁症"的乌云所开出的处方。

主要思想

休谟试图发现解释所有思维过程的普遍法则，由此用描述其他自然现象相同的方式来描述人类精神。休谟追随经验主义者洛克（见282—283页）和贝克莱（见288—289页）的思路，认为感觉是我们的知识的主要来源。他把精神的内容划分为两大范畴："印象"，即当世界刺激感官时我们感受到的知觉；"观念"，即印象的不那么具体的复制品。观念是我们在头脑中唤起的、关于那些我们不再经历到的事物的概念和想法。这种区分的哲学意义在于坚持这样的观点：精神中的一切——即使是最抽象的思考——也仅仅是从感觉转化而来的。

简单观念和复杂观念

简单观念必定来自于简单印象，但是复杂观念可以由思维中各种简单观念重组而创造。通过这种方法，我们能够形成各种没有经验过的事物的概念，比

《绿野仙踪》中多萝西惊讶地看到一个会说话的稻草人。如果休谟是对的,我们期待我们的世界像绿野仙踪中那样行为举止也是合理的,就如同以前所想的那样。

如独角兽的概念。但是,重要的是,如果我们无法完全将一个观念追溯到简单的原始印象,那么这个观念不可能是真的。休谟用这种进路对关键的哲学概念进行重要的批判,比如自我、上帝、物质客体和因果关系等概念。因为在休谟看来,如果我们无法找到这些观念的本源,那么我们需要重新思考我们在使用这些概念时的意义和用法。

道德哲学

休谟认为道德判断并不基于客观的、可观察的事实。当我们说一个行为在道德上是错误的,我们传达的是我们对这一行为的感受。但这并不意味着道德规范是完全主观的。所有人类具有共同的天性,使得我们能感受到对同类的同情,而因为同情心是根植于我们自身的,所以道德判断反映了普遍认同的真理。

> "理性是且应只是激情的奴隶,并且除了服务并服从激情之外,绝不能冒充其他职能。"
>
> ——《人性论》(A Treatise of Human Nature)

自我

举一个例子:休谟申辩,当他考察自己的思维时,发现一系列印象和观念在流动,但是不存在一个印象是对应于时间上持续的一个自我。他总结说,自我并非是超越在我们的知觉流动之上或之外的某种东西。一个"持续的自我"只是我们想象的虚构结果。

参阅:因果(90—93页)、设计和秩序的解释(147页)、归纳问题(180—185页)

让·雅各·卢梭

● 1712—1778年　凹 瑞士

卢梭，作为第一位浪漫主义哲学家，以他的著作《社会契约论》而闻名。在书中他论证了人类本性是好的，但他们的行为被社会腐化了。他也创作戏剧、音乐，并著有欧洲文学中杰出的自传之一。

生平与著作

卢梭16岁时离家来到法国，并结识了德·瓦朗夫人，在其庇护下生活。她说服卢梭改信天主教并做了卢梭的情人。卢梭最初在里昂以做家庭教师、音乐家、作家为生，1742年后搬到巴黎。在巴黎他与另一个女子生活在一起并育有5个私生子，所有这些孩子都被交付给了孤儿院。在这里他遇到了启蒙运动者并对狄德罗编著《百科全书》做出了很大的贡献。1750年他的论文《论艺术与科学》获得第戎科学院奖。他随后的论文《论人类不平等的起源和基础》阐述了他有关社会的腐化影响的想法。1762年，他出版了《爱弥儿》，在这本书中他论述了他的教育思想并概括了他在《社会契约论》中的政治观点。这些作品使卢梭遭到了迫害和反对，他的书在他的出生地日内瓦被焚毁。在18世纪60年代晚期，这件事似乎造成了他的某种妄想型的崩溃，自那以后他就从来没有完全恢复过。他开始了一段不安定的生活，一度和大卫·休谟一起待在英国。但他因休谟的妄想型指责又回到巴黎。在那里他写下了一部具有强烈情感并坦率直白的自传——《忏悔录》(Confessions)。

主要作品：《论人类不平等的起源和基础》(Discourse on the Origin and Foundation of the Inequality among Mankind)、《爱弥儿》或《论教育》(Emile or Education)、《社会契约论》(The Social Contract)

主要思想

就像在他之前的霍布斯（275页）一样，卢梭在《社会契约论》中的政治哲学以设想人类在"自然状态"为开头。不同于霍布斯的是他认为人类天性是浪漫的。他描绘了人类神话般的起源状态，在那时人类与自然是一个统一体并显现出生来的对其他人的同情心。这是一个表现出了以压迫和不平等作为腐化的起源并抑制我们生来具有的怜悯的感情的社会。

卢梭设想了另一种构成社会的方式，相信只要人们开始看到合作的益处，他们可能会自动放弃他们的自然权利去顺从社会的"公意"。公意思想并不仅简单指每个人意愿的总和，而是指对社会整

巴黎的启蒙思想家

卢梭是法国许多杰出的作家及思想家中的一员，包括伏尔泰和孟德斯鸠，对德尼·狄德罗(Denis Diderot)（如图）主编的《百科全书》(Encyclopédie)做出了很大的贡献。这项耗时20年的工程，是启蒙运动的一个里程碑，成就了这一非凡的知识宝库，而这一群编辑它的法国知识分子逐渐以启蒙思想家而闻名。

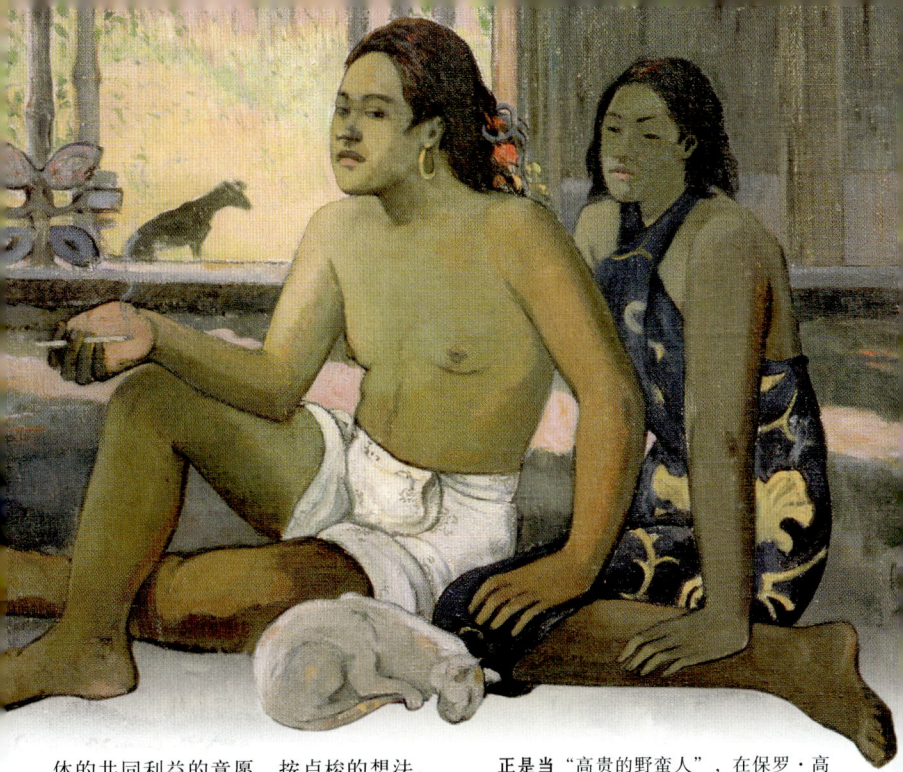

体的共同利益的意愿。按卢梭的想法,这样一个社会中的自由,并不是指允许人们做任何他喜欢做的事,因为人们的欲望得到满足并不是一种自由而是热情的奴隶。恰恰相反,真正的自由包括按照表达了公意的社会规则来生活,对于这个社会规则人们应该是积极的,有贡献的并乐于参与的。出于这个原因,如果我们不愿意屈从于公意,我们可能会不得不"强制性地拥有这种自由",因为公意代表了我们真正想要的,即使我们并没有意识到。卢梭直接论证了这一点而不是采用代议制民主:也就是,一个每位公民都对国家事务的运作有直接发言权的体系,因为直接参与对一个人识别自身的意愿与公意是必须的。

正是当"高贵的野蛮人",在保罗·高更的名画《休闲》(*Eiaha Ohipa*)中已被理想化,脱离了自然的原始无邪的状态后,他们的问题就开始出现了。

教育思想

卢梭确信社会对人类天性的腐化影响是他其中的一个教育思想。尽管他承认自己是一个不好的父亲,但他对儿童的阅读有着自己的见解,他相信人类的学习和发展有一种自然的方式,并且教育应当是使这一方式更加便利而不是和传统的教育方式一样抢着去完成它。他也强调了身体健康的重要性,这对他来说和智力发展一样重要。

"人生而自由,却无时不在枷锁之中。"

——《社会契约论1》第一章

参阅:《社会契约论》(见165页),权利(见168—169页),社群主义者的挑战(见172—173页)

 哲学名家

"形而上学是没有海岸或灯塔的黑暗海底,到处可见哲学的沉船。"

——伊曼努尔·康德

伊曼努尔·康德

1724—1804年　德国

康德，将他的工作描述为一架沟通18世纪理性主义与经验主义传统的桥梁，而他在认识论和形而上学论方面的改革，也许对于现代哲学的发展起着最为重要的作用。然而，在有关宗教、伦理道德标准和审美观的哲学领域内，其影响同样是深远长久的。

生平与著作

康德，一生都居住于他出生的城镇哥尼斯堡——东普鲁士（现在是俄国的加里宁格勒）的首府，从没有外出旅行超过一天的。在1740年，他进入加里宁格勒大学，那里发展他主要的涉及莱布尼茨理论（见284—285页）的哲学研究。毕业后，康德于1755年在大学获得讲师职位之前，他已成为一名私人教师，所教授科目的范围包括物理、人类学和地理，还有哲学。在45岁那年，他被任命为有关逻辑和形而上学方面的教授。

伊曼努尔·康德是古希腊以来最有影响力的欧洲哲学家之一。

重要的言语

康德靠发表他的就职论文来支持自己的职务，但其后的11年再没有新的著作面世。然而，根据他自己的叙述，与休谟（见290—291页）哲学的接触使他从"沉睡"中惊醒，在这些年里，他一直从事于他的革命性著作《纯粹理性判断》，最后于1781年发表。这本书篇幅长又难理解，或许这就是它当时不被重视的原因。康德对它的反响感到失望，这促使他去总结其思想，并于1783年完成《未来形而上学导论》。他的第一本有关道德哲学的著作《基础》发表于1785年。

与此同时，他的名声也逐渐扩大，由于那些宣称被他的哲学所影响到的人促进了他事业的发展，自然而然这也让其声望达到高峰，也就是将会被认知为德国理想主义的早期倡导者。

尽管康德从不出外远行，还被认为是说是过着一种刻板常规的生活，甚至于人们可以利用他设置闹钟，但他不是一个严肃的人。事实上，他很享受这种丰富的社会生活，而且他以其出色的演讲被人们所熟知。

主要作品：《纯粹理性判断》（*Critique of Pure Reason*）、《未来形而上学导论》（*Prolegomena to any Future Metaphysics*）、《道德的形而上学基础》（*Groundwork to the Metaphysics of Morals*）、《实践理性批判》（*Critique of Practical Reason*）、《判断力批判》（*Critique of Judgment*）

 哲学名家

主要思想

康德给自己的第一个问题是怎样积极地去探究在人类经验之外还有什么。他受到了休谟彻底的怀疑主义的刺激,休谟认为对于世界的实质性知识需要感官经验以及仅仅利用理性是不可能扩展我们知识的。如果这个理论是正确的,那么它就限制了人类的知识范围。尤其是,物质的存在、因果关系以及自我这些知识将不可能存在。

为了克服这一困难,康德试图表明,通过审查我们的经验的可能性状况我们可以发现关于现实的具有重大意义的真理"先验论"(或者通过纯粹理性,见第66页)。康德探索的是现实如何反映我们的感知的问题,而不是我们的知识是否能够反映现实这样传统的问题。他逐渐认识到我们的知识都是由我们的感觉器官与感知器官的性质决定的。换言之,当人类的知识从经验开始时,它需要通过人思维的整理。利用理性可以描述经验必须接受的结构,这样就可以发现我们世界的普遍真理。

那这个结构是什么呢?康德注意到时空就是我们对这个世界所有的经验:空间和时间是感官经验由因及果的状况,也是我们强加给经验的必要的结构。康德还企图对思想的一般类别都进行分割,这样就能使我们组织感性材料。这些类别包括物质——那些由实质的材料构成的事物以及因果关系——各个事件以定律一般的方式相互联系,也是知识可能出现的必然状况。像空间和时间,这些都是世界的特点,正如这个世界并不是自我封闭的,它也出现在我们的脑海中。通过展示我们可以获取出现在我们面前的这个世界的知识,康德克服了休谟的怀疑论。然而,这意味着我们无法认知一个超越外在的世界。真实的世界——康德称之为"本

推理告诉能看到的人,氧气尽管看不见但是存在的,这如何能让生来就是看不到的盲人接受呢?康德认为我们的触觉是决定我们是如何了解世界的。

康 德

体"——可能不是时空,没有物质,也可能不遵循因果关系的定律;实际上,我们对于它,说不出任何确定的东西。由于我们只能把理性应用到宇宙中,而它以现象出现——我们就不能利用它来讨论作为一个整体的宇宙或是在宇宙之外还有什么。这使康德排除了许多传统的形而上学的推论——如上帝的存在,宇宙的起源和宇宙在时空上是否是有限的,以及灵魂的永生——因为这些论题都没法通过真实的体验来解决。

> **范式转移**
>
> 天文学家和数学家哥白尼(1473—1543)认识到星星和行星绕着观察者转,因此人们无法解释它们的运动;相反,观察者必须转动起来。通过同样的方式,康德认为专注于世界将使我们无法发现那些我们有可能知道的事物;相反,我们必须把我们认知能力的结构及其形成世界的方式置于我们调查的中心。
>
> 哥白尼用一个新的模式合理地说明了银河系,在这个模式中,太阳,像康德自己,成了所有围绕其旋转的中心。

伦理学

如果科学是关于遵循非正式定律的表象世界,那人类又是什么呢?我们的行为是由自然定律决定的?康德相信从经验来看很显然我们是自由的,所以我们不仅仅是非凡的人类。肯定是我们实体的自我是我们自由意志的源泉并且顾及了道德责任性。对于康德来说,只有那些理性地仔细思考他们抉择的人才能成为自由人。我们不能期望我们的任务由任何上级指派,也不应该被我们的情绪所强迫,我们必须通过自主的利用理性来发掘它们。只有理性是普遍的,能向我们的行为作出普遍的要求。因此使一个动作真正符合道德的是一种理性地接受职责的动力,而不是其他如自私、罪恶甚至是同情这样的动机。道德义务是对我们行为的一种无条件或"绝对"的要求。它不要求我们为了实现个人利益而去做某事;而仅仅是因为我们有义务就必须去做。康德把定言律令和假言律令进行对比,前者是真正道德的,而后者则不是。假言律令要求我们为了实现某种其他目的而去做一件事。而对于康德来说,只有真正普世适用(即在所有相同状况下都是正确的)重要事务才可以说是道德的。我们的责任就是总是以这种方式来行动最终使所有其他人也都这么做。对于康德来说这等同于说我们对待他人应该想着怎么帮他们实现他们的目的而不是作为实现我们目的的工具——这也就是说,我们应该尊重他人的目标,而绝不应该利用他们作为实现我们自身目的的途径。

"因此我们自己介绍存在于表面的秩序与规律,我们把这称为自然。"

——《纯粹理性批判》(Critique of Pure Reason) A125

参阅:心灵依赖(82—99页),上帝存在吗?(140—149页)我该做什么?(102—103页)

亚当·斯密

● 1723—1790年　🏴 英国

作为一名经济学家闻名于世的亚当·斯密还是一名杰出的哲学家。他的《国富论》捍卫了资本主义自由贸易,并且是第一部系统研究商业运作的书籍。对于许多人来说,他对自由市场的信仰使他成为现代自由主义之父。

生平与著作

亚当·斯密于1723年7月在寇克卡迪接受洗礼。随后,在他1748年回到苏格兰之前,他先后就读于格拉斯哥大学和牛津大学。曾经有段时间,他在爱丁堡讲学,并在那里与休谟成为密友(见290—291页),而且开始发展后来形成《国富论》的主要思想。1751年,斯密获得了格拉斯哥大学逻辑学教授职位,并于1759年出版了《道德情操论》。他于1763年离开学校去给一位苏格兰贵族当家庭教师,并和他一起去法国游历从而结识了许多哲学家。斯密后来回到寇克卡迪,于1776年出版了他最著名的一部作品。

主要作品:《道德情操论》(Theory of the Moral Sentiments)、《国富论》(Inquiry into the Nature and Causes of the Wealth of Nations)

主要思想

斯密的《国富论》的重要性主要在于把经济学确立为一门独立的学科,并且进而发展了古典经济学和现代经济学

斯密认为,"看不见的手"控制了市场,决定了商品的价格。政府可以采取"自由放任"的做法。

理论。斯密的主要观点是由于自由市场在保证恰当的生产水平的同时往往会自发地生产出各种系列的商品,所以自由贸易是经济繁荣的有效途径。供不应求就会导致物价上涨。而这样反过来又将使生产商们在利润的刺激下提高产量。从另一方面来讲,供过于求自然会引起物价下跌,从而降低了生产商销售该产品的兴趣。所以,尽管所涉及的各方都是自私的,但是资本主义系统往往会在把商品保持在低价位的同时又确保生产商有动力去满足人们的各种需求。所以它不需要政府干预就可以保证所有人的利益。

尽管备受自由主义思想者们推崇,可斯密本人却认识到市场的局限性,并赞成从国家税收中抽出一部分用于公共服务和贫民教育。

参阅:消极的自由(162页),社会契约(165页),马克思(311—312页)

埃德蒙·伯克

● 1729—1797年　英国

伯克的著名之处在于他支持美洲殖民地摆脱英国统治的独立战争，同时又反对法国大革命：这两者之间明显的不一致使他的声誉备受困扰。作为一名保守思想家，他拥护根植于现存传统的改革。

生平与著作

伯克出生之时爱尔兰属于大英帝国，伯克成长为一名英国圣公会教徒。在都柏林三一学院毕业以后，伯克于1750年前往伦敦学习法律，但随之放弃并开始旅行欧洲。1756年他匿名发表了《为自然社会辩护：检视人类遭遇的痛苦和邪恶》（A Vindication of Natural Society）一书，在书中他为无政府主义的政治立场进行了辩护，但是在他成为一名政治家以后，伯克否认了此书的严肃性，声称它只是一部讽刺作品。他的著作《论崇高与美丽概念起源的哲学探究》影响了康德的思想。

主要作品：《论崇高与美丽概念起源的哲学探究》（Philosophical Enquiry into the Origin of Our Ideas of the Sublime and Beautiful）、《对法国大革命的反思》（Reflections on the Revolution in France）

1765年伯克以执政的辉格党成员的身份加入英国国会，1783年辉格党失去执政地位。直到1794年退休，伯克一直站在反对党的阵营。

主要思想

伯克著述的特点是修辞华丽，而不是论证过程中缜密的思维。在政治领域，他首先是一名务实的思想家，关注对政策的影响，而不是建立一套抽象的政治哲学。在他加入下议院以后，伯克参与了削弱乔治三世君主权力的活动，并且拥护美洲殖民地反抗大英帝国统治的主张。

然而，1790年出版的《对法国大革命的反思》揭示了伯克政治性格的另一面。在这部著作中，伯克探讨了大革命和卢梭哲学之间的联系，并且预言，随着社会结构被撕裂，革命打开了通往恐怖和暴政的大门。伯克对法国兴起的无神论充满疑虑，并且把大革命视为对权力的非法篡夺，而不是对民主权利的承认。他攻击卢梭以及其他法国知识分子——即那些所谓的"哲学家"——他们以为通过脱离传统和政治实践的理论性思辨就可以发现一个社会的完美设计。伯克申辩说，在维系社会秩序的过程中，出于本能亲缘联结的情操比抽象的理性更加重要，他强调了在维系政治秩序中既定的社会结构和传承下来的权利的重要性。随着法国大革命的理想让位于随后的恐怖时期和拿破仑王朝的专制统治，伯克的思想得到了应验。

参阅：政治哲学（160—177页）、卢梭（292—293页）

杰里米·边沁

● 1748—1833年　🏴 英国

边沁的著述涵盖伦理学、政治学、经济学和法学，他被认为是功利主义的创始人，所谓的功利主义，即对绝大多数人来说，符合道义标准的一切好的事物是可以使幸福最大化的。他极力主张政治上的改革与司法改革，从而使所有的人能从改革中受益。

生平与著作

边沁曾在牛津大学学习法律。然而，在后来的学习中，他逐渐对英国的司法形态失望并厌倦到了从不实践他所学的知识的地步，而是致力于他推崇的改革中。他以一篇《政府片论》批判了当时的保守政治派思想家黑石并一举成名，创立了后来由约翰·斯图亚特·穆勒编辑的激进分子季刊《威斯敏斯特评论报》（*Westminster Review*），也是这份报纸的创立让他决定他将一生致力于政治与社会的改革运动。他在1792年被授予法兰西共和国荣誉公民，以表彰他写出了一篇对传统观念强有力的批判性文章，国家以此为例表达了对已经形成的不平等的支持，尽管他本人抵制像思辨哲学一样毫无意义的《人权宣言》（*Declaration des droits de l'homme*），在他逝世前，边沁做好了安排，在他死后，把自己的遗体以"自画像"的形式保留下来，如今人们依旧可以在伦敦大学学院看到他。

边沁的尸体（蜡制的头像）经过处理后陈列在他自己创办的伦敦大学学院。

主要作品：《政府片论》（*Fragment on Government*）、《道德和立法原则导论》（*An Introduction to the Principles of Morals and Legislation*）

主要思想

边沁认为"自然具有两个至高无上的主宰——愉悦与痛苦"，也就是说对幸福的追求和对痛苦的避免是人类生存唯一的动力。在此基础上，他认为道德的行为是由于提高愉悦与改善痛苦的趋势在一起作用，他把这称为功利主义。因此，道德上正确的，特别是道义上允许的可被社会或相关法律政策采纳的事可以为人们提供在愉悦与痛苦之间最大的平衡。

边沁希望建立一个完整、严谨的司法系统，从而约束每位公民，使他们成为有道德的人。为了达到这个目的，他改革的日程要求立法必须坚决按照实用原则制定。为了给立法者一个可由政治产生的幸福感的衡量标准，他提出了"享乐"微积分。这一观点的提出考虑到了幸福或痛苦感受的持续时间、情感强烈程度等很多方面，为有关社会政策的制定打下了基础。

那些功利主义者对于一个有着与诸如自然权利或者宗教的权威相对的向来合理的立法基础的英国的改革有重大的影响。边沁对政治决策中的得失分析论思想至今仍然影响深远。

参阅：规范伦理学（102—111页），穆勒（308—309页）

约翰·戈特利普·费希特

● 1762—1814年　凹 德国

作为第一个在康德哲学的革命中幸存的哲学家,也是众多思想家中第一个被称为德国理想主义者,费希特也在被拿破仑征服后的德国掀起了一次道德复苏。他的演讲在德国民族极权主义基金会中被广泛引用。

生平与著作

他匿名发表了他的第一部作品《试评一切天启》。这部作品的康德风格让人误以为是出自康德这位大家之笔。这让他名声大振并成为耶拿大学的教授。费希特毫不避讳地表达出自己对待上帝的观点,却被人误以为他是异教徒,是个无神论者;以及他对于法国大革命的支持,迫使他在1799年时离开了耶拿。康德断绝了与他的一切关系,费希特后来去了浪漫的柏林大学,在那里,他发表了他有名的《对德意志民族的演讲》(Addresses to the German Nation)。

主要作品:《试评一切天启》(Attempt a Critique of all Revelation)、《知识科学》(Science of Knowledge)、《权利科学》(Science of Rights)、《宗教教义有福生活之路》(The Way to the Blessed Life of the Doctrine of Religion)

主要思想

最初,作为康德流派的思想家,他继承了康德的思想,但却又做了一定的调整。康德认为我们只能了解世界的表象,万物本身对人类撒了一个超越人类理解的谎。费希特认为,在论证一件已知事物能假定这样一个世界的存在时,康德应该早就认识到事物的存在是有意识的。在自身认识自身的过程中不可避免地包含了将自身与非自身进行对比。在一定范围内,它是一个事物内在本身的环境存在,这种存在被认为是正确的是为了使它自相矛盾。这有效地解释了事物本身组成了整个现实,所以,自身被认定为最终的现实。为了避免它瓦解成一种无法进行客观性评价的理想主义,费希特特别关注了自我立法的想法,并从康德的思想中挑选出了自身作为道德法的立法者的思想,自我产生客观性行为认识时,就是被赋予"不受约束"特性之时,也使得费希特成为一个绝对的理想主义者。

参阅:上帝与心灵(86—89页),康德(294—297页)

费希特宣称,只有当自我认知与非自我的世界没有形成反差时,自我认知才能成为可能。

乔治·黑格尔

● 1770—1831年　▮▮ 德国

黑格尔生前是德国最重要的哲学家。他的作品围绕整个历史、现实和思想形成了一个哲学体系。现实是由意识("心灵"或"精神")构成的,一股强大的动力指引着整个历史进程向它的最终目标前进。

生平与著作

出生在一个信奉新教的家庭,年轻的黑格尔希望成为一位牧师。他加入了修道院,并在那里遇到了谢林(见306页)和诗人荷尔德林,获得博士学位以后,黑格尔开始从事哲学的学术研究,并在谢林教书的耶拿大学获得了一个教书的职位。他们合作创办了《哲学批判杂志》(Critical Journal of Philosophy)。1805年,当拿破仑在为与捷那战争做准备时,黑格尔完成了他的第一部专著《精神现象学》。黑格尔在情感上对拿破仑的支持成了新的世界秩序的建立的预兆,不久,他主编了一份拿破仑时代的报纸。1816年,《逻辑学》出现以后,他先后成为海德堡、柏林的哲学领袖。1831年,他被弗雷德瑞奇·威尔黑姆三世授予勋章,但是4个月后死于霍乱。

主要作品:《精神现象学》(The Phenomenology of Spirit)、《逻辑学》(The Science of Logic)、《权利哲学》(The Philosophy of Right)

一位艺术家想象黑格尔——拿破仑的崇拜者——在法国被占领期间在耶拿的大街上向胜利的国王行礼。

主要思想

黑格尔把现实的有机整体看作一个精神的过程,瞄准了一个终极目标。这个过程的本身对于科学研究来说是完全可以控制的,它的意义和目的通过对历史的调查是可以辨别的,这个调查还能透露我们的本性和在世界上的位置。黑格尔用术语"意识"来暗指个人思想不重要,很少有人被他自己的坚定的逻辑有力地驱使着。

黑格尔把历史发展的逻辑称为辩证法。任何给定的情况都会产生内在不稳定的紧张状态,从而促进了历史的改变。黑格尔展示了相同的辩证逻辑是怎样运用社会、经济、政治、历史、宗教和哲学思想的发展来体现从命题到对立面再到综合的运动。由于冲突是改变的发动机,克服矛盾实现和谐将意味着历史的终结。在社会

"世界史就是人们自由意识的进步。"
——《历史哲学》（The Philosophy of History）

蜂巢是对黑格尔理想的简单类比：在一个没有矛盾的社会里，个体的愿望将归到集体之中。

历史时期，这意味着一种克服了内部冲突的状态的实现。就思想而言，当意识达到自我认识的时候，也就是当它知道自己，意识到那就是最终的现实，紧张的状态就终止了。换言之，思想变得自觉，认识到黑格尔的绝对的，认为思想中什么都没有的唯心主义，和意识是相对的。由于这最后的转变是在黑格尔自己的哲学中实现的，它代表了历史进程的高潮。

黑格尔和自由

在政治的竞技场上，历史的终结意味着人类的解放。但是黑格尔对自由的看法和在穆勒观点中找到的关于自由主义者的描述不同，这些描述是按照自从忽视了决定我们所做的选择和超出我们掌控的力量就缺乏驱使来定义的。黑格尔注意到历史是怎样决定我们的本性和做出符合我们能力选择的，在他看来，真正的自由只可

能在我们控制了这些力量后才能发生。这个不能发生只要当社会被看作是一个分散的个体的集合时，这个时候每个个体都追求他自己的目标，但只有一旦个人的愿望融入集体当中，并且被认识到是所有人共享的，那么目标才不会让我们觉得遥远，并且我们都能认识到我们在享乐的同时所应承担的社会责任。当一个和谐理智的社会中消除冲突，我们就会变得自律，并且最终获得自由。

参阅：自由理想（162页）、约翰·斯图亚特·穆勒（308—309页），马克思（311—312页）

不同分支

黑格尔似乎相信他那个时代普鲁士的君主立宪制呈现了历史的高潮，这让叔本华指控他出卖他的保护人——国王，并成为普鲁士民族主义的右派黑格尔主义者服务的基础。然而，"左派"黑格尔主义者，包括年轻的卡尔·马克思在内，把当时的普鲁士民族的缺陷看作是新辩证法运动的导火索，这次是革命性的。

阿图尔·叔本华

● 1788—1860年　▶ 德国

在德国文学中,叔本华的散文风格属最华丽的类型之一,但是他的哲学却充满了悲观主义,与其同时代的黑格尔哲学的乐观主义刚好相反。他认为生命是一场无休止的磨难,而艺术可以让这种磨难暂时停止。

生平与著作

童年时,叔本华曾在汉堡、巴黎和一所英国寄宿学校度过一段时间。由于他父亲的去世,可能是自杀,叔本华与母亲于1806年搬到了魏玛。他的母亲是一位成功的小说家,并经常在家中举行文学晚会。青年时代的叔本华接受了很广泛的教育,他在附近的吉纳大学获得了博士学位,并开始从事学术研究,他在柏林大学任职,同时与他一起任教的还有黑格尔,但他鄙视黑格尔,称他为学术骗子。在与黑格尔斗争的过程中,一次他将他的课程安排在与黑格尔同一时间。毫不意外,由于当时黑格尔在哲学上的优势,几乎没有人再去上叔本华的课,而叔本华最终不得不离开了柏林大学。他依靠继承的遗产度过了余生,这样一个孤独的、暴躁的人在晚年也获得了一定程度的声望。

叔本华自己的哲学体系在他的生活中出现得相对较早,就像在《论充足理由律的四重根》和《作为意志和表象的世界》中所阐述的一样,他后期的作品从本质上说是对这两部作品的补充和捍卫。他的两篇非常重要的论文《论意志的自由》(On the Freedom of the Will)和《论道德的基础》,一起成为获奖作品并出版,名为《伦理学的两个基本问题》。

主要作品:《论充足理由律的四重根》(On the Fourfold Root of the Principle of Sufficient Reason)、《作为意志和表象的世界》(The World as Will and Representation)、《伦理学的两个基本问题》(The two Fundamental Problems of Ethics)、《附录与补遗》(Pararga and Paralipomena)

简单的人生

缩写"WELT"(世界)最好地概括了叔本华的悲观主义:Weh(不幸),Elend(悲惨),Leid(苦难),Tod(死亡)。他认为苦行和克己的生活就像避免无休止的奋斗。没有奋斗,哲学世界就空无一物:时间与空间、主观与客观、自我与全部都消失了。

叔本华自己并没有履行他宣扬的思想,他的一生都过得很舒适,享用精美的食物,进行各种浪漫恋情,这些事实使人们怀疑他的真诚。

只有过着禁欲、贫穷、自我惩罚和饥饿的生活,苦修者才能够逃脱人类苦难的回归。

主要思想

叔本华沿袭了康德的思想（见294—297页），认为哲学世界归因于因果关系，或者用他论文里的说法，就是"充足理由率"。但康德却认为世界本身是在我们的认知范围之外的。叔本华争论说我们可以通过"意志"来"从中"获取它。他认为意愿是一种内在的力量，它统领万物包括我们自己。就像多元文化的概念只适用于表象领域，意愿是唯一基础的能控制全部哲学世界的力量。

受到佛教思想的影响，叔本华称哲学领域为"玛雅的面纱"，即努力和磨难无休止地循环。意愿产生了永不满足的欲望，既然我们受制于意愿，那我们就无法控制自己的生活——这就是叔本华声名狼藉的悲观主义。

叔本华也受柏拉图的形式理论的影响：他认为我们认知世界的原型，或在外在形式，也就是我们观察的非凡世界里的表象本身。因为艺术是以一种具体的方式处理宇宙问题，他们给了我们一种逃离非凡世界的通道。禁欲就是一种转变形式因为它能够让我们超越与个人之上来认识这个世界，简单地说，找到逃离苦难的方式。

通过克服意愿产生的欲望，过着一种苦行僧的生活（见对面页的框），我们也可以找到痛苦的另一个出路。在这一点上，叔本华接受了佛教的观点，即苦难是欲望的产物，我们必须克制欲望。

> "音乐是形而上学中无意识的运动，而人们却不知道音乐也是哲学。"
> ——叔本华

参阅：柏拉图与形式（76—81页），康德（294—297页），释迦牟尼（230—231页）

弗里德里希·谢林

● 1775—1854年　🏛 德国

像费希特和黑格尔一样，谢林最初是个神学家。但由于受到康德哲学思想的影响，他开始了自己在哲学上的学术生涯。他和黑格尔一起在蒂宾根大学学习，在伍尔兹堡、埃尔朗根、慕尼黑以及柏林任职之前曾在耶拿当费希特的手下。

谢林以事物本身可以被抛弃，自我和世界可以被证明这样的后康德思想创造了"绝对理想主义"这一观点。这一理想主义融入了本性的浪漫主义观点，认为自然是由精神或盖斯特组成的物理过程的混合体。因为他提出了"泛心理"这一观点，认为大自然的一切，不仅仅包括机体，都是与精神有关的，同时他还认为机械论对现实的描述是不完整的。人类的意识就是本性变得有意识，人类历史的过程就是一个以自我认识为目的的过程。达到这一阶段后，尽情地展现自我。而自我与世界、思想与物质之间的错误对立将不再存在。艺术是他的理论体系的关键，因为通过艺术，人性就接触了现实的本质，而现实本质就是上帝创造的一门艺术。谢林对黑格尔（见302—303页）有很大影响，尤其对他在历史重要性上的认识和有机暨精神上的现实观点。

奥古斯特·孔德

● 1798—1857年　🏛 法国

孔德的重要性在于他认识到了历史影响人类智力努力的天性。他认为每门科学都有自己的原则，并与三个重要阶段的进化有关。

作为一个无神论者，孔德提出了人类智力的和社会学的进步这一理论，这一理论认为，两种进步都要经过三个阶段：神学、形而上学、乐观。早期阶段，以欧洲历史上中世纪的观念为代表，这一观念是以对超自然力量的信仰为特征。这一观点后来被玄学观点所取代，玄学观点认为对不可见力量的信仰受到了限制，而对现实本性的推测却得到了发展。真正的科学态度只局限在基于可观察到的规则的描述和推测，而不是试着解释一种现象。

对人类社会和进化的研究，即"社会学"，是由孔德提出的，其本身将迈入一个已知的科学时代，在这一时代各种规则都是建构在可观察的数据之上的。

孔德对他全新的积极的思想的狂热使他提出了一个无神论领域，这一领域有自己的礼仪、节日，甚至还像经济学家及哲学家亚当·斯密（见298页）一样，自己发明了一套世俗圣人历法。

孔德认为在任何社会里，迷信总是在第一个阶段占据主导地位。

拉尔夫·沃尔多·爱默生

- 1803—1882年 美国

除去诗人与散文家的身份,爱默生也是美国19世纪一位重要的哲学家。作为新英格兰超验主义的领导人物,他的思想受到了欧洲浪漫主义运动的影响,他的思想也是绝对的理想主义。

虽然不是一个严谨的思想家,爱默生大量的文章、发表的演讲和布道让他的思想引起了人们的关注。他的主要理论就是自然统一论,事物的每一部分,每一种思想都反映着整体,他强调自我、世界和宇宙之间的基本连续性。他反对墨守成规和传统权力。认为自立和诚实是道德的最低要求。他文章的格言风格让他的文章经久不衰,到现在仍然有影响力。他的教子威廉·詹姆斯、尼采和其他一些人的一些格言被认为是源于爱默生的格言。

爱默生赞成与自然和谐共处,反对现代工业社会。

路德维希·安德列斯·费尔巴哈

- 1804—1872年 德国

费尔巴哈在柏林研究神学和哲学,师从黑格尔(见302—303页),后来发展自己的黑格尔哲学的一个分支——自然主义。他最重要的作品《基督教的本质》(*The Essence of Christianity*, 1841),让他从人类学上阐述了对宗教信仰的理解。

费尔巴哈认为人类是能够意识到自己是属于特殊物种的唯一动物,他还认为人类的本质就是获得不同的美德,如推理的能力,富有爱心,参与慈善活动。但是,我们却与本质分离,认为自己是超验生物,觉得自己无所不知、博爱等。因此上帝其实是一种幻想,是我们理想化的内心世界的化身。宗教感情的本质是现实中人类的爱。一旦我们意识到自己与本质分离,宗教感情就可以弥补这一分离,而且我们对上帝的爱能够正确地传递给我们的人类朋友。因此人的本质在一个民主共和国里可以得到实现。

费尔巴哈在哲学历史上的重要性主要在于他对马克思的影响,尤其是他所使用的分离观点,这一观点出现在他的宗教评论和他主张的物质需求是政治和社会结构的基础这两个观点中。他的《关于死亡和不朽的想法》(*Thoughts on Death and Immortality*, 1830)一书中提出了反对上帝至高无上这一观点。费尔巴哈认为,学术地位不是靠不朽与职务来决定的。

约翰·斯图亚特·穆勒

● 1806—1873年　▷ 英国

穆勒的哲学观点是经验主义,在他的哲学观点中,他的判断是基于可见的事物而不是仅仅通过推理而得到。随后出现的就是他的伦理观点和功利主义,即通过对一个行为的结果进行评估来判断它的精神价值。

生平与著作

穆勒的父亲,即哲学家和经济学家詹姆士·穆勒,亲自教育自己的儿子,这使得穆勒在古典和实用的伦理学与自由政治方面都精通。从他的自传可以知道,穆勒在6岁时就读了休谟与吉本(Gibbon)的传记,7岁就掌握了希腊和拉丁文,16岁成为一名优秀的逻辑学家,这样集中的教育让他付出了代价,使他在20岁时神经出现毛病。这之后,他养成了更加实际的态度。19世纪30年代,他编辑了《威斯敏斯特评论》(Westminster Review),并得到了杰里米·边沁(见300页)的资助。直到1858年他仍在东印度公司工作。他与一个女人曾经浪漫交往过,在她成为寡妇后娶了她,并称自己拥有她的所有财产。他在1865年当选威斯敏斯特的下议院议员,但后来失去了这一职位。

主要作品:《逻辑学体系》(System of Logic)、《功利主义》(Utilitarianism)、《论自由》(On Liberty)、《对汉密尔敦的审查》(Examination of Sir William Hamilton's Philosophy)、《论妇女的从属地位》(The Subjection of Women)

主要思想

穆勒继承了他的父亲和杰里米·边沁的功利主义,认为行动在道德上值得表扬,只要这一行为带给了人类快乐。但是,他发现了巴勒姆理论的很多不足,其中之一就是巴勒姆坚持所有的快乐都是同样重要,无论是物质上的乐趣、友谊的快乐,或是需要努力和教育的美学上的快乐。穆勒认为最后一种快乐更珍贵,同时说明教育通过向成功开辟新道路给全世界带来了更多的快乐。

穆勒对边沁的功利主义的另一个发展就是他意识到规则对于道德思考的重要性。边沁认为,几种明显不道德的行为如撒谎、偷窃、谋杀如果带来了好的结果,那也可以认为这些行为是正确的。换句话说,结果会证明方法。但是这与人们认为的有些行为本身就是错误的相矛盾。而且,人们似乎单独依靠它所带来的快乐来评估理想化的行为,例如公平。边沁忽视了快乐可分的公平性。穆勒认为仅仅通过实用的目的就可以证明道德规则被普遍接受的正确性。

自由

穆勒认为人类的满足感需要个体的解放,他也争取过思考和表达的自由。他认为人的自由只能在他对别人自由的影响上被限制,因此存在着一个个人舞台,在这个舞台上不会受到干扰,个人拥有体验生活方式的绝对自由。换句话说,只有在防止对他人产生伤害时才会有强迫的出现。这一点排除了国家制定法律保护公民的权利。

穆勒和科学

在《逻辑学体系》一书中,穆勒认为归纳法是发现一般规律的基础,他也探讨了科学发现和分析的本质,他希望可以用科学规律来解释社会现象,找出事情发生的原因。书中也对象征意义——术语所指和隐含意义——语感进行了划分。

穆勒是妇女解放运动的早期保护者,正如这幅19世纪60年代的潘趣卡通讽刺的那样。

参阅:政治哲学(160—177页),功利主义:快乐就好(102—103页),因果(90—93页),弗雷格(318页),黑格尔(302—303页)

穆勒认为,**文化娱乐欣赏**可以提升群众思想:在这里,工人们在欣赏中国京剧。他宣扬教育是提高每个人的生活质量的一种途径。

索伦·克尔凯郭尔

● 1813—1855年   ▶ 丹麦

克尔凯郭尔是存在主义的奠基人。他指责黑格尔理论者忽视了个人经历、人与上帝的关系,以及个人选择的重要性——在这些方面,伦理问题和宗教问题最为突出。

生平与著作

在哥本哈根学习神学时,克尔凯郭尔对黑格尔哲学产生了怀疑。在1843年,他拒绝与自己的未婚妻结婚,同年他写了《非此则彼》一书,书中将"美学的"和"伦理的"生活方式之间的选择进行了夸张描述。后来他发表了《恐惧与战栗》(Fear and Trembling) 和《哲学断简》(Philosophical Fragments),在1845年,又发表了《生活之路的阶段》(Stages in Life's Way),书中勾画了作者自己的"宗教式"生活方式。他最著名的作品是关于绝望的分析,书名为《致死的疾病》(1849)。在一次出版争议后,克尔凯郭尔开始了隐居的生活,并成为当地的乐事之源,但他仍然与国教进行斗争直到死。

主要作品:《非此则彼》(Either/Or)、《生活片段》(A Fragment of Life)、《致死的疾病》(The Sickness unto Death)

主要思想

克尔凯郭尔的哲学从他反对黑格尔哲学的纯理论系统的斗争开始,他认为黑格尔哲学忽视了事物的独特性和个体意识的现实性。克尔凯郭尔重申个人选择是责任与真实性的最基本核心。他以匿名的方式发表文章,这一点使得在个体对人类条件下的感情方面的态度问题上,他可以研究有不同观点人的经历。

克尔凯郭尔强烈反对丹麦的国教,他认为国教让个体与上帝之间的真正关系产生了距离。他认为上帝是否存在是不确定的,在这种情况下献身宗教是信仰上的一大跳跃。他的人文主义思想也很有影响,他强调人要认识到自己的自由权利,并以此来选择在无神的世界里如何生活。

参阅:黑格尔(302—303页),因为上帝如是说(107页),上帝必然存在(140—141页),冒险行动(158页)

我们与上帝的关系是一个纯个人的私密事情,无论有多么困难我们都必须做出自己的决定和道德选择。

马克思

卡尔·马克思

● 1818—1883年 ▉ 德国

马克思的思想在世界历史上有深远的影响：在他去世后的66年中，世界上三分之一的人口都拥戴他的哲学思想的政治体系。他认为现实是由历史组成的，包括内部冲突带来的变革。

生平与著作

尽管马克思的祖辈都信犹太教，他的父母转信路德教，而他本人从小就极力反对宗教。他在大学学习法律，但后来学习哲学。在他的关于古代的"原子论"、德谟克利特、伊壁鸠鲁的博士论文中，他显示出了自己对物质世界的兴趣，他关注黑格尔早期的哲学思想，而费尔巴哈对黑格尔哲学（见307页）的唯物主义变形对马克思主义的影响更大。但他的无神论思想让他无法将其作为自己的学术生涯。1843年，马克思去了巴黎，并在那儿遇见了自己毕生的合作伙伴恩格斯。恩格斯一家都在曼彻斯特经商，从他那儿，马克思了解了英国工业发达的条件以及英国的经济理论。两人在1848年被驱逐到布鲁塞尔，他们于1848年在那里合著了《共产党宣言》（Communist Manifesto），然后他们返回德国，参与了当年的革命。后来马克思得到了恩格斯的帮助，来到伦敦避难，从此他与家人在贫穷中度过了余生。1867年，他的著作《资本论》第一卷发表，第二卷与第三卷在他去世后才面世。

主要作品：《资本论》第一卷（Capital I）、《资本论》第二卷（Capital II）、《资本论》第三卷（Capital III）

主要思想

与黑格尔一样，马克思认为历史的进程有待于理性的研究，决定社会变革的规则是辩证法，即历史条件包括内在冲突，这种内在冲突使其本质上不稳定，必然导致了旧的灭亡和新的产生。但是与黑格尔不同的是，马克思看到了不可阻挡的逻辑是坚实的物质，而不是精神，驾驭着历史的进程。因为物质力量影响人们的行为，是社会变革的动力。马克思后来转向这点研究经济学。马克思认为，生产和分配的方式，以及由此产生的不同社会阶层之间的辩证斗争，决定着历史的进程。经济推进了社会变革，如封建社会与工业社会的变革，经济也决定了不同的社会阶层和阶层斗争。经济力量决定了"上层建筑"的社会现象，如政治机构、宗教、意识形态、哲学、艺术，这意味着我们需要阅读这些作为其社会状况和时代的表达方式。例如，宗教服务于维持现状，即工人被压迫，因此，马克思认为它是人民的鸦片。同样，艺术只是服务于统治阶级的意识形态。

马克思从生产资料的

在马克思主义理论鼓舞下的俄国革命之初"波坦金战舰"的电影海报贴出来了。

拥有者——资本家和无产阶级工人这两者之间的矛盾来分析了资本主义。劳动力是价值的最终来源,而利润就是劳动力,因为资本家们并不拥有他们,大量的劳作使他们变得毫无人性并最终孤立无援。根据马克思的理论,由于利润的空前膨胀来源于对越来越贫乏的劳动力的越来越多的压榨,资本主义必将导致资产阶级和无产阶级之间两极分化的加剧。这最终将会导致革命。一旦工人们掌握了生产方式,受益的将会是所有人。而从工资里提取更多的价值也会变为从劳动力里提取更多的价值,这将意味着等级制度的结束。工人们将从他们与商品的矛盾和辩证的改变中脱离出来。马克思把这当作是对这一段历史的必将灭亡和共产主义制度诞生的科学见证。

"资产阶级首先创造的是自己的掘墓者,它的衰亡与无产阶级的胜利是同样不可避免的。"

——《共产党宣言》(Manifesto of the Communitst Party)第六章:496页

马克思生前没能看到俄罗斯和中国的无产阶级革命,他相信无产阶级掌握生产方式的革命必将会结束这场辩证的转变。

参阅:黑格尔(302—303页),政治哲学(106—107页)

查尔斯·桑德斯·皮尔斯

● 1839—1914年　🏳 美国

受到康德影响的皮尔斯,因其是美国实用主义哲学的奠基人之一而闻名,他对他的好友威廉·詹姆斯也产生了重要影响。

皮尔斯的主要身份是职业科学家而不是哲学家,而他在实验室里的经历对他的思想产生了深远影响。与现代传统的哲学思想相反,皮尔斯认为掌握知识的方法不是一个人孤独地寻找真理,而是通过一大群的科学探索者的实验方法来检查一系列的已被认可接受的真理里存在的不确定因素。

对康德(见294—297页)作品的阅读影响了皮尔斯的哲学思想,他认为自己在现代逻辑学的进展方面是在继续康德的工作。根据皮尔斯的实用主义思想,术语的意义已经被我们的行为和行为方式消磨殆尽,从合理效用来讲,也是可定义的。

相对来说,在皮尔斯的有生之年他不是那么出名,很多年他都没有在哲学方面的任何学术职位上任职。然而他创作了大量的论文《哲学文集》(*Philosophical Papers*, 1931—1935),这确立了他在哲学领域的重要地位。

威廉·詹姆斯

● 1842—1910年　🏳 美国

威廉·詹姆斯一生都在哈佛度过,他先是学习医学,然后是心理学,再是哲学。他早期的作品《相信的欲望》(*The Will to Believe,* 1897)表达了他一生对宗教信仰的崇拜,认为对上帝的信任可以被除证词以外的证据证明。

詹姆斯的第一部主要著作《心理学原理》(*Principles of Psychology*, 1890),以"意识流"这一思想而闻名。这一思想反对经验分离中的传统的经验主义观念,主张不断地进步。在这种思想里,转瞬即逝的过去和即将到来的将来都可以使短暂的现在焕发光彩。1902年,詹姆斯在《宗教经验种种》(*Varieties of Religious Experience*, 另见150—151页)中探讨了神秘主义和宗教主义,随后他又接触了皮尔斯实用主义(如上)。在这里他将意义理论发展成为真理理论,提出 [《实用主义》(*Pragmatism*, 1907) 中] 陈述的真相不会被与现实相符的事实否定,而是根据其实际使用来看。例如,如果它能精确预测经验的话,这样它就可以被证明是"真的"。

威廉·詹姆斯来自纽约的一个富裕的大家庭,他还有个弟弟亨利·詹姆斯,是小说家,在照片的左边。

19世纪末,随着大量移民蜂拥踏入美国,第一场哲学运动——实用主义爆发了。实用主义者皮尔斯和威廉·詹姆斯所在的哈佛哲学系,被很多人看作是世界上最好的哲学系。

弗里德里希·尼采

● 1844—1900年　🏳 德国

尼采尽管在他所处的那个时代被众人所忽视，但是他还是正确地预言说他的哲学时代将要到来。事实上，自从20世纪后半叶以来，由于存在主义、后结构主义以及后现代主义的兴起，尼采的哲学思想带来的影响已经开始风起云涌。

生平与著作

尼采的父亲是一名路德教会牧师，青年时期尼采就是个才华横溢的学者，他早期在哲学方面的发展像流星般闪过天际，年仅24岁就被聘为瑞士巴塞尔大学古典语言学教授。

确切地说，尼采的思想发展开始于1865年，当时他偶然发现了叔本华的《作为意志和表象的世界》(The World as Will and Representation)。作曲家瓦格纳——尼采的学生兼朋友，对尼采的影响我们也可以在他早期的作品中可以有所体会。但是，他和瓦格纳在对待戏剧《帕西法尔》(Parsifal)的问题上意见发生了分歧，原因是尼采认为这部戏剧太基督化了。1879年，由于健康状况日益恶化，尼采放弃了他的教育事业，在随后的几年里他尽情游览了阿尔卑斯镇。在这期间，他出版了几本格言集，同时创作出文学哲学书《查拉图斯特拉如是说》。尽管他的健康状况不断恶化，但是他仍然不停地以惊人的速度写作出版书籍，直到1889年，他在都灵的街道上看到有个男人正鞭笞着一匹马，他的身体彻底崩溃了。自此以后，他都没有再清醒过来，但是他还是赢得了很高的荣誉。

主要作品：《悲剧的诞生》(The Birth of Tragedy)、《人性，太人性的》(Human, all too Human)、《善恶的彼岸》(Beyond Good and Evil)、《论道德的系谱》(On the Genealogy of Morals)、《查拉图斯特拉如是说》(Thus Spoke Zarathustra)

主要思想

尼采最早的哲学思想关注的是他和叔本华通过努力和痛苦的非理性力量创造的世界（详见304—305页）。但是，尽管尼采称赞任何忽视人类精神的条件，他却拒绝叔本华悲观的世界观。在欧洲，失去了支撑传统价值观的神学观的秩序后，正确的反应不是沉沦于虚无主义之中，而是迎接挑战，建立新时代的新的价值观。尼采的整个哲学体系可能已经被看作他企图脱离神的理论了。

在《善恶的彼岸》和《论道德的系谱》中，他发展了他最著名的批判关于犹太人基督教的价值观。根据他的分析，通常我们认为的"好"实际上是对弱者的条件界限。基督教否认人与人之间的差异，它假装谦卑与博爱，它反对生理上的激情和罪恶的世界，它因为生活的不满而拒

尼采认为**基督徒的道德**是牧羊人的道德，即把那些鹤立"羊群"的高贵一族判为"邪恶的"。

尼采

绝一切高尚，拒绝做一个更高价值的人。我们要试图抵制那种被驯服的奴隶似的思想观，而是要勇于表达自己的力量和权利，这样高贵的价值才可以得到发扬。在这里可以看到尼采对人类的巨大挑战，以及对虚无主义的修正；他的关于"超人"的设想——一个可以改变现存的价值观的新人类。

透视洞悉论

尼采的批判之火也向其他哲学家对真理的信念扫射。他提出，知识是永远没办法把握的，因为它不可能达到对客观世界的解释。但这并不意味着尼采拒绝真理，因为他承认从内部解释的观点出发，看法可以是真实的。但这也的确意味着在作出评判的时候，不同的解释对应着不同的价值观。他"透视洞悉论"的一种暗含之意是，用哲学话语解释来说，矛盾一定是个整体，尼采的格言式风格可以看作为开辟未来新的哲学思想而企图去拓展透视洞悉论。

> "如果真理是女人……怎么办？"
> ——《善恶的彼岸》（Beyond Good and Evil）绪论

参阅：道德是相对的？（120—122页），遗传谬误（205页）

教条主义哲学家所采取的**直接方法**难免会忽视真相。尼采认为真理是不会被欺骗和引诱的。

戈特洛布·弗雷格

1848—1925年　德国

弗雷格是哲学分析理论的奠基人,在逻辑学方面的研究超越亚里士多德的第一人,为20世纪现代逻辑学的蓬勃发展扫清了道路。弗雷格努力寻找稳定的数论基础,同时也极大地影响了哲学语言。

生平与著作

弗雷格首先进入耶拿大学,在哥廷根完成了他的博士学位,然后返回耶拿大学成为一名数学系教授。他的第一部专著是《概念演算》(1879),也就是概念符号。他尝试把算术建立在逻辑的基础上,1884年完成《算术的基础》。他的哲学语言学主要包括在三篇重要的文章中:《函项和概念》(1891),《论概念与对象》(1891),最重要的是《论意义和指称》,在这本书中,他调查了语义概念的本质,例如意义与指称之间的区别,这也是哲学语言关键之所在。

主要作品:《概念演算》(Begriffsschrift)、《算术的基础》(The Foundations of Arithmetic)、《函项和概念》(Function and Concept)、《论概念和对象》(On Concept and Object)(1891)、《论意义和指称》(On Sense and Reference)

主要思想

弗雷格以一个数学家的角度获得了哲学的逻辑方法,由此成功地引起了这门学科的革命。他在《概念演算》里介绍了诸如命题演算,实情作用和现在仍在使用的正式的表达量词和变量的发展。这些突破使现代逻辑得到快速发展。在《算术的基础》里他支持柏拉图现实主义观点,即把数字看作是一种虚无的事物,它不依附于人的思想而存在,数字理论就是现实与虚无之间的纽带。他试图通过集合论减少逻辑真相的算术运算,但是拉塞尔在这项领域所做的工作还是以失败而告终。尽管如此,弗雷格的著作在哲学方面还是产生了巨大的影响。

一个探险家不解地说:"**埃佛勒斯峰和珠穆朗玛峰这两个名字指的是同一座山峰,但是这俩词并不一定意味着同样的事物。**"一个术语的含义并不仅仅取决于这个词指代的是什么,而是它指代的方法和它的意义,或者如弗雷格认为的那样。

埃德蒙德·胡塞尔

● 1859—1938年　🏳 德国

作为现象学学派的创始人，胡塞尔对20世纪欧洲哲学产生了深远的影响。现象学或者表象理论，侧重描绘在没有任何假设条件时世界呈现出的无意识运行方式。

生平与著作

胡塞尔出生于当今的捷克共和国的摩拉维亚，1883年，在维也纳完成了他的博士学位。在那里他参加了弗兰茨·布伦塔诺（一位在哲学和心理学上很有影响力的大人物）的讲座，随后在哈雷大学获得了教学职位，并且开始了算术哲学和大量的逻辑研究工作。1916年，他成为弗莱堡大学的哲学教授，当时海德格尔也在这里教书。胡塞尔一直待在这所学校直到1928年退休。由于纳粹势力的猖獗，胡塞尔遭到纳粹党人的迫害，他所有的作品都被查封了。

主要作品：《算术哲学》(Philosophy of Arithmetic)、《逻辑研究》(Logical Investigations)、《纯粹现象学和现象学哲学的观念》(Ideas Pertaining to a Pure Phenomenology and to a Phenomenology)、《笛卡儿沉思》(Cartesian Meditations)

主要思想

在他早期的作品中，胡塞尔试图通过对人们认识哲学过程的分析研究得出掌握数学概念的经验。弗雷格（参阅对面页）高调地批判这些尝试缺乏算术的客观性，认为人们认识哲学过程从逻辑上来说实际上与个人如何掌握这种经验无关。胡塞尔似乎对这些批评置之不理，同时反对他早期作品的"心理主义"，他把直觉得到的实质也看作具有客观性，在《逻辑研究》这本书中胡塞尔认为算术定律不是哲学性的，而是完满和必要的。

现象学

胡塞尔指出，在布伦塔诺之后，心理状态一直是指超越自己。意识一直是指某一事物的意识，这一意象性成为他新哲学方法论的核心，称为"现象"。它包含了对意识经验内容的纯粹描绘。一个人必须终止对自然世界的信念和那些可以带到实践中的设定。这样我们可以检验必要的经验内容和它有意安排的结构，然后就可以描绘出经验事物本质意识的直觉。

当我们看到蜘蛛时我们会感到**恐惧和害怕**，这就是胡塞尔所谓的"意向性"。

参阅：现象学(88页)，海德格尔(328—329页)

亨利·柏格森

◐ 1859—1941年　🏴 法国

柏格森在文学界以及哲学界领域都很有影响力。他得出获取知识的两种途径有着明显的区别，一种是凭借人的领悟能力通过概念和与外界的接触获取知识，另一种是通过直觉获取知识——这是真正哲学的方法。

生平与著作

柏格森主要在巴黎接受的教育，并于1881年毕业于巴黎高等师范学院。他于1900年成为了法兰西学院的教授，并在那儿一直工作到1920年退休。1901年，他发表了一篇关于喜剧的意义的文章《笑》（*laughter*）。在1907年，他又出版了《创造的进化》，书中表达了对达尔文的评论。在1908年，他遇见了威廉·詹姆斯（见313页），后者把他带进了英语哲学界。在1927年，他荣获诺贝尔文学奖，1932年，他出版了他最后的著作《道德与宗教的两个起源》。由于在雨中排队等候注册成为维希政府统治下的一名犹太人，他因染上了支气管炎而不幸逝世。

主要作品：《时间与自由意志》（*Time and Free Will*）、《物质与记忆》（*Matter and Memory*）、《道德与宗教的两个起源》（*Two Sources of Morality and Religion*）

主要思想

柏格森哲学的核心在于对"绵延"的概念——时间，因为它是人瞬间体验到的，因此与时钟计算的客观时间形成鲜明对比。我们根据空间模型把后者想象成同一类的媒介，可量化可分割成相等的区间。对于科学家的时间，完全不同于绵延的生活体验，后者是一个统一连续的过程，每个时刻都是独特的。根据柏格森的观点，我们可以通过直接的非概念的感知模式，即他所谓的"直觉"来体会到延展性。不同于智力，直觉不会把认识者与被认识者分开或者把人们的经验分成一块一块，但它与客观事实是相吻合的。

生命力

凭直觉，我们可以认识到意愿的自由性。它还表明，持续的运动是由生命力所驱使的，柏格森认为这是生命不可缺少的一部分从而发展了他对达尔文自然选择理论的批评。对于柏格森来说，对生命发展的机械描述忽视了创造力的需要，这能驱使惰性物质变成新的形式或组织。

在普鲁斯特的作品《斯万的方式》中**泡过茶的马德琳蛋糕**能引起我们生动的记忆，普鲁斯特受到柏格森思想的影响，我们过去的内隐记忆可能会被偶然的味道唤醒。

西田几多郎

● 1870—1945年　🏳 日本

西田出生的年代正是日本经过几个世纪的文化隔离，正向西方势力敞开大门的时候。他曾在学校学习道教和儒教，而后又在东京大学学习西方哲学，并于1894年从东京大学毕业。他在京都悟禅的同时也在京都大学任教。

西田是第一个尝试利用西方哲学的方法来探讨东方思想，尤其是禅宗思想的人。在实践中，他把西方已经实践过的哲学在日本确立为一门严肃的研究课题，并最终成立了京都学院。他哲学思想的核心是"空间逻辑"，通过回归到禅宗所梦寐以求的"纯经验"的状态，在这样一种状态下认识者与被认识者、自我与世界的区别都消失了，希望这样能够克服传统西方主体和客体之间的对立。

西田的两部主要作品是《对于正义的探究》(*An Inquiry into the Good*, 1905) 和《空间逻辑和宗教世界观》(*The Logic of Place and the Religious Worldview*, 1945)。

京都有条**静谧小路**取名"哲学家之路"就是因为西田几多郎常常在此沉思。

乔治·桑塔亚那

● 1863—1952年　🏳 西班牙

桑塔亚那出生于西班牙，从9岁开始就生活在美国，并且都是用英文进行写作。1888年至1912年期间他在哈佛大学教书，并在那里写下了《美感》(*Sense of Beauty*) 与《理性的生活》(*Life of Reason*)。退休后他去了罗马，又写了《怀疑主义和动物的信念》(*Scepticism and Animal Faith*) 以及《存在诸领域》(*Realms of Being*)，这些都充分说明了他在哲学上的成就。

桑塔亚那深受皮尔斯和詹姆斯（见313页）实用主义的影响，他和他们一起在哈佛大学学习、工作，并认为人类的认知需要以其进化的目的来理解。他强烈要求要培养促进人类繁荣的想象力。

米格尔·德·乌纳穆诺

● 1864—1936年　🏳 西班牙

作为诗人、剧作家、哲学家、希腊文教授、散文家，乌纳穆诺因反对普里莫·德·里维拉的专政而遭到了从1924—1930年为期6年的放逐。在第二共和国统治期间他回到了西班牙，在批判他们之前他是站在反对佛朗哥势力一边的，这导致他的被捕和死亡。

乌纳穆诺赞成加赛特的生命哲学（见324页）的思想：在《堂吉诃德和桑丘的生活》(*The Life of Don Quixote and Sancho*) 这本书里，他支持骑士抵抗理性的运动。他在《对生活的悲感感情》(*The Tragic Sense of Life*) 这本书中指出，不死的愿望可能是不切实际的，但却是对人类状况的必然反应。正是这种荒唐的愿望才产生了对上帝信仰的需要。

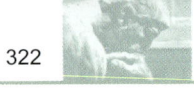

伯特兰·罗素

● 1872—1970年　▶ 英国

罗素最广泛被阅读的作品可能是他的名著《西方哲学史》；然而，他在哲学领域更具影响力的成果是他致力于把算术归到逻辑学中，逻辑原子主义哲学以及他对他早期所有成就的理论描述。

生平与著作

罗素出身于一个贵族家庭，如他的教父约翰·斯图亚特·穆勒一样，在家中受教育。他在剑桥读的是数学，在获得学位后他继续留校学习哲学。1900年，在遇到数学家皮亚诺之后罗素又重新燃烧起了对数学的兴趣；1901年，他发现了罗素悖论并且提出了他的确定描述理论与一系列理论。在1907—1913年间，他与他的老师合作一起发表了数学理论，这是他对把数学归入逻辑学的一大尝试。

战争爆发后，罗素因为反战活动而失去了在剑桥的职位，并且在1919年被监禁了5个月，这时他写下了《数学哲理导

剑桥大学三一学院，罗素曾在这里学习和教书。他是年轻的路德维希·维特根斯坦的指导老师。

论》。随后他访问了苏联，在中国教学，并在美国工作；但是他再次因为他的观点失去了他的职务。他全力支持反纳粹的战争。1944年，在写下《西方哲学史》后他返回剑桥。1950年，他获得诺贝尔奖。

主要作品：《数学原理》（The Priciples of Mathematics）、三卷本的《数学原理》（Principia Mathematica in 3 volumes）《西方哲学史》（History of Western Philosophy）

主要思想

罗素早期的重要工作与数学基础有关。他想证明算术是源自逻辑，一个以逻辑主义闻名的声明。与怀海德合作的《数学原理》就是以此为目标的。在试图克服从拉塞尔的悖论衍生而来的集合论与逻辑主义项目中的困难中，他为哲学逻辑做出了重大贡献。

逻辑原子论

罗素认为日常用语包含了各种各样的混乱，并且以一个合乎逻辑的方式重铸哲学问题将使人们能够解决这些问题。这使得他发展了一个是什么使语言有意义的理论，这就是我们所熟知的逻辑原子主义。这个理论声称术语的意思就是他们所代表的物质，以及有意义的句子必须体现世界形势；因此，它们的意义最终必须以我们的经验为基础。日常用语中句子的哲学分析应该能把他们分解成简单的"原

罗素（中间戴帽者）是一位把终生奉献给民权运动的活动家及和平主义者，至死仍在为核裁军而努力。

子"句。罗素认为,这些原子句可以通过直接相熟获知,例如:申明一个简单看法的内容。这种观点的关键点是那些不能被简单化(见326页)也不能建立在经验基础上的句子什么都不是,也没有任何意义。

无意义名词

然而,罗素的原理意义遇到了如何分析包括不存在的实体的句子。如果我们以这一句为例"飞马不存在",好像在说关于一个确定的实体的一些真实的事情。难点就在于没有与"飞马"这个名称相对应的实体可以指代。在这种情况下,如何让这个句子成功地说明有意义的事,更别说正确了。罗素认为我们需要去分析这样的句子找出真实的形式。"飞马不存在"或许是说有翅膀的马不存在,反之,根据罗素的分析:他声明像有翅膀的马这样独特的东西是不存在的。一个不存在的个体明显的参照物现在已经消失了。

参阅: 弗雷格(318页),维特根斯坦(156—157页),数学知识(73页)

"战争并不能决定谁是正确的,而是看谁能活下来。"

——罗素

奥尔特加·加塞特

● 1883—1955年　▣ 西班牙

奥尔特加一直说是站在笛卡儿"我思故我在"的肩上,提出了"我生故我思"。他认为,他所谓的"生机论"或"生命论断",是理想主义和现实主义之间的第三条道路,真实的既不是自我,也不是心灵,更不是物质世界,而是生命。

生平与著作

在1910—1936年期间,奥尔特加在马德里取得了形而上学的教授职位。1917年,他成为《太阳报》的编撰,他以论文的形式在报纸上发表了著名的论文《没有脊梁骨的西班牙》和《大众的反叛》,《大众的反叛》让他闻名世界。作为共和国的支持者,他在内战到来时自愿流亡他国,直到1945年才回国。受奥尔特加·加赛特影响较大的有泽维尔·苏比里,佩德罗·拉因·恩德拉哥,约塞·路易斯·洛佩兹·阿让古伦和朱利安·玛利亚。他还影响了存在主义和海德格尔的作品,奥尔特加自己也常常提到这一点。

主要作品:《没有脊梁骨的西班牙》(*Invertebrate Spain*)、《堂吉珂德的思考》(*Meditations on Don Quixote*)、《大众的反叛》(*The Revolt of the Masses*)

主要思想

奥尔特加所说的生活是一种在自我和所处环境之间的辩证法。"我就是自我和我的环境","我的生活就是工作",个人创造自己。对奥尔特加来说,理性是服务生活的一种工具,他认为个人观点可以代替客观真理。他否认固定不变的人性和强调改变现实的个人自由,奠定了存在主义的基础(见让·保罗·萨特,336页)。然而,奥尔特加和萨特不一样,尽管他支持西班牙共和国,但在政治上他赞成贵族精英保持和领导文化的规则。《大众的反叛》(1929)反对缺乏远见或带有大众文化特点的平庸。

在他的《堂吉珂德的思考》中,奥尔特加的视角主义是激发个人的创造力,从而推动生活。

参阅:海德格尔(328—329页)

马克斯·舍勒
● 1874—1928年　🏳 德国

在1901年，舍勒在耶拿大学开始他的文学生涯，在那里他受到了胡塞尔现象学（见319页）的影响。来到慕尼黑，在《伦理学中的形式主义》(Formalism in Ethics, 1907) 中，他批判康德时用的现象学方法捍卫了客观的道德价值能被理解不是通过智力而是通过"感觉"的理论。在我们与他人的关系中，可以直接意识到他们的情感，爱是道德行为背后的力量。第一次世界大战以后，舍勒成为在科隆的哲学和社会学的主席，发表了《人类的永恒》(On the Eternal in Man)，探讨了宗教界对现象学的态度，在《人在自然界的地位》(Man's Place in Nature) 中，他指出上帝、人类和世界是如何统一的"变化"过程。

提图斯·布兰德
● 1881—1942年　🏳 荷兰

布兰德是加尔膜的修士，在1905年成为牧师，并在罗马的教皇格里高利大学取得了哲学博士学位，后执教于奈梅亨天主教大学。他认为圣衣会是作为道明会知性主义和方济会强调情感是靠近上帝之间的第三条道路。不过，他之所以被世人怀念不是因为他的许多神学讲座，而是因为他强烈反对纳粹的态度。1942年他被捕并押到达豪集中营直至被处死。1985年，他被教皇约翰·保罗二世平反。

卡尔·雅斯贝尔斯
● 1883—1969年　🏳 德国

雅斯贝尔斯原是精神科医生，后成为一名具有创造性的存在主义哲学家。他是海德堡大学的精神病学教授，从1921年起成为哲学教授，直到1937年他被纳粹革职。战争结束后，他成了巴塞尔大学的教授。

雅斯贝尔斯同意哲学家基尔克果和尼采有关从个人奋斗的角度来探索人类的条件，哲学应该是引导个人去发现自我和探索生存之道，而不是追求客观的和系统的徒劳付出。他认为，这就是面对局限，拥抱"超越"。

恩斯特·布洛赫
● 1885—1977年　🏳 德国

布洛赫是一个马克思主义哲学家，他强调了没有剥削和压迫的世界的可能性。在"一战"期间，他在德国和瑞士避难时完成了自己早期的作品《乌托邦精神》(The Spirit of Utopia, 1918)。他在1933年离开纳粹德国来到了美国，在那里他开始了他的巨著《希望的原理》(The Principle of Hope, 1954–1959)。第二次世界大战后，布洛赫在莱比锡大学任教，但随着柏林墙的建立，他于1961年在西德庇护。他那非正统的马克思主义认为现实是一个被活力和目的论驱动的过程。在政治层面上，他的目标是对世界的社会主义改造。尽管宗教可能是人民的鸦片，但地球上神化的天堂的设想是可以达到的。尽管布洛赫是无神论者，但他的主要影响力在于对基督教的解放理论。

路德维希·维特根斯坦

● 1889—1951年　🏴 英国

> 维特根斯坦的哲学生涯分为两个不同阶段：早期的思想被总结在《逻辑哲学论》里，而后来的则在《哲学研究》里。两部作品都阐明了他的观点，那就是哲学问题的产生是由于对语言的困惑。

生平与著作

作为一个富有的澳大利亚资本家八个孩子中最小的一个，维特根斯坦起初想做一名修士，但后来在柏林学了机械工程，并在1908年去了曼彻斯特攻读航空工程的博士学位。在那里，他读了罗素的《数学原理》（见322—323页）。在逻辑和数学理论方面的兴趣促使他把一篇论文交给了当时在耶拿大学教书的弗雷格（见318页），弗雷格建议他去剑桥大学在罗素的指导下继续他的学术研究。

1914年，因为战争爆发，维特根斯坦在奥-匈帝国的军队服役，最后被抓到意大利蒙地卡罗附近的一个战俘营里。在战争期间，他仍然继续他的哲学研究，终于在1922年用英文出版了《逻辑哲学论》。战争结束以后，他改变了奢侈浪费的习惯，把所有的钱都给了他的兄弟姐妹，他们已经很富有了，就不会被他给的那点钱而腐化。

原认为《逻辑哲学论》已经解决了所有的哲学问题，维特根斯坦就去做了一名小学教师，但他的坏脾气和要求精益求精的性格让他变得格格不入。最后，事实已清楚地表明他在《逻辑哲学论》里的研究是把问题简单化了，于是他于1929年重新回到剑桥大学开始哲学研究，并于1939年成为一名教授。

主要作品：《逻辑哲学论》（*Tractutas Logico-Philosophicus*）、《蓝皮书和棕皮书》（*The Blue and Brown Books*）、《哲学研究》（*Philosophical Investigations*）、《论确实性》（*On Certainty*）

主要思想

在《逻辑哲学论》中维特根斯坦试图解释逻辑原子论（见322页），任何有意义的话语都可以归纳为简单的陈述，图示原子事实。维特根斯坦的图示理论认为，一个关于世界的命题要包含一些元素——名称代表现实的元素。这些名称通过不同的方式结合起来，我们就可以得到事物状态相应的图片。例如，把猫命名为A，垫子命名为B，然后把A放在B上面，于是就得出"猫坐在垫子上"命题的图示。只有当世界上的物体构成形式与命题的图示是一致的时候，这个命题才是正确的。

维特根斯坦认为，事物的名称就代表"单子"，即在逻辑上是无法分析的也是坚不可摧的真正的现实成分。任何有意义的话语在分析时必须要看"单子"的组合形式：即科学语言。通过这种方法，维特根斯坦排除了很多形而上学的无用的观点。

然而，《逻辑哲学论》是以神秘的手势而著称，对于必须得"悄悄地传递"的包括宗教和伦理的语言，以及有关经验结构和自我特性的形而上学猜想。事实上，维特根

维特根斯坦的房子

在解决哲学所有的突出问题之后,维特根斯坦将他的兴趣转向了建筑学,他设计并为他姐姐盖了一座房子,他精益求精的性格让他很难与人一起共事。例如,他要求取暖器的位置一定得精确无误,不能破坏对称,放错了一点点都会让他大发雷霆。维特根斯坦对建筑的态度就像他对哲学的态度一样一丝不苟,因此他的现代风格赢得了大家的赞许。

维特根斯坦对建筑的态度和对哲学的态度一样严谨,他的住房的现代风格赢得广泛赞誉。

斯坦在晚期逐步认识到他的图示理论无法解释语言的所有用途。他早期作品的抽象和诊断特点不得不让路给一位现实语言充满了多样性和差异性的思想家,但是认为哲学问题来自语言模糊的想法仍然存在。

《哲学研究》认为语言有很多的用途,绝不止一种功能;他现在强调的是短语的广泛运用,而不再假设基本的语言单位是代表事物的名称。有意义的不仅仅是科学的语言,还有很多种语言,每一个都有自己的规则和语法。当我们被短语表面上的相似所迷惑时,就会忽视语言使用中的差异,哲学困惑就会产生。当我们重新将注意力集中到实际的语言实践时,它们就能被解决了。

参阅: 家族相似性(220—221页),怀疑论的矛盾(56—57页)

> **"当语言放假时哲学问题就出现了。"**
>
> ——《哲学研究》(*Philosophical Znvestigations*) 38页

政治家必须寻求澄清以免陈述被曲解。在哲学上,模糊不清可能导致混乱。

哲学名家

马丁·海德格尔

● 1889—1976年　▯ 德国

海德格尔的哲学影响力体现在存在主义运动和德里达的解构主义运动中。他主要研究"存在科学"，他的"基础本体论"着重论述了世界将会是什么样子，而不是哲学中考虑的了解世界上将存在什么。

生平与著作

海德格尔曾被家人送到康斯坦茨天主教堂培训，成为一名神职人员，后来他又到了弗莱堡大学学习天主教神学，但是他又转学哲学并获得了博士学位，并于1915年成为弗莱堡大学的一名讲师。1916年，胡塞尔作为他们大学的一名教授，他的思想理论对海德格尔的发展产生了非凡的影响。1923年，他发表的《存在与时间》使他在马尔堡大学登上了主席一

职。1928年胡塞尔退休，海德格尔回到弗莱堡大学接管了他的职位。

由于受纳粹主义的影响，1933年海德格尔加入了纳粹党，同年，他成为弗莱堡大学的校长，并发表了一次臭名远扬的就职演讲。战争结束后，由于他与纳粹党的关系，他被禁止教学，直到1951年。从此以后他都在写作和演讲中度过。

海德格尔加入纳粹以及我们应该如何看他的哲学思想仍然是一个备受争论的问题。

主要作品：《存在与时间》（*Being and Time*）、《何为形而上学》（*What is Metaphysics*）

海德格尔

主要思想

海德格尔的主要作品《存在与时间》宣称，因古希腊人的缘故，西方哲学传统已经忘记了"存在问题"，只对现在感兴趣，因此忽略了过去与将来的时间因次。

存在主义

《存在与时间》的目标是回归到存在是什么这个问题上来，它是通过探索我们如何面对自己的存在以及世界以何种面貌呈现给我们来探讨这个问题。海德格尔回到笛卡儿的"我思故我在"（见276—279页）来阐述"我思"的看法。"此在"（即文学意义上的"存在"）是他用来描述人类自觉意识最原始模式的术语。"此在"与笛卡儿的"我思故我在"有所不同，因为笛卡儿的"存在"无论如何都是成立的，而不必与其他因素区分开来考虑。他把知识的头脑看作是确信的源头，并使之与物质世界相比较，海德格尔却是强调我们存在这个世界的真实性，这不是我们自己能选

> **"（在纳粹党内）我看见了人们内心的渴望和他们想要重建社会的愿望，也可以在西方找到一条能实现其历史使命的道路。"**
>
> ——《弗莱堡大学校长》，1933/34年，《形而上学评论》（*Review of Metaphysics*）（1985），483页

择的。"此在"中有这样一段材料，阐明存在既出现在时间领域，也出现在社会历史与人交往之中，而笛卡儿强调的"我"，这一理论却把这些都忽略了。"此在"的"存在"理论是关于"形成"的一项无限制的项目；我们通过一次次的活动和选择创造了我们自己。海德格尔这样描述"存在"所产生的广泛的影响力：厌倦、着急、犯罪和畏惧所综合在一起的一种经历。因此，在处理人类处境最广泛的问题时，他总是被称为存在主义之父。

海德格尔批判了泛滥的文化和现代科技社会，他认为这种现象的出现把人们与自然远离开来，也导致了那些由祖先习得的原始存在的丢失，纳粹主义表面上宣扬的是旧文化和崇尚自然，这与当时美国和苏联倡导的是完全不同的，这或许可以解释他为什么会参加纳粹党。

参阅：胡塞尔（319页），萨特（336页），德里达（344页），卡尔纳普（330页）

鲁道夫·卡尔纳普

● 1891—1970年　🏳 德国

卡尔纳普是"逻辑实证主义"的主要支持者，这种哲学主张主要源自维特根斯坦（见326—327页）。卡尔纳普认为，那些无法由经验验证的宣称在实证上都是空洞的，因此没有意义。这类宣称包括所有传统意义上的形而上学；在卡尔纳普看来，它们是语言混乱的产物。

卡尔纳普早期执教于耶拿大学和布拉格大学，随后在纳粹统治期间前往美国任教。在论文《哲学中的伪问题》（1928）和《通过语言的逻辑分析消除形而上学》（1932）中，卡尔纳普明确阐述了他提出的基于核查原则的意义理论，根据这一理论，一个命题只有当它通过经验检验时才有意义。

卡尔纳普是最早认识到戈特洛布·弗雷格（见318页）和罗素（见322—323页）在逻辑领域的研究进展之重要性的哲学家之一；在提出经验原始信息如何建构起外部世界知识的理论中，他把这些研究进展与经验主义相联系。《世界的逻辑结构》（The Logical Structure of the World, 1928）一书详细阐述了这一观点，但是卡尔纳普后来认为个体经验太主观、无法作为科学知识的基础。他在后期的著述中认为，许多显而易见的形而上学问题并不关涉任何实质性议题，它们归根到底是关于我们需要如何在描述事物的不同方式上做出选择。因此，现象主义和现实主义之间的选择，其实只是不同的语言学框架之间的选择。卡尔纳普的后期作品包括《语言的逻辑句法》（The Logical Syntax of Language, 1934）、《意义和必然性》（Meaning and Necessity, 1947）、《概率的逻辑基础》（Logical Foundations of Probability, 1950）。

汉斯－格奥尔格·伽达默尔

● 1900—2002年　🏳 德国

伽达默尔以他的阐释理论或"哲学阐释学"而著称，他否认文本的阐释需要对作者的意图具备客观的理解。

伽达默尔师从海德格尔（见328—329页），在马堡大学和莱比锡大学担任教职，并在海德堡大学任教授。在他的主要著作《真理和方法》（Truth and Method, 1960）中，伽达默尔认为我们无法逃脱自身历史所处的状况的条件，因此对一个文本的理解过程必然涉及两种角度：作者的角度和阐释者的角度。这就意味着阐释是一个双向的过程，其中这两种角度在"视域融合"中合并。此外，因为任何文本都向新的阐释可能性保持开放，从而不断揭示出自身新的方面，因此这样的阐释过程无法被纳入一种固定的方法。

伽达默尔参与和哲学家同行哈巴马斯与德里达的公开辩论，这反映了他身体力行自己提出的"对话"思想。

吉尔伯特·赖尔

● 1900—1976年　⚑ 英国

赖尔受到维特根斯坦的影响,认为许多哲学问题只不过是滥用语言造成的混乱,因此哲学的目的是通过语言学分析消除这些混乱。他的著作为20世纪晚期的心灵哲学做了铺垫。

生平与著作

赖尔在牛津大学求学并任教。赖尔早先在20世纪20年代受到现象学的影响,后来他支持了20世纪40年代和50年代占主导地位的"日常语言"哲学牛津学派。他的论文《系统性误导的表述》提出,哲学的目的是澄清表述的逻辑,这一观点在他1938年的论文《范畴论》中得到了进一步的发展。"二战"期间他应征从事情报工作,后来在牛津大学担任形而上学哲学教授,并在1948年至1971年期间同时担任著名的学术期刊《精神》(*Mind*)的主编。赖尔的著作除了《心的概念》(*The Concept of Mind*, 1948)之外,还包括《论文集》(*Collected Papers*, 1971)、《两难法》(*Dilemmas*, 1954)、《柏拉图的进展》(*Plato's Progress*, 1966)。

主要作品:《心的概念》(*The Concept of Mind*)《范畴论》(*Categories*)

主要思想

赖尔指出,哲学趋向于把表面上功能相似的表述认定为同一个逻辑范畴的成员。这种"范畴错误"导致了哲学上的大量混乱,因此对日常话语的基本功能的细致关注,是克服哲学难题的方法。

在《心的概念》一书中,赖尔力图绘制出我们有关心灵和身体的日常概念的"逻辑地图",从而结束祸害这一哲学分支的诸多困难。他认为这种混乱的根本起源是笛卡儿主义将精神视为身体中一个非物质的机器、精神由此在身体中制造人类行为的哲学倾向。赖尔创造了"机器中的幽灵"一词来刻画这种范畴错误,并且试图分析说明探讨心灵问题无非就是探讨行为。

参阅:意识之谜(124—127页),维特根斯坦(326—327页),范畴错误(225页)

投球手负责投球,击球手负责击球——但是,"问哪个选手为'团队精神'负责"是个范畴错误。

卡尔·雷蒙德·波普尔

● 1902—1994年　🏳 奥地利

波普尔是一个远负盛名的哲学家，同时以他乌托邦式的政治哲学而出名。他指出科学如果只依靠观察得出结论将不会取得进步，必须首先要尝试着大胆的推测，然后加以验证。一个科学的理论必须要经得起验证。

生平及著作

1929年，波普尔在维也纳获得了博士学位。在他的首部作品《科学发现的逻辑》中，他提出了科学方法的观点，后来写成《猜想与反驳》。1937年，作为一个犹太人他面临着德国纳粹的迫害，波普尔移居到了新西兰，在战争年代他撰写了《开放社会及其敌人》，他批判了柏拉图、黑格尔、马克思社会政治哲学，以此来捍卫他自由民主的思想。战后，他开始在伦敦经济学院教书，并在1949年成为一名教授。在与约翰·埃克尔斯合写的《自我及其大脑》这部鸿篇巨制中，他阐述了身心之间的相互作用。

主要作品：《科学发展的逻辑》（*The Logic of Scientific Discovery*）、《开放社会及其敌人》（*Open Society and its Enemies*）、《历史决定论的贫困》（*The Poverty of Historicicism*）、《猜想与反驳》（*Conjectures and Refutations*）、《客观的知识》（*Objective Knowledge*）、《自我及其大脑》（*The Self and its Brain*）

主要思想

像卡尔纳普和其他逻辑实证论者一样，波普尔认为科学应经得起理性的检验。但他也受到休谟的归纳问题的影响。休谟主张无论有多少关于归纳法的例子，他们都不能证实论题的正确性，也就是说这些例子不管是与假设相应还是相悖，它们都是合理的。波普尔并不赞同培根关于科学方法的归纳法优越论，他认为可以通过进一步有力的论证而推翻某些已存在的理论，因此科学进步也就成为不断地提出猜想，然后纠正某些错误理论的一项工作。一个理论要真正的有说服力，就要将它置于人们的猜测中，否则它就不能得到世界的承认。

波普尔认为剔除那些经证明是错误的理论，科学才可能取得进步。比如说，只要看到一个黑天鹅就可以推翻天鹅都是白的这一论断。

参阅：归纳问题（180—185页），培根（274页），卡尔纳普（330页），奎恩（337页）

泰奥多·阿多诺

⊖ 1903—1969年　　德国

阿多诺是知名的音乐学者、颇有造诣的文学评论家。著名的社会学家和哲学家、法兰克福学派代表人物之一。

生平及著作

阿多诺是一个对音乐有着浓厚兴趣的睿智学者，他在法兰克福学院学习并研究了音乐学、社会学以及哲学。1925年，他来到维也纳，师从作曲家阿尔班·贝尔格。随后他重新回到法兰克福教书，并且和他的朋友霍克海默一起参与到法兰克福学派的社会研究中。1933年，纳粹党人剥夺了他的教师资格，他先是移居到英国，然后又到了美国。战争结束后，他又回到了法兰克福，并成为学院的院长。他与霍克海默以及马库斯在该学院有着举足轻重的地位。

阿多诺欣赏勋伯格的无调音乐，厌恶爵士乐，并将其视为大众安慰剂。

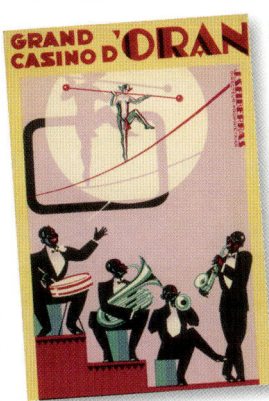

主要作品：《启蒙辩证法》（Dialectic of Englightenment）、《新音乐哲学》（Philosophy of Modern Music）、《权利主义人格》（The Authoritarian Personality）、《最低限度的道德》（Minima Moralia）、《否定的辩证法》（Negative Dialectics）

主要思想

随着20世纪30年代社会大生产和大众文化的出现，像阿多诺这样的左派主义者清晰地认识到马克思预测的无产阶级革命将战胜资产阶级的时代已经过去。资本主义已经找到永远立于不败之地的方法，阿多诺通过研究大众文化和美学得出的跨学科研究方法，它经常运用的是精神分析法，这一研究方法侧重于探索现代社会化解革命性变革的力量的机制。与霍克海默合著的《启蒙辩证法》审查了现代性问题，尤其是不加批判地接受的理性主义而不是成为解放的力量，现今这一理性主义演变成另一种通过科技控制的社会机制。同时，由于引发对于易消化产品以及为安抚新的消费群体而设计的娱乐活动的虚假需求，文化产业和大众媒体，特别是在美国，涉及类似的统治过程。在《权利主义人格》一书中，那些被法西斯主义诱惑的人，阿多诺将其人格描述为自愿屈服于权威，且因统治他人而欣喜若狂。

20世纪60年代，阿多诺加入到著名的实证主义辩论中，这一论断与波普尔的"批判理性主义"相对立。

参阅：马克思(311—312页)，波普尔(对面页)，哈贝马斯(343页)

"他人即地狱。"

——让·保罗·萨特《禁闭》(*Huis Clos*)

让·保罗·萨特

● 1905—1980年　🏳 法国

萨特是"二战"以后存在主义最重要的代表人物，他的教导是，人的自由应该是完全和彻底的，要求我们在做什么样的事、成为什么样的人上面担负起责任。他通过戏剧、小说、批评以及学术性哲学研究等方式探索自己的主题。

生平与著作

萨特在巴黎高等师范学校攻读哲学，并且在那里结识了他的终身伴侣西蒙娜·德·波伏娃。他在1945年发表的论著《存在主义即人道主义》(Existentialism is a Humanism)以及一系列戏剧作品使他一举成名。马克思主义式的同情使他成为一名政治活跃分子，比如支持阿尔及利亚反抗法国殖民统治的斗争。萨特拒绝了1964年授予他的诺贝尔文学奖；后来，尽管他的视力不断减退，但他依然于1972年出版了福楼拜研究著作《家庭白痴》。

主要作品：《恶心》(Nausea)、《存在与虚无》(Being and Nothingness)、《辩证理性批判》(Critique of Dialectical Reason)、《家庭白痴》(The Idiot of the Family)

巴黎的双叟咖啡厅（Les Deus Magots café）是萨特与波伏娃相遇的地方。在萨特的葬礼上，5万名群众来到首都的街头为他送别。

主要思想

萨特早年摒弃了他的成长背景下"资产阶级"价值观，寻找一种自由选择和真实的生活方式——一种不受权威、宗教或传统决定的生活——这种追求成为他的主导主题之一。他的哲学进路根源于胡塞尔现象学，力图从笛卡儿式"自我"的主观角度探索人类经验的普遍结构。萨特思想中称之为"存在主义的"，正是他这种对人之为人的实际体验的强调，他在小说和戏剧以及更传统的哲学著作中探索这些经验。

萨特在物质和意识之间做了截然的区分，在他看来后者的特点是自由。无论我们的处境如何，我们拥有"否定"它的自由——对事物产生不同的想象或者努力改变它们。因此，我们正是通过自己的选择和行动来自由地创造自己，但是，直面这个过程所需担负的责任会产生心理代价。他的第一部小说的标题《恶心》指的是小说的主人公罗康坦在面对他自己的自由这一事实，在一个各种事物对他极端冷漠的世界中寻找意义时的病理反应。在《存在与虚无》中，萨特进一步探讨了我们的"存在于世"，揭露了人们往往凭着恶劣信仰——我们喜欢自欺的倾向——企图逃避他们对自己的行为所负的责任。在《辩证理性批判》中，他试图消除在自己哲学的主观出发点和"科学的"马克思主义历史观之间出现的冲突。

参阅：克尔凯郭尔(310页)，胡塞尔(319页)，海德格尔(328—329页)，西蒙娜·德·波伏娃(338页)

威拉德·范·奥曼·奎因

● 1908—2000年　🏳 美国

奎因被许多人认为是20世纪下半叶英语世界最重要的哲学家，他在逻辑、本体论、认识论以及语言哲学方面都产出了高度原创性的作品。他认为哲学与自然科学是一个连续体。

生平与著作

奎因出生于俄亥俄州阿科隆市，研习过数学和法律，然后前往欧洲参加维也纳小组的讨论会，在这个致力于反形而上学的哲学、由哲学家和科学家所形成的小组中，他结识了鲁道夫·卡尔纳普。"二战"期间，奎因作为海军情报人员服兵役，战后回到哈佛大学，并且在那里度过了他的余生。奎因对英美哲学具有持续的巨大影响，曾经教导过英美哲学中若干最重要的人物，如希拉里·普特南（Hilary Putnam）、唐纳德·戴维森（Donald Davidson）和丹尼尔·本尼特（Daniel Dennett）。

主要作品：《从逻辑的观点看》（*From a Logical Point of View*）、《语词和对象》（*Word and Object*）、《本体论的相对性》（*Onto Logical Relativity and Other Essays*）、《一些离奇的想法——一部不连贯的哲学词典》（*Quiddities: An Intermittently Philosophical Dictionary*）

主要思想

奎因支持一种激进形式的自然主义：一切存在的事物都是自然的一部分，认识世界的唯一途径是科学。他将这些观点应用在对意义和知识等根本问题的探索上。

他对分析命题（由于其意义而为真的命题）和综合命题（由于世界的存在方式而为真的命题）的区分进行了批驳——前者如"所有未婚男人都是单身汉"，后者如"猫坐在垫子上"。这样当且仅当雪是白的情况下，"雪是白的"是真命题——奎因注意到在分析命题和综合命题两者之间的灰色区域。

的批驳动摇了哲学能够对知识做出特有的贡献并为知识和科学提供基础的宣称。由于奎因对上述区分的否定，《哲学词典》（*Philosophical Lexicon*）对他的名字转化而来的动词 to quine 给出了如下解释："对某个真实的或意义重大的事物的存在或重要性表示断然的否定。"尽管奎因的思想是复杂而又充满争议的，但是他的写作风格相当清晰和优美。

参阅：两种认识方法（66—67页），科学哲学（178—189页），卡尔纳普（330页）

西蒙娜·德·波伏娃
● 1908—1986年　🏳 法国

女性主义哲学家及小说家。波伏娃与萨特（见336页）有着毕生的联系。她的开创性著作《第二性》（The Second Sex，1949）运用了现象学与存在主义方面的大量概念工具，并与此同时对人生存在的社会维度保持着鲜活的敏感度。波伏娃探讨女人如何总是沦落为男人的第二角色。波伏娃进而指出，男人占据统治地位的社会故意将生物意义上的性（男性/女性）和社会意义上建构的性别混淆起来，从而使妇女难以摆脱事实上由男人制造的有关女性的偏见和欲求。

唐纳德·戴维森
● 1917—2003年　🏳 美国

在哈佛大学读书期间戴维森师从奎因（见337页），随后在美国多所大学开启了卓著的学术生涯。在众多重要的哲学家当中，戴维森是不寻常的一员，他并没有出版任何重大作品；他的重要性是基于大量短小但犀利的文章。在心灵哲学领域，他采取了唯物主义的立场，认为每一个标志性的精神事件同时也是一个物理事件。然而，他认为精神现象无法简化为物理现象，或者由物理现象得到解释。他还否认存在联结这两者的法则。与波兰逻辑学家塔斯基一样，戴维森认为，要使语言为人们所习得，它必须包括有限量的元素：句子的意义必须是这些元素以及各种组合规律的产物。

约翰·兰肖·奥斯汀
● 1911—1960年　🏳 英国

奥斯汀在牛津接受教育，并且一生在那里执教，他是20世纪50年代流行的"日常语言"哲学或"牛津"哲学的领头人物。奥斯汀避免了传统哲学家企图论说语言应该如何对待某一议题的诱惑，他探索哲学问题的进路是对语言在日常用法中实际如何操作进行具体而微的分析。通过检视我们对诸如人的自由和能动性等议题的日常谈论，我们能发现解决最深刻的难题所需要的微妙的区分。奥斯汀是一位引人入胜、时常有趣的著者，他最著名的作品是他去世后整理出版的论文和讲稿集《感觉和可感觉的》（Sense and Sensibilia，1962）和《如何以言行事》（How to do things with Words，1962）。

阿尔弗雷德·亚
● 1910—1989年　🏳 英国

亚从牛津毕业后留校任教，后来在伦敦大学学院任教。1959年他担任牛津大学的威克姆逻辑学教授一职。他的著作《语言、真理与逻辑》（Language, Truth and Logic，1936）将逻辑实证主义引入英语世界。在此书中，他辩护了某种形式的核查原则，根据这种原则，有意义的命题必须具有对经验证据的敏感度。关于物理对象的命题可以从逻辑上简约为关于我们通过感官对它们产生实际的或可能的知觉的命题。作为一名伦理学中的"情感主义者"，亚提出这样一个惊人的观点，即道德宣称缺乏认知内容，而仅仅是情感态度的表述（见115页）。

阿恩·奈斯

● 1912— ⚑ 挪威

奈斯是一位执着的登山者、政治活跃分子，1939—1969年担任奥斯陆大学的哲学教授，他以甘地式的团结互助伦理学而著称，这种伦理不仅关乎我们的人类同伴，也关乎整个有生命的环境。

奈斯的"生态智慧"（词源来自于希腊语的"家庭"和"智慧"）倡导在我们的家里智慧地生活，而家被理解为整个自然。对人类在整个生态系统中的位置的强调最终意味着我们与世界上其他生物之间不存在真正的区别。

奈斯的思想是他所成立和命名的"深层生态学"运动背后的哲学源泉。他倡导通过直接行动进行非暴力的反抗，并且在1970年成功地抵制了建造一个水库的计划，当时他和其他游行示威者一起把自己绑在马尔达尔斯瀑布的岩石上。

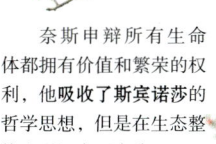

奈斯申辩所有生命体都拥有价值和繁荣的权利，他**吸收了斯宾诺莎**的哲学思想，但是在生态整体中强调实现自我。

路易·阿尔都塞

● 1918—1990年 ⚑ 法国

阿尔都塞是一位研究马克思的学者，他认为在马克思的早期著作与《资本论》（见311—312页）的"科学"时期存在截然不同的区别，那就是"知识论断裂"。早期的马克思关注诸如异化（见302—303页）等黑格尔式概念，这反映了那个时代的特点，而在马克思成熟时期的作品中，历史被视为自身具有动量，独立于人类能动者的意图和行动。因此，阿尔都塞的宣称——我们是由社会的结构性条件所决定——否定了个体能动性在历史中的地位，颇具争议性地排斥人的自主性。

彼得·斯特劳森

● 1919—2006年 ⚑ 英国

斯特劳森是牛津大学的语言哲学家，他在其著名的论文《论指称》（1950）中，挑战了罗素的描述理论；根据罗素的理论，一个诸如"法国现在的国王是秃头"的命题牵涉法国现在存在一个国王的宣称，因而是假命题。斯特劳森申辩，对某事物的指称不等于确认它的存在；虽然这个句子预设一个法国国王的存在，但是指称的失败意味着不会产生这个句子是真还是假的问题。他在后期转向"描述性形而上学"，用以分析日常语言中所反映的我们思考世界的各种基本范畴。

约翰·罗尔斯

1921—2002年　美国

罗尔斯的《正义论》是继康德之后首次为取代功利主义伦理学所做的坚持不懈的探索,并且成为此后英美传统中政治哲学的基石。这部著作复兴了霍布斯、洛克和卢梭的社会契约理论。

生平与著作

罗尔斯在普林斯顿大学接受教育,后来加入美国军队,在太平洋战争中服役;他造访了被原子弹摧毁后的广岛。他退役后重返学术界,在担任不同教职后于1962年安顿于哈佛大学,并且在那里度过了他的后半生。他的早期论文,如"作为公平的正义",反映了他对分配正义的兴趣;在《正义论》一书中他试图将自己的研究成果形成一个系统的整体。著作出版后立即获得成功,改变了英语世界政治哲学的面貌。尽管书中的主要论点受到了批评,但是这部著作决定了政治哲学的方向。

主要作品:《正义论》(*A Theory of Justice*)、《政治自由主义》(*Political Liberalism*)、《万民法》(*The Law of Peoples*)

主要思想

罗尔斯认为,只要人们不受自身社会状况偏见的影响,一个正义的社会是理性的人们愿意缔约的社会。为了辨别这种社会的状况,罗尔斯让我们想象自己处在假设的"原初状态",对我们所处的社会境况一无所知。从理性上讲,我们愿意选择一个不偏袒任何群体或个人的社会,我们的要务是避免任何人遭受自由上的无端限制或者极度贫困。

为了确保正义,罗尔斯提出了两条原则:"自由原则",根据此原则,每个人应该获得均等的自由;"差异原则",根据此原则,物品应公平地分配,除非不公平分配对最弱势者有利。

罗尔斯说,**如果你不知道自己将在社会中占据的位置,你会选择何种社会呢?**

参阅:社会契约(165页),功利主义:快乐就好(102—103页),霍布斯(275页),洛克(282—283页),卢梭(292—293页),康德(294—297页),穆勒(308—309页)

托马斯·S.库恩

● 1922—1996年　🏳 美国

库恩起初是训练有素的物理学家,他在《科学革命的结构》一书中质疑了将科学进步视为知识逐步积累过程的正统观点。相反,他指出科学是经过不同阶段而发展的。

库恩认为,"常规科学"有不同的时期,这些科学家们对他们所处时代之占统治地位的理论框架的预设——或称为"范式"——是默认的。范式——如牛顿力学——主宰了存在什么类型的问题以及科学家用什么方法解决问题。但是到了某个阶段,各种无法解决的难题积累起来,引发一场危机,开启一个由新范式取代旧范式的新的革命性时期。重要的是,新的范式并非篡夺了旧范式的位置,因为后者无论从何种意义上讲都更加真实,而新旧范式之间也不存在使两者截然分开的中立的"事实"证据。库恩具有突破性的激进结论是,科学进步是由社会变革决定的,而不是取决于冷静的理性。

环绕木星运转的卫星的发现,是天文学上哥白尼革命的一个要素,也是库恩认定的科学上关键"范式转换"之一。

让-弗朗索瓦·利奥塔

● 1924—1998年　🏳 法国

利奥塔在20世纪60年代早期活跃于左翼政治圈,但是在他的《力比多经济学》(*Libidinal Economy*)(1974)出版之时,他已经在正统马克思主义中发现大量可反驳之处。随着《后现代状况》(*The Postmodern Condition*, 1979)一书的出版,利奥塔排斥了所有"宏大叙事"或者企图解释一切事物的思想体系,无论它们是基督教的或者马克思主义的。他在立论过程中对现代性和启蒙价值观进行了批判。他引入了"后现代"(见43页)一词,以标示一种新的主观主义的到来,以及对人类理性作为人类解放之路的怀疑。在他对现代性的批判中,利奥塔调用了维特根斯坦的语言游戏观点(见326—327页)以及奥斯汀的言语行为理论(见338页)。

吉尔·德勒兹

● 1925—1995年　🏳 法国

德勒兹把哲学看作建构概念的创造性过程,而不是试图发现和反映现实的努力。他的大量著作表面上看是哲学历史,但是他的解读并非为了揭示"真实"的斯宾诺莎或者尼采。相反,这些著作是对他的研究对象所关涉的概念机制进行再加工,由此生成新的概念,从而开拓新的思考之路。德勒兹主要以他与精神分析家费利克斯·瓜塔里的合作研究而著称,其中包括《反俄狄浦斯》(*Anti-Oedipus*, 1972)和《什么是哲学》(*What is Philosophy*, 1991);同时,他在电影、文学和艺术方面的评论也颇具影响力。他曾患癌症多年,"像狗一样被拴在"氧气瓶上,最终从他巴黎寓所的窗口跳下,结束了生命。

米歇尔·福柯

◐ 1926—1984年　🏳 法国

福柯的著作融合了历史学和哲学，他考察了不同时代的不同文化实践所特有的复杂观念，揭露了在社会控制中这些观念是如何被使用的，并且揭示了现存的权力关系是由历史条件所决定的这一性质。

生平与著作

福柯在巴黎高等师范学校攻读哲学，先后担任不同教职，并于1972年被任命为法兰西学院的思想体系史教授。他的第一部主要作品《疯癫与文明》研究了疯人院的起源以及欧洲历史上对疯癫的态度。在《事物的秩序》一书中，福柯考察了知识的现有形式，并且申辩了他早在《知识考古学》中提出的方法。福柯后期重要的著作还包括他对监狱体系发展的研究成果《规训与惩罚》以及三卷本的《性经验史》。

主要作品：《疯癫与文明》(*Madness and Civilization*)、《事物的秩序》(*The Order of Things*)、《知识考古学》(*The Archaeology of Knowledge*)、《规训与惩罚》(*Discipline and Punish*)、《性经验史》(*History of Sexuality*)

主要思想

福柯的著作源自于这样的思想：他深信组成一个文化之各种观念的诸结构是历史条件决定的。这些"知识型"，即历史建构物，是由规范话语的社会规则和实践所决定的。在《知识考古学》中，他提出了研究这些结构的历史呈现以及它们所引发的社会控制系统的方法。然而他的目的不仅是写作社会史，而且还有写作"关于当前的历史"，通过研究话语产生的过程，批判性地参与当前这些话语和实践。

福柯申辩说，18世纪人文科学的兴起将人置于科学的注视之下，这与规训控制系统的发展不谋而合。通过对这些规训系统的理解，我们可以抵抗控制秩序强加在我们头上的想象，从而开创新的生活方式。

参阅：哈贝马斯（见下页）

维拉斯奎兹的油画《侍女》（画中的艺术家在画自己绘画的情景）在《事物的秩序》的分析中，代表了人类主体作为思维范畴的出现。

诺姆·乔姆斯基

● 1928—　🏴 美国

乔姆斯基的里程碑著作《句法结构》（Syntactic Structures）在理论语言学领域具有深刻的影响力。如今，他作为一名政治积极分子而更为人所熟知，他对西方各国政府的政策进行了广泛而细致的批判。

乔姆斯基于1955年在宾夕法尼亚大学获得语言学博士学位，此后便在麻省理工学院任教。在《句法结构》一书中，他指出儿童能快速学会他们母语的语法。不仅如此，他们习得这种能力的过程只是根据有限的材料，并没有经过明确的训练，对此事实最好的解释是认定他们拥有内在的语言学习天性，以及一套有关"生成语法"的默会知识。因为这种语言习得技能是普遍的，因此某些句法结构一定是所有语言所共有的。

作为一名不知疲倦的活动家，乔姆斯基致力于揭露权力精英们如何限制媒体论辩的话语，以及如何操纵民主社会的群众。

小时候，孩子们能够运用数量有限的词汇和句法规则制造出数量无限的句子。

于尔根·哈贝马斯

● 1929—　🏴 德国

哈贝马斯是法兰克福学派批判理论中目前在世的最重要代表人物。他提出的新马克思主义立场拒绝"后现代性"话语中的相对主义潮流，重申了恢复旨在建立理性共识的启蒙理想的可能性。

哈贝马斯在法兰克福大学社会研究所求学，师从霍克海默和阿多诺（见333页），他与这些思想家一样，对我们现代技术官僚化社会的"工具主义"深表怀疑。在他们看来，科技的重点是追求认识和控制，因此是达到社会目的的手段。然而，如今我们缺乏的是一种有效的"公共领域"，从中对这些社会目的的性质和可取性进行批判性探讨。这样，哈贝马斯发展了一套反对这种工具主义、有关社会传播交流的理论，以重振启蒙运动的事业。值得注意的是，尽管很多当代知识分子被指责为政治上的寂静主义，哈贝马斯是除了乔姆斯基（上文）这个特例之外、不遗余力参与辩论国际社会关注的重大议题的知识分子之一，涉及的话题包括全球化以及世俗社会中宗教的地位等。哈贝马斯最近的干预包括对美国对伊拉克外交政策的批判。

哈贝马斯最重要的著作包括《公共领域的结构转型》（The Structural Transformation of the Public Sphere, 1962）和《交往行为理论》（The Theory of Communicative Action, 1981）。

理查德·罗蒂

●1931— 🏴 美国

罗蒂师出"分析"哲学的英美传统，并以他对这一传统很多核心议题的批判视角而著称，比如客观知识和真理的可能性。

罗蒂就读于芝加哥大学和耶鲁大学，曾经在普林斯顿大学和佛吉尼亚大学任教，现任加州斯坦福大学教授。罗蒂受到奎因对经验主义的批判（见337页）以及美国实用主义传统的影响，他的进路与所谓"后现代"的思想家的研究有相通之处。

罗蒂在20世纪70年代发展出关于精神的"反再现主义"理论，并且进而质疑哲学模式是否可以作为发现和描述关于现实的真理的途径。在《哲学与自然之镜》(*Philosophy and Mirror of Nature*, 1979)中，他批驳了存在一种对任何话题可以投射客观视角的中立立场的可能性。因为我们只能进入自己的信念，没有进入事实自身所然的中立途径，所以我们无法将自己的信念与现实相比较，并由此确保前者是准确的。

罗蒂从实用主义继承了这样的思想，即认为真理是关涉什么是可行的，而不是信念和事实之间的对应；由此，他鼓励我们"把知识看作关涉对话和社会实践之事，而不是试图如镜子般反映自然"。罗蒂自觉地把自己和其他"反再现主义"思想家视为联盟，包括从尼采（见316—317页）、海德格尔（见328—328页）和德里达（见下文）到詹姆斯（见313页）和维特根斯坦（见326—327页）等一系列人物。

雅克·德里达

●1930—2004年 🏴 法国

与德里达联系最密切的是"解构"一语，这种文本深度解读技术关注看似偶然的细节，由此揭开文本潜藏的或未经思考过的方面，从而打开意义的流动性。

德里达就读于巴黎高等师范学校，师从福柯（见342页）和阿尔都塞（见339页），此后在该校以及巴黎的其他学校任教。

德里达受到结构主义对意义之解释的影响，他否认一个词语的意义是由它的指称所决定的；相反，意义是这个词语与整个语言中其他成分之差异关系的产物。不仅如此，因为我们试图解释一个词语或文本之努力不可能走出语言之外，所以意义绝不可能是确凿而既定的，而永远是"延迟"的。德里达引入了一个新创的词"延异"(différance)，用来表达意义的这种延迟/差异的本质。哲学文本的力量，既依赖于严格的论证，也同样依赖于比喻的、修辞的手法。因此，根据德里达的解读，西方形而上学是通过一种把"存在"当作第一要务的隐喻学组织起来的，也就是说，它受到这样一种欲望的驱动，要把诸如本质、起源、实质、目的、真理等概念立即、彻底地昭示在脑海中。这种把意义建立在此类词语基础上的欲望必然会受到挫败，在这种挫败中埋下了文本自身的"解构"之种子，德里达的任务就是要跟踪这一解构过程。他的著作在英语世界，尤其是文学研究领域产生了重大影响。

哲学名家

索尔·克里普克
● 1940— 🏳 美国

克里普克早在19岁时就发表了关于模态逻辑的若干论文中的第一篇。他的研究吸收了莱布尼兹关于一个必然真理在所有可能世界中都为真的思想，从而促进了名为"可能世界"语义学的研究领域发展。

克里普克提出的观点是，一个专有名词在其对象所存在的每一个可能世界中指称同一个对象，因此，涉及专有名词的、关涉身份确认的真命题——如"Everest是珠穆朗玛峰"——从形而上学意义上讲是必然的。他宣称，诸如"水是H_2O"这样的必然真理只能通过经验被发现。他最重要的著作包括《命名与必然性》（Naming and Necessity, 1980）和《论维特根斯坦关于规则和私有语言》（Wittgenstein on Rules and Private Language, 1982）。

颇具天分的克里普克在哈佛大学读书期间就在麻省理工学院讲授逻辑学的研究生课程。

彼得·馨各
● 1946— 🏳 澳大利亚

馨各主要以他的**应用伦理学研**究而闻名，他的观点遭到了维护（胎儿）生命权运动分子和残疾人权益组织的反击。他的学术生涯主要在墨尔本度过，目前则在普林斯顿大学担任教授；他发展了由边沁和米勒开创的功利主义进路，以此应对一系列备受关注的当代议题，如堕胎、安乐死以及社会平均主义。他在《动物解放》（Animal Liberation, 1976）一书中的宣称最为著名：书中他把我们用"动物并非人类"的解释来辩护对动物的残酷对待谴责为"物种主义"。对馨各来说，重要的是一个生命具有感受苦痛、思维以及自我意识的能力。此观点的引申含义颇具争议：胚胎以及伤残人比高等猿猴的伦理地位还要低下。

朱莉娅·克里斯蒂娃
● 1941— 🏳 保加利亚

克里斯蒂娃被誉为当代最有影响力的女性主义思想家。她出生在保加利亚，1966年移居巴黎。尽管她在巴黎第七大学的教授职位是语言学，但是她的思想具有跨学科的进路。她根据法国精神分析家雅克·拉康的研究，发展了这样一种思想：认为无意识是像语言一样结构化的，并且在她所谓的"符号的"与"象征的"之间做出了区分——前者是本能的、感性的，源自前语言的婴儿发展期，而后者是指成熟的语言使用者具备的、由规则管辖的标识系统，其中词语和意义是对应的。

致谢

作者的谢词

虽然斯蒂芬·罗是该书的主要组织者、作者和编辑，但是它包括丹·卡蒂诺（奥平顿大学继续教育学院）、迈克尔·雷斯文（海斯罗珀学院）和克里斯·霍纳（威廉莫尔斯学院）的贡献。斯蒂芬·罗感谢所有这三位作者优美的写作，不然本书就太贫乏。此外，皇家哲学学院的詹姆斯·贾维也给予了大量慷慨、深邃而详实的意见。斯蒂芬·罗还要感谢伦敦大学海斯罗珀学院的彼得·加拉格尔对"哲学大家"这一条目所做的有益评论。丹·卡蒂诺非常感谢杰拉尔德·琼斯和杰里·海沃德对第二章的贡献。

出版社的谢词

出版商要感谢：编辑助理卡罗琳·沃尔顿、史蒂夫·赛特福特、克拉拉和埃里克·金，完成索引部分的希拉里·布里德，使该书美国化的查尔斯·威尔斯和珍妮·希克洛什，完成134—135页的中文印字的Yukki Yaura，斯普林特公司的尼克·哈里斯在98页做的插图，以及帮助我们获得"哲学名家"章节的所有个人和机构。

图片版权

The publisher would like to thank the following for their kind permission to reproduce their photographs:

(Key: a-above; b-below/bottom; c-centre; f-far; l-left; r-right; t-top; rh-running head)

1 Alamy Images: Visual Arts Library (London) (t). **2–3** Corbis: Bettmann (c). **4** iStockPhoto: Lynn Chealander (c). **5** Science Photo Library: Mehau Kulyk (c). **6–7** Corbis: Ali Meyer (c). **8** Alamy Images: Dale O'Dell (bra). **9** Corbis: Steve Raymer (c). **Mary Evans Picture Library:** Mary Evans Picture Library (t). **10–11** iStockPhoto: Daniela Andreea Spyropoulos (rh) **10** DK Images: Rough Guides (c). **11** Corbis: John Grigg (c). **14–21** DK Images: David Malin/Anglo Australian Observatory (rh) **14** Alamy Images: Christian Darkin (b). **15** Corbis: Burstein Collection (tr). **16** The Art Archive (ca). **16–17** Alamy Images: Robert Fried (c). **18** Corbis: Kazuyoshi Nomachi (b). **19** Science Photo Library: David Parker (t). **20** Mary Evans Picture Library (t). **21** Getty Images: Matthias Clamer (b). **22–23** Getty Images: The Bridgeman Art Library (t). **24–43** DK Images: Rough Guides (rh). **25** iStockPhoto: Sandra von Stein (t). **26** Alamy Images: Mary Evans Picture Library (c). **27** Corbis: Punit Paranjpe/Reuters (c). **28** Corbis: Adam Woolfitt (b). **Mary Evans Picture Library:** Edwin Wallace (c). **30** Mary Evans Picture Library (c). **31** Corbis: Murat Taner/Zefa (c). **32** Alamy Images: Ben Ramos (bl). **Corbis:** Archivo Iconografico, S.A. (tr). **33** DK Images: Museo de Bellas Artes, Seville (br). **34** Corbis: Bettmann (c). **35** Corbis: Arte & Immagini SRL (t). **36** Mary Evans Picture Library (t). **37** Alamy Images: Visual Arts Library (London) (c). **38–39** Corbis: Bettmann (b). **41** The Kobal Collection: Renn Prod/France 2/D.D.Prod (ca). **42** Corbis: Peter Turnley (c). **43** iStockPhoto: Arpad Benedek (c). **44–45** Getty Images: Altrendo Nature (c). **46–189** iStockPhoto: Jeffrey McDonald (rh). **46** Alamy Images: Mary Evans Picture Library (t). **48** Mary Evans Picture Library: Harry Price (c). **49** iStockPhoto: Gloria-Leigh Logan (t). **50** Corbis: Historical Picture Archive (c). **51** The Kobal Collection: Warner Bros/Jasin Boland (b). **52** Corbis: Hulton-Deutsch Collection (c). **53** Alamy Images: Hideo Kurihara (b). **54–55** Alamy Images: Chris Howes/Wild Places Photography (bll). **55** Alamy Images: Phototake Inc. (ca). **Rutgers State University of New Jersey:** Alvin Goldman (br). **56** Corbis: Bettmann (c), Randy Faris (b). **57** Corbis: Ulrich Zillmann (fbl); (bl). **57** Corbis: H&S Produktion (b). **58** Getty Images: Hulton Archive (b). **59** Corbis: Swim Ink 2, LLC (ca). **60** Mary Evans Picture Library (b). **61** Alamy Images: Visual Arts Library (London) (ca). **iStockPhoto:** Li Kim Goh (bl). **62–63** Corbis: Reinhard Eisele (b). **63** Corbis: Ronnie Kaufman (cra). **64–65** Jupiter Images: Lorenz/Avelar (c). **66** Science Photo Library: Bluestone (b). **67** Alamy Images: Classic Image (cr); Mary Evans Picture Library (cl). **68–69** Corbis: Richard T. Nowitz (b). **70** Alamy Images: Zak Waters (b). **iStockPhoto:** Vasko Miokovic (c). **71** The Kobal Collection: MGM (br). **72** Alamy Images: Photofusion Picture Library (t). **Mary Evans Picture Library** (bc). **73** Alamy Images: Visual Arts Library (London) (ca). **74** Corbis: Louie Psihoyos (c). **75** iStockPhoto: Michael Puerzer (t). **76–77** Alamy Images: Philip Bramhill (t). **77** iStockPhoto: PhotographerOlympus (ca). **78–79** Jupiter Images: Ken Sherman (b). **79** Alamy Images: Mary Evans Picture Library (c). **80** Alamy Images: Peter Horree (b). **81** The Kobal Collection: Walt Disney Pictures/Walden Media (t). **82** iStockPhoto: Peter Elvidge (b). **82–83** Alamy Images: Phototake Inc. (c). **84** Alamy Images: Mary Evans Picture Library (br). **85** Science Photo Library: Richard Megna/ Fundamental Photos (tr). **86** Corbis: Zen Icknow (bl). **87** Corbis: Cooperphoto (c). **88** Alamy Images: Bert Klassen (b). **89** akg-images (tr). **90** iStockPhoto: Bonnie Schupp (c). **91** iStockPhoto: Jose Antonio Nicoli Andonie (br); Maciej Stachowiak (t). **92** Alamy Images: Mary Evans Picture Library (c). **iStockPhoto:** Andrzej Tokarski (b). **93** iStockPhoto: Dóri O'Connell (c). **94–95** Getty Images: The Bridgeman Art Library / John William Waterhouse (c). **96** Corbis: Werner Otto (c). **Corbis:** David Turnley (b). **97** iStockPhoto: Vasiliy Yakobchuk (c). **99** Corbis: Roger Ressmeyer (c). **iStockPhoto:** Enrico Fianchini (ca). **100** Corbis: Todd Gipstein (c). **101** Frances Twitty (t). **102** iStockPhoto: Daniel Goldwasser (ca). **103** Alamy Images: Peter Horree (c). **Corbis:** Mark Peterson (t). **105** The Kobal Collection: Warner Bros / ILM (b). **106** Getty Images: Altrendo Images (t). **107** Corbis: Kapoor Baldev/Sygma (b). **108** Corbis: Pierre Perrin/Corbis Sygma (c). **109** Corbis: Ted Streshinsky (c). **110** Corbis: Duncan Walker (t). **110** iStockPhoto: Alvaro Pantoja (ca). **111** Science Photo Library: Zephyr (b). **112** Getty Images: Orlando / Hulton Archive (b). **113** The Art Archive: Musée du Louvre Paris / Dagli Orti (t). **114** iStockPhoto: Scrambled (c). **114** iStockPhoto: Ljupco (b). **Mary Evans Picture Library** (ca). **115** Corbis: BBC (t). **iStockPhoto:** Morgan Mansour (c). **116–117** Thomas Tuchan (c). **118** Corbis: James Robert Fuller (t). **119** Getty Images: Taxi / Alan Powdrill (b). **120** Alamy Images: Black Star (t). **121** Alamy Images: Tim Graham (t); Mary Evans Picture Library (b). **122** iStockPhoto: Johanna Goodyear (c). **124** NHPA: Stephen Dalton (br). **125** iStockPhoto: konradlew (b). **126** Mary Evans Picture Library (b). **127** Alamy Images: Mary Evans Picture Library (ca). **iStockPhoto:** Ralph Paprzycki (tr). **128** Alamy Images: supershoo (t). **129** Frank Jackson (b). **130–131** The Kobal Collection: MGM (c). **132** Corbis: John Springer Collection (b). **iStockPhoto:** Kenneth C. Zirkel (c). **133** Science Photo Library (b). **134–135** Corbis: Pete Leonard/Zefa (b). **136** Science Photo Library: David McCarthy (c). **137** Corbis: Bettmann (b); Gregor Schuster/zefa (t). **138** Corbis: Kazuyoshi Nomachi (c). **139** iStockPhoto: Ron Hohenhaus (t). **140** Alamy Images: Visual Arts Library (London) (b). **140–141** iStockPhoto: Mlenny (b). **141** Alamy Images: Mary Evans Picture Library (ca). **142–143** Corbis: Drew Gardner (b). **144–145** Corbis: Jagadeesh NV/Reuters (c). **146** Alamy Images: David Pearson (t). **Richard Swinburne** (c). **147** Corbis: Bettmann (b). **148–149** Corbis: Randy Faris (c). **149** Science Photo Library: David Goodsell (tc). **150–151** Mary Evans Picture Library (br). **151** Alamy Images: Visual Arts Library (London) (b). **152** Alamy Images: Visual Arts Library (London) (c). **153** Alamy Images: Westend61 (b). **154** Getty Images: Daniel Berehulak (t). **155** Alamy Images: Visual Arts Library (London) (c). **iStockPhoto:** Christian Wagner (b). **156–157** iStockPhoto: Shaun Lowe (b). **157** Alamy Images: Popperfoto (cr). **158–159** Getty Images: Ken Fisher (b). **159** Alamy Images: Nicholas Pitt (c). **161** iStockPhoto: Vladimir Pomortsev (t). **162–163** Alamy Images: Network Photographers (b). **163** Alamy Images: Visual Arts Library (London) (tr). **164** Corbis: Joseph Sohm; ChromoSohm Inc. (b). **165** Corbis: Stefano Bianchetti (tc). **166–167** Mary Evans Picture Library: Mary Evans Picture Library (b). **168** iStockPhoto: webking (tc). **169** Alamy Images: Classic Image (tc). **Corbis:** Randy Faris (b). **170** iStockPhoto: Katie Winegarden (c). **170–171** Corbis: The Art Archive (b). **172** Corbis: Bernard Bisson/Corbis Sygma (bc); Ruggero Vanni (c). **173** Alamy Images: Greenshoots Communications (c). **174–175** Alamy Images: Visual Arts Library (London) (c). **174–175** Corbis: Diego Goldberg / Charles Taylor (c). **176–177** Corbis: Peter Turnley (bc). **177** akg-images (t). **178** Corbis: Bettmann (c). **180–181** iStockPhoto: Matthew Scherf (b). **182–183** Corbis: Carl & Ann Purcel (b). **183** Corbis: Hulton-Deutsch Collection (c). **184** Getty Images: Alexander Walter (bc). **184–185** Alamy Images: Mary Evans Picture Library (c). **185** Alamy Images: ImageState (c). **186** DK Images: NASA (b). **187** Alamy Images: Arco Images (c). **188** Alamy Images: Michael Hilton (bl). **Mary Evans Picture Library** (b). **189** Corbis: Vincent/Zefa (b). **190–191** Getty Images (c). **192** Getty Images: FPG (c). **193** The

致谢

Kobal Collection: Walt Disney/The Kobal Collection/Peter Mountain (c). **195 Alamy Images:** Pictorial Press (cra). **iStockPhoto:** Adrian Moisei (tl). **196 iStockPhoto:** Andriy Doriy (c); (cr); Robert Kyllo (tl). **196–197 iStockPhoto:** Adam Booth (b). **198–199 Corbis:** H. Armstrong Roberts (b). **199 Alamy Images:** Suzy Bennett (bl). **iStockPhoto:** Kai Krien (tl). **Mary Evans Picture Library** (cra). **Getty Images:** TH Foto (tl). **Getty Images:** Thomas Wiewandt (b). **201 Alamy Images:** Mary Evans Picture Library (cra). **Corbis:** Bettmann (bl). **iStockPhoto:** Tom Grill (r). **202 iStockPhoto:** YangYin (tl). **202–203 Corbis:** Rick Friedman (b). **203 Alamy Images:** Popperfoto (b). **Corbis:** Franco Vogt (cra). **iStockPhoto:** Nicholas Belton (tl). **204 Alamy Images:** Suzie Packard (b). **iStockPhoto:** javaman3 (tl). **205 Corbis:** Photowood Inc (cla). **iStockPhoto:** powershot (tl). **The Kobal Collection:** Lucasfilm/20th Century Fox/Frank Connor (br). **206–207 Alamy Images:** Ines Gesell (t). **208 Alamy Images:** Content Mine International (tl). **Corbis:** John Van Hasselt (c). **208–209 Alamy Images:** Nigel Hicks (b). **209 Alamy Images:** Pictorial Press Ltd (tr). **210 iStockPhoto:** Julie Deshaies (t). **210–211 Getty Images:** Jason Hosking (b). **211 Corbis:** Bettmann (tl). **iStockPhoto:** Tomasz Zajaczkowski (cr). **212 Corbis:** H. Benser (b). **213 Alamy Images:** Papilio (br/panda); Worldspec/NASA (br/earth). **DK Images:** Lindsey Stock (br). **iStockPhoto:** Umbar Shakir (cla). **214 iStockPhoto:** Cindy England (tl). **214–215 Corbis:** Chris Rainier (b). **215 akg-images** (cll). **Getty Images:** Tim Brown (t). **216 iStockPhoto:** Ralf Stadtaus (tl). **Mary Evans Picture Library:** Edwin Wallace (bl). **216–217 Getty Images:** Dave Nagel (cr). **218 Corbis:** CinemaPhoto (tl). **218–219 Alamy Images:** Phil Talbot (b). **219 Alamy Images:** Visual Arts Library (London) (fcl). **iStockPhoto:** Jamey Ekins (cll); Juan Jose Gutierrez Barrow (cr); Keith Lamond (fcr). **220 Alamy Images:** Marilyn Shenton (b); Stockfolio (tl). **221 iStockPhoto:** Ramsey Blacklock (cra); Derek Dammann (r); Nicola Gavin (b); maodesign (cla); Adrian Moisei (tc); Ivan Stevanovic (ca). **222 iStockPhoto:** Christos Georghiou (tl). **222–223 The Kobal Collection:** Paramount/ Melinda Sue Gordon(b). **223 Corbis:** Swim Ink 2, LLC (br). **iStockPhoto:** Creacart (tr); Lise Gagne (crbl); Jose Antonio Nicoli Andonie (cra); Lee Pettet (cr). **224 iStockPhoto:** Arne Thaysen (cr). **224–225 Corbis:** Adam Woolfitt (b). **225 iStockPhoto:** David Safanda (t). **226–227 Corbis:** Archivo Iconografico, S.A. (c). **228 Corbis:** Hulton-Deutsch Collection (c). **229 Corbis:** Massimo Listri (c). **230 DK Images:** Rough Guides (tl). **231 Alamy Images:** Ron Yue (r). **232 iStockPhoto:** Henry Lucenius (r). **Mary Evans Picture Library** (tl). **233 Alamy Images:** Mary Evans Picture Library (tl). **Getty Images:** Fedor Andreevich Bronnikov (b). **234 Corbis:** Tim Pannell (b). **235 Alamy Images:** Mary Evans Picture Library (tl). **Corbis:** Kevin Fleming (br). **236 Alamy Images:** Mary Evans Picture Library (tl). **237 Corbis:** Dave G. Houser (b). **238 Corbis:** Chris Hellier (cr); Corbis (tl). **239 Corbis:** Mimmo Jodice (tl). **iStockPhoto:** Christian Wagner (b). **240 Alamy Images:** Mark Sykes (bl); Mary Evans Picture Library (tl). **241 Alamy Images:** Popperfoto (b). **242 Corbis:** Gianni Dagli Orti (tl). **242–243 Corbis:** Francis G. Mayer (b). **244 Corbis:** Peter Johnson (c). **245 Alamy Images:** Visual Arts Library (London) (tr). **246 Corbis:** Araldo de Luca (b). **247 Corbis:** Bettmann (tc). **248 Alamy Images:** North Wind Picture Archives (b). **249 DK Images:** Natural History Museum, London (tc). **250 Alamy Images:** Classic Image (tl). **Corbis:** Christie's Images (r). **251 Corbis:** Araldo de Luca (tl). **252 Alamy Images:** Classic Image (tl). **The Kobal Collection:** Paramount Television (bl). **253 Baidu Image Search Service:** Baidu Image Search Service (tl). **Corbis:** Keren Su (c). **254 Alamy Images:** Visual Arts Library (London) (tl). **Mary Evans Picture Library** (b). **iStockPhoto:** nagelestock.com (t). **256 Alamy Images:** Mary Evans Picture Library (b). **257 Getty Images:** Ian Waldie (tc). **258 Alamy Images:** Trip (bl). **Corbis:** Leonard de Selva (tr). **259 Alamy Images:** Mary Evans Picture Library (tl). **Corbis:** Bettmann (tr). **260 Corbis:** Kazuyoshi Nomachi (b). **261 Alamy Images:** Mary Evans Picture Library (tl); Trip (cl). **262 Mary Evans Picture Library** (tl). **263 The Bridgeman Art Library:** Ms Lat 6823 fol.2 Averroes (1126–98) in Conversation with Porphyry (c.232–c.305) (pen & ink and wash on paper) (b/w photo) , Italian School, (14th century) / Bibliotheque Nationale, Paris, France, Giraudon / The Bridgeman Art Library (br). **Corbis:** Roger Antrobus (t). **264 iStockPhoto:** Vaide Dambrauskaite (c). **265 Corbis:** National Gallery Collection; By kind permission of the Trustees of the National Gallery, London (tr). **266 Alamy Images:** Visual Arts Library (London) (bl). **267 Mary Evans Picture Library** (tl). **268 Corbis:** Gianni Dagli Orti (cl); Stapleton Collection (bc). **269 Alamy Images:** Corbis (br). **Corbis:** Archivo Iconografico, S.A. (br). **270 Alamy Images:** AEP (tl). **271 iStockPhoto:** Hedda Gjerpen (b). **272 Alamy Images:** Mary Evans Picture Library (tr). **273 Alamy Images:** Mary Evans Picture Library (b). **John J. Burns Library** (tl). **274 Alamy Images:** Mary Evans Picture Library (tl). **iStockPhoto:** Caitriona Dwyer (br). **275 Alamy Images:** Pictorial Press Ltd (tl). **Corbis:** Bettmann (c). **276 Getty Images:** Vanessa Berberian (b). **277 Corbis:** The Art Archive (tr). **278 Corbis:** Stapleton Collection (b). **279 Corbis:** Archivo Iconografico, S.A. (ca). **280 Corbis:** Archivo Iconografico, S.A. (tl). **281 Alamy Images:** Visual Arts Library (London) (b). **282 Alamy Images:** Classic Image (tl). **283 Alamy Images:** Mary Evans Picture Library (b). **284 Alamy Images:** Mary Evans Picture Library (tl). **iStockPhoto:** Jeff Dalton (b). **285 Corbis:** Wolfgang Kaehler (tr). **286–287 Corbis:** Ted Spiegel (c). **288 Alamy Images:** Leslie Garland Picture Library (b); Mary Evans Picture Library (t). **289 Mary Evans Picture Library** (tl). **290 Corbis:** Christie's Images (b). **DK Images:** National Maritime Museum (cl). **291 The Kobal Collection:** MGM (t). **292 Alamy Images:** Mary Evans Picture Library (tl). **Mary Evans Picture Library** (bc). **293 Corbis:** Alexander Burkatovski (c). **294 Alamy Images:** Fabrice Bettex. **295 Alamy Images:** Lebrecht Music and Arts Photo Library (t). **296 Getty Images:** Richard Price (b). **298 Corbis:** Hulton-Deutsch Collection (tl). **299 Mary Evans Picture Library** (tl); (cr). **300 Alamy Images:** Mary Evans Picture Library (tl); Visual Arts Library (London) (cr). **301 Corbis:** Bettmann (tr). **Corbis:** David Virtser (b). **302 Alamy Images:** Mary Evans Picture Library (tl). **Mary Evans Picture Library** (b). **303 Alamy Images:** Szabolcs Borbely (t). **304 Corbis:** Christophe Boisvieux (br). **305 iStockPhoto:** Gintautas Tumulis (b). **306 Alamy Images:** Visual Arts Library (London) (tl). **DK Images:** Judith Miller/Jo de Buck (br). **307 Alamy Images:** Lebrecht Music and Arts Photo Library (t). **Corbis:** Jean Louis Atlan (cr). **308 Alamy Images:** Mary Evans Picture Library (t). **Corbis:** Catherine Karnow (b). **309 Corbis:** Hulton-Deutsch Collection (tc). **310 Alamy Images:** Mary Evans Picture Library (tl). **Corbis:** David Turnley (b). **311 Alamy Images:** Lebrecht Music and Arts Photo Library (tl). **Corbis:** Swim Ink 2/LLC (bc). **312 Corbis:** Peter Turnley (b). **313 Corbis:** Bettmann (tl); (bc). **314–315 Alamy Images:** Les Polders (t). **316 Alamy Images:** Lebrecht Music and Arts Photo Library (bc); Popperfoto (tl). **317 Corbis:** Christies Images (bl). **318 akg-images** (t). **iStockPhoto:** Goran Mottram (b). **319 Alamy Images:** Popperfoto (tl). **320 Alamy Images:** Mary Evans Picture Library (tl). **Corbis:** Bilic/photocuisin (b). **321 Corbis:** Macduff Everton (c). **322 Alamy Images:** Popperfoto (tl). **323 Corbis:** Terry Cryer (b). **324 Corbis:** Bettmann (tl); Christie's Images (b). **325 Corbis:** Bettmann (bl). **Nederlands Carmelitaans Instituut** (tr). **326 Getty Images:** Hulton Archive (tl). **327 Alamy Images:** Arcaid (tr). **Corbis:** Brooks Kraft (b). **328 Corbis:** Bettmann/ (br); Peer Grimm/EPA/ (b). **330 akg-images:** ullstein bild (b). **Alamy Images:** Neil McAllister (tr). **331 Getty Images:** George Douglas/Stringer (tl). **iStockPhoto:** Bjorn Barton-Pye (b). **332 Corbis:** G. Baden/zefa (b). **Getty Images:** Hulton Archive (tl). **333 Corbis:** Hulton Archive (tl). **Mary Evans Picture Library** (c). **334–335 Corbis:** Christian Liewig (c). **336 Alamy Images:** Popperfoto (tl). **337 Getty Images:** Farhad J Parsa (b). **Dr Douglas Boynton Quine** (tl). **338 Alamy Images:** Popperfoto (cr). **Corbis:** Bettmann (tl). **339 Sijmen Hendrickis** (tl). **iStockPhoto:** emily2k (cr). **340 Corbis:** Everett Kennedy Brown/epa (b). **Harvard University Gazette:** Jane Reed (tl). **341 Getty Images:** Bill Pierce (tr). **342 Corbis:** Bettmann (tl). **Getty Images:** Diego Rodriguez de Silva y Velasquez (bl). **343 Corbis:** Christopher Felver (tl). **iStockPhoto:** Elena Kouptsova-Vasic (cra). **344 Corbis:** Richard Melloul/Sygma (bl). **Getty Images:** Time & Life Pictures/ Marty Katz (tl). **345 Alamy Images:** Visions of America, LLC (cr). **Getty Images:** Jim Bourg (br). **Peter Waldvogel** (tl). **346–352 iStockPhoto:** Daniela Andreea Spyropoulos (r).

Every effort has been made to trace the copyright holders. The publisher apologises for any unintentional omissions and would be pleased, in such cases, to place an acknowledgment in future editions of this book.

All other images © Dorling Kindersley
For further information see: www.dkimages.com

英国著名出版机构DK图书公司独家授权

目击者文化指南

全面、系统地展现人类文明财富

一套最具收藏价值的精品文化图书
一套畅销全球的文化经典著作

最丰富的珍贵资料　　最精美的视觉享受
最权威的编著团队　　最优良的制作品质

带您尽情享受世界文化之旅

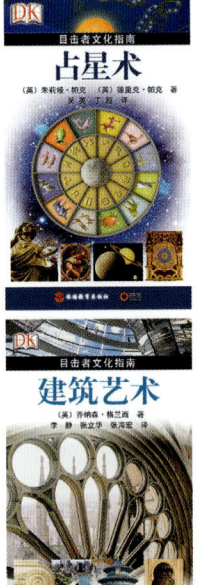
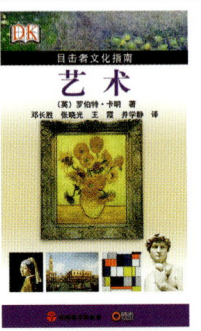